余嘉錫著作集

四庫提要辨證

四

中華書局

四庫提要辨證卷二十

集部一

楚辭類 總目卷一百四十八

楚辭章句十七卷

漢王逸撰。逸字叔師，南郡宜城人。順帝時，官至侍中。事蹟具後漢書文苑傳。舊本題校書郎中，蓋據其注是書時所居官也。

嘉錫案：唐無名氏文選集注卷六十三引陸善經曰：「逸字叔師，南郡宜城人。後漢原脱漢字校書郎中，注楚辭，辭原誤調。後爲豫章太守也。」范書本傳不言逸爲豫章太守，善經之説，疑出謝承、司馬彪諸家書，可補本傳之闕。

陳振孫書録解題載有古文楚辭釋文一卷，其篇第首離騷，次九辨、九歌、天問、九章、遠遊、卜居、漁父、招隱士、招魂、九懷、七諫、九歎、哀時命、惜誓、大招、九思，迥與今本不同。與祖據逸九章注中稱皆解於九辨中，知古本九辨在前，九章在後。振孫又引朱子之言，據天聖十年陳説之序，謂舊本篇第混併，乃考其人之先後，重定其篇第，知今本爲説之所改。則自宋以來，已非逸之舊本。又黃伯思東觀餘論謂逸注楚辭，序皆在後，如法言舊本之例，不知何人移於前。則不但篇第非舊，併其序亦非舊矣。

案：楚辭釋文，崇文總目、通志藝文略皆不著録，郡齋讀書志卷十七始有之，書録解題卷十五作離騷釋文，通考經籍考著録於賦詩類，卷二百三十本自晁、陳兼引，而於晁氏語删落至多。只存兩句，計删去九十餘字。提要嫌其不詳，而不肯考之讀書志，故獨用陳氏語也。但書録解題及通考並無「古文」二字，第言古本無名氏而已。提要點竄其語，而誤古本爲古文，閣本提要同。改騷經爲離騷，不知楚辭自劉向纂集以來，何嘗有今文古文之别耶。讀書志已言釋文未詳撰人，書録解題謂洪氏興祖得之吴郡林虙德祖。考宋史藝文志總集類有王勉楚辭章句二卷，楚辭釋文一卷，離騷約二卷，在宋遵度羣書麗藻之後，徐鍇賦苑之前，則作者姓名，具有可考。宋遵度，當作崔遵度。書録解題有羣書麗藻六十五卷，南唐司門員外郎崔遵度撰。王勉雖不知何時人，然既廁於遵度與鍇之閒，疑亦南唐人也。宋志自有楚辭類，獨勉所著三書入之總集爲不可解。余嘗推求其故，其楚辭自爲一類者，用宋中興藝文志之舊，通考卷二百三十云：「宋中興志，楚辭九家，十二部，二百四卷。」而宋志楚辭類自屈原至錢杲之凡九家，十二部，一百四卷。家數部數，與中興志皆相合，惟卷數不同，蓋通考誤一百四爲二百四耳。此三書入總集者，必因北宋國史藝文志之舊也。北宋國史，有三朝、兩朝、四朝，凡三部，其藝文志皆無楚辭類，此當出於三朝志。然則勉之楚辭釋文自南渡以前，已收入中秘，林虙及晁公武所得之本，殆即自秘閣鈔出而失其姓名，由是言楚辭者遂不知有王勉矣。陳振孫所引朱子之言，見楚辭辨證卷上。陳説之序，黄伯思曾收入所作翼騷中，見書録解題。今已不傳。然洪興祖考異於離騷經下注曰「釋文第一」，無「經」字，而王逸注明云：「離，别也。騷，愁也。經，徑也。」則逸所注本確有「經」字，與釋文本不同。必謂釋文爲舊本，亦未可信，姑存其説可也。

案讀書志釋文條下云：「其篇次不與世行本同，蓋以離騷經、九辯、九歌、天問、九章、遠游、卜居、漁父、招隱士、招魂、九懷、七諫、九歎、哀時命、惜誓、大招、九思爲次。」則晁公武所見之釋文，其「離騷」下固有「經」字，與洪氏本不同，洪本恐是傳鈔之誤，不得以此疑釋文非舊本也。書録解題所載即洪氏本，而亦稱騷經，蓋沿襲晁氏之語。

别集類一 總目卷一百四十八

揚子雲集六卷

漢揚雄撰。案漢書藝文志、隋書經籍志、唐書藝文志皆載雄集五卷，其本久佚。

嘉錫案：漢書藝文志爲七略之要删。雄之著作，僅六藝略小學家有訓纂一篇，諸子略儒家有揚雄所序三十八篇，注云：「太玄十九，法言十三，樂四，箴二。」詩賦略有揚雄賦十二篇，無所謂「揚雄集」也。隋志云：「别集者，蓋漢東京之所創也。」此學者所共知，故總目别集類序亦云：「集始於東漢，荀況諸集，後人追題也。」提要此篇，卽在其後，相去纔十餘行，竟謂漢志有揚雄集五卷，寧非異事。且雄集除隋志、新唐志外，舊唐書經籍志亦著於録，提要略而不舉，亦爲疎漏。考崇文總目别集類，兩漢人之集，僅有董仲舒、蔡邕、陳琳三家，隋、唐相傳之揚雄集，蓋已亡於唐末五代之亂矣。

宋譚愈始取漢書及古文苑所載四十餘篇，仍輯爲五卷，已非舊本。明萬曆中，遂州鄭樸又取所撰太玄、法言、方言三書，及類書所引蜀王本紀、琴清英諸條，與諸文賦合編之，釐爲六卷，而以逸篇之目附卷末，卽此本也。

案：郡齋讀書志卷十七云：「揚雄集三卷。古無雄集，此語失考皇朝譚愈好雄文，患其散在篇籍，離而不屬，因綴緝之，四十餘篇。」袁本讀書後志同直齋書録解題卷十六作揚子雲集五卷，不著編輯者名氏，但云：「大抵皆録漢書及古文苑所載。」此兩本卷數既不同，則其文之多寡，未必無異，且譚愈所輯，是否純取之漢書及古文苑，未可知也。通考經籍考以五卷本著録，而兼載晁、陳之言於下，提要乃取而聯綴之曰：「宋譚愈始取漢書及古文苑所載四十餘篇，仍緝爲五卷。」其實與譚本不合，豈非但知摭拾經籍考而未假分析言之乎？宋史藝文志有揚雄集六卷，劉克莊後村詩話續集卷三亦云「揚雄集六卷，四十二篇」，蓋又別是一本。然則宋之輯雄集者，非祇一家而已。

雄所撰諸箴，古文苑及中興書目皆二十四篇，惟晁公武讀書志稱二十八篇，多司空、尚書、博士、太常四篇，是集復益以太官令、太史令爲三十篇。考後漢書班固傳注引雄尚書箴，太平御覽引雄太官令、太史令二箴，則樸之所增，未爲無據。然考漢書胡廣傳，稱雄作十二州箴、二十五官箴，其九箴亡，則漢世止二十八篇；劉勰文心雕龍稱卿尹州牧二十五篇，則又亡其三，不應其後復出。且古文苑載司空等四箴，明注崔駰、崔瑗之名，葉大慶考古質疑又摘初學記所載潤州箴中乃有「六代都輿」之語，則諸書或屬誤引，未可遽定爲雄作也。

案：徧考衢、袁兩本郡齋讀書志，既未録揚雄之箴，亦無一語涉及之。惟直齋書録卷十六揚子雲集之後有二十四箴一卷，解題云：「揚雄撰。今廣德軍所刊本，校集中無司空、尚書、博士、太常四箴。集中所有，皆據古文苑，而此四箴或云崔駰，或云崔子玉，疑不能明也。」通考卷二百三十經籍考引之，而誤陳氏爲晁氏，提要遂以爲讀書志之語，何其不察之甚耶！且以其言觀之，知宋人所編揚子雲集，（謂直齋所收五卷本。）嘗據古文苑收入司空、尚書、博士、太常四箴，而廣德所刊二十四箴中反無之。今考章樵注本古文苑卷十五，揚雄百官箴中果有此四箴，但於司空、太常箴下注「一作崔駰」，尚書、博士下注「一作崔瑗」，與解題之言合。直齋所見古文苑，係九卷無注本，今岱南閣所刊影宋九卷本，此四箴皆逕題二崔之名，其博士箴題崔瑗，不云一作揚雄，與直齋之言不合，蓋别一宋本，非直齋所見也。是古文苑所收揚雄箴，實二十八篇，而提要乃云「古文苑及中興書目皆二十四篇」，不知爲何種古文苑耶？四庫所收古文苑，即章樵注本。王應麟漢藝文志考證卷五云：「館閣書目：案即中興書目二十四箴一卷，州箴十二，衛尉等箴十二。晁氏曰：雄見莽更易百官，變置郡縣，制度大亂，士皆忘去節義以從諛取利，案雄未必有此意，晁氏尊雄甚至，欲爲之迴護，故其言如此。乃作司空、尚書、光禄勳、衛尉、廷尉、太僕、司農、大鴻臚、將作大匠、博士、城門校尉、上林苑令等箴，及荆、揚、兗、豫、徐、青、幽、冀、并、雍、益、交十二州箴，皆勸人臣執忠守節，可爲萬世戒。」晁氏者，晁以道説之也。此所引見説之嵩山集卷十九揚雄别傳。沈欽韓漢書疏證卷二十五引作晁公武者，非也。所舉揚雄箴，只二十四篇，不作二十八，蓋據單行本二十四箴言之。然十二官箴以司空爲首，與館閣書目以衛尉爲首者不同；於古文苑所益四箴，雖無太常而有司空、尚書、博士三篇，與陳振孫所見廣德刊本二十四箴亦不同。又二十四篇内無宗正、少府、執金吾，與古文苑兩本皆不同，蓋説之所據者乃别一刻本也。由此觀之，宋人所輯揚雄箴，不止一本，此有彼無，互爲出入者，亦至紛紛矣。要其題作揚雄，皆有所據，未可專執陳振孫之言以爲斷也。宋史藝文志，揚雄集後亦有二十四箴一卷，又不知與説之、振孫所見者，異同何如。嚴可均全漢文卷五十四云：「謹案後漢胡廣傳：初，揚雄依虞箴作十二州、二十五官箴，其九箴亡闕，後涿郡崔駰及子瑗又臨邑侯劉騊駼增補十六篇，廣復繼作四篇，乃悉撰次首目，名曰百官箴，凡四十八篇。如傳此言，則子雲僅存二十八箴。今徧索羣書，除初學記之潤州箴，案見初學記卷八江南道條下。考古質疑卷一已駁其「吳晉梁宋，六代都輿」之語。御覽之河南尹箴，案嚴氏全後漢文卷四十四據藝文類聚六，收入崔駰文中，注云御覽二百五十二作揚雄，誤，西漢無河南尹。顯誤不録外，得州箴十二，官箴二十一，凡三十三箴，視東漢時多出五箴。縱使司空、尚書、太常、博士四箴可屬崔駰、崔瑗，仍多出一箴，與胡廣傳未合。猝求其故而不得，覆審乃明，所謂亡闕者，謂有亡有闕。侍中、案文選曹植責躬詩注、劉琨贈盧諶詩注引太史令、案御覽卷二百三十五引國三老、案文選劉琨贈盧諶詩注引太樂令、案北堂書鈔卷五十五引太官令案御覽卷二百三十二引五箴多闕文，其四箴亡，故云九箴亡闕也。百官箴收整篇，不收殘篇，故子雲僅二十八篇。羣書徵引據本集，本集整篇殘篇兼載，案此謂隋、唐志著録之揚雄集故有三十三篇，其司空、案見類聚卷四十七尚書、見卷四十八太常、見卷四十九博士見卷四十六四箴，藝文類聚作揚雄，必可據信也。」嚴氏所考，至爲精密，過陳振孫章樵輩遠甚，可以釋提要之疑矣。提要引胡廣傳「其九箴亡闕」句，無故删去一闕字，莫知其意之所在，考證之文，恐不當如此也。文心雕龍銘箴篇曰：「戰伐已來，棄德務功，銘辭代興，箴文委絶。至揚雄稽古，始範虞箴作卿尹州牧二十五篇，及崔、胡補綴，總稱百官，指事配位，鞶鑑可徵。信所謂追清風於前古，攀辛甲於後代者也。」劉勰著書，意在評文，不甚留心考證，觀其命筆遣辭，平鋪直叙，意謂揚雄所作只二十五官箴，而忘其尚有十二州箴，非亡佚之餘僅存此數也。此蓋行文時惟憑記憶，未暇檢書，失之不詳審耳。文士之文，豈可盡據以考古，提要遂謂梁代又亡其三，是何異刻舟而求劍歟。

是書之首，又冠以雄始末辨一篇，乃焦竑筆乘之文，謂漢書載雄仕莽作符命投閣，年七十一，天鳳五年卒，考雄至京見成帝，年四十餘，自成帝建始改元，至天鳳五年，計五十有二歲，以五十二合四十餘，已近百年，則與年七十一者又相牴牾；又考雄至京，大司馬王音奇其文，而音薨於永始初年，則雄來必在永始之前，謂雄爲仕於莽年者妄也，云云。近人多祖其説，爲雄訟枉。案文選任昉所作王文憲公集序，「家牒」字下李善注引劉歆七略曰：「子雲家牒言以甘露元年生。」漢書成帝紀載行幸甘泉、行幸長楊宮，並在元延元年己酉，上距宣帝甘露元年戊辰，正四十二年，與四十餘之數合。其後元延凡五年，綏和凡二年，哀帝建平凡四年，元壽凡二年，平帝元始凡五年，孺子嬰凡三年，王莽始建國凡五年，積至天鳳五年，正得七十一年，與七十一卒之數亦合，其仕莽十年，毫無疑義。竑不考祠甘泉、獵長楊之歲，而以成帝即位之建始元年起算，悖謬殊甚。

案焦竑筆乘卷二揚子雲始末辨云：「子雲古以比孟、荀，自宋人始訾議之，介甫、子固皆有辯，然其劇秦美新之作，未有以解也。近泰和胡正甫辨證甚悉，吠聲者當無所置喙矣。」此下即録正甫之言，凡提要所引者皆在焉，由此至於終篇，竑未嘗更着一語。正甫者名直，廬陵人，明之吉安府泰和縣，屬古廬陵郡。嘉靖丙辰進士，廣西按察使，著有衡廬精舍藏稿，及續稿、遺稿，見千頃堂書目卷二十五。錢謙益列朝詩丁集二，曾選其詩，所叙仕履亦同，惟不言有集。此文蓋自其集中録出，竑固不當輕信其説，加以主張，然特失於不詳考耳，以爲竑所自言而詬詈之，則非其罪也。汪琬堯峯文鈔卷三十九跋揚雄傳，載明人楊成作郫縣揚子雲祠堂記，引吉人胡氏之説，辨子雲未嘗仕莽，其文與焦氏筆乘悉同，足證其爲胡直之説而非焦竑説也。至於行幸甘泉及長楊宮，考之成帝紀，事在元延二年，於時雄年四十有三。錢大昕三史拾遺卷三嘗論之云：「揚雄傳皆取子雲自序，與本紀叙事多相應，如云正月從上甘泉，即紀所書元延二年正月行幸甘泉郊泰畤也；云其三月將祭后土，上迺帥羣臣横大河，湊汾陰，即紀所書三月行幸河東祠后土也；云其十二月羽獵，即紀所書冬行幸長楊宮，從胡客大校獵也。但二年校獵，無從胡客事，至次年乃有之，並兩事爲一，則紀誤也。」錢氏所以知紀書從胡客爲誤者，以雄自序言明年上將大誇胡人以多禽獸也，提要乃以幸甘泉、長楊爲元延元年事，誤矣。若其引子雲家牒以定雄之生年，固爲得之。然於雄之死，但據本傳天鳳五年卒立論，恐仍不足以服焦、胡之心也。彼固不信漢書，惡得以漢書折之耶？考北堂書鈔卷九十四引揚雄家録曰：「子雲以甘露元年二月戊寅雞鳴生，天鳳五年四月癸丑晡卒。」家録卽家牒也。藝文類聚卷四十引揚雄家牒曰：「子雲以天鳳五年卒。」可以爲證。蓋與文選注所引，同出於七略，但彼此援用，互有詳略耳。班固作傳，殆亦根據七略，足見其信而有徵。王莽篡國後，雄事之十年而後卒，有其家自著之譜牒爲據，南山可移，此案不可動也。儻能引此以斷斯獄，足以關焦、胡輩之口而奪之氣矣。提要既不之知，清代諸儒説漢書者多矣，亦無一人言及於此，然晁以道揚雄別傳乃能全用家牒兩語，以是知宋人史學較勝清儒矣。

惟王音卒歲，實與雄傳不合，然「音」字爲「根」字之誤，宋祁固已言之，其文載今本漢書注中，竑豈未見耶？

案本傳贊曰：「初，雄年四十餘，自蜀來至游京師，大司馬車騎將軍王音奇其文雅，召以爲門下史，薦雄待詔。歲餘，奏羽獵賦，除爲郎，給事黄門。」宋祁曰：「通鑑考異云，雄自序云上方郊祠甘泉泰畤，召雄待詔承明之庭，奏甘泉賦，其十二月奏羽獵賦，事在元延元年，時王音卒已久，蓋王根也。」是宋祁之説，本之司馬温公。見通鑑考異卷一元延元年揚雄待詔條然雄奏羽獵賦，乃元延二年之事，不知考異何以誤爲元年。至謂薦雄待詔者爲王根，而非王音，則温公雖有此説，清儒多不從之。戴震作方言疏證，因雄答劉歆書言蜀人有楊莊者爲郎，誦其文於成帝，雄以此得見，遂爲之説云：「王音薨於成帝永始二年丙午正月，設雄至京師，卽在前一年乙巳，時雄年三十八，不得云年四十餘始自蜀來至。甘泉諸賦，作於元延二年，時雄年四十三，楊莊誦其文於成帝，卽在此元年二年閒。班固未見雄方言及歆、雄遺答書，故傳内遺楊莊而以爲王音。」見方言疏證卷十三。錢大昕三史拾遺亦云：「雄以天鳳五年卒，年七十一，則成帝永始四年，年始四十有一；而王音之薨，乃在永始二年正月，使果爲音所薦，則遊京師之年，尚未盈四十也。」此皆以若王音薦雄，則雄年未至四十，疑爲班固之誤；然不云當作王根也。周壽昌漢書注校補卷四十八則曰：「陽朔三年己亥，王音始拜大司馬車騎將軍，雄年三十二；永始二年音薨，雄年三十九，與書中所云四十餘自蜀游京師爲王音門下史語不合。案古四字作亖，傳寫時由三字誤加一畫，應正作三十餘始合。」王先謙採以入漢書補注，欲以傳寫之誤爲班固解紛。余以爲此數説者皆不足據，何也？如戴氏之説，薦雄待詔者固可以爲楊莊，則奇其文雅，召以爲門下史者，豈亦莊耶？莊之官不過爲郎，未聞郎官而有門下史也。如錢氏、周氏之説，薦雄者果爲王音，雄其時年三十八九，則傳贊云「音薦雄待詔，歲餘，奏羽獵賦」；雄自序亦言「孝成時客有薦雄文似相如者，上方郊祠甘泉泰畤、汾陰后土以求繼嗣，召雄待詔承明之庭」，其下即繼以「正月從上甘泉，奏甘泉賦以風」，云云。甘泉、羽獵賦，皆作於元延二年，雄之被薦即在其前年餘，是當爲元延元年之事。誠如戴氏所云，「王音薨且五年，不得薦雄」，亦見方言疏證雄亦安得尚只三十餘歲耶？周氏謂「四十」爲「三十」傳寫之誤，不獨無別本可據，且與自序及傳贊皆不合也。蓋召雄爲門下史而薦之者，實爲王根而非王音，班固叙事偶誤，此亦未足爲病，不必强爲之說。清儒考證雖精，然其史學，豈能駕温公而上之乎？余恐後人震於戴氏、錢氏之名，以其説爲過於宋祁，故論之如此。

曹子建集十卷

魏曹植撰。案魏志植本傳，景初中撰録植所著賦頌詩銘雜論，凡百餘篇，副藏内外。隋書經籍志載陳思王集三十卷，唐書藝文志作二十卷，然復曰又三十卷。蓋三十卷者隋志舊本，二十卷者爲後來合併重編，實無兩集。鄭樵作通志略，亦併載二本。焦竑作國史經籍志，遂合二本卷數爲一，稱植集爲五十卷，謬之甚矣。陳振孫書録解題亦作二十卷，然振孫謂其間頗有採取御覽、書鈔、類聚中所有者，則捃摭而成，已非唐時二十卷之舊。文獻通考作十卷，又併非陳氏著録之舊。此本目録後有嘉定六年癸酉字，猶從宋寧宗時本翻雕，蓋即通考所載也。凡賦四十四篇，詩七十四篇，雜文九十二篇，合計之得二百十篇，較魏志所稱百餘篇者，其數轉溢。

嘉錫案：舊唐書經籍志有魏陳思王集二十卷，魏陳思王集三十卷，新志即本於此。考舊志著録之例，凡一人而有數集者，必其本非一書，如江淹前集十卷，江淹後集十卷，沈約集一百卷，沈約集略三十卷之類是也。凡此類重出姓名，新志皆易爲又字。若夫撰人書名無異而分爲兩集者，全志之中，僅有二家，梁元帝集五十卷、梁元帝集十卷，及此陳思王集是也。考之新志，除元帝集五十卷外，其十卷之本别名小集，隋志同亦匪一書。以此推之，陳思兩集，文字篇目，必有詳略多寡之不同，不僅編次小異而已，提要以二十卷本爲後來合併重編者，非也。信如其説，卷帙分合，事所恒有，何以兩志所録，自周至唐八百餘家，其因卷數爲後人合併重著於録者，僅此一家乎？考藝文類聚卷五十五引曹植文章序曰：「余少而好賦，所著繁多，然蕪穢者衆，故删定，别撰爲前録七十八篇。」魏志本傳曰：「景初中，撰録植前後所著賦頌詩銘雜論，凡百餘篇，副藏内外。」然則植所著文章，原有兩集，其七十八篇者有賦銘頌蓋統於賦無詩文，植之所手定，蓋少年時所作也。此集不知撰於何時。姚振宗隋書經籍志考證卷三十九曰：「案傳注引典略，臨淄侯植與楊修書云：『今往僕少小所著辭賦一通相與。』修答書云：『猥受顧賜，教使刊定。』似即此前録。嘗以屬楊修審定者，時爲建安十九年，徙封臨淄之後事也。」今案古人謂削字爲刊，改字爲定。廣雅釋詁三云：刊，削也。漢書王嘉傳注定，謂改治也。是其證。植與修書，援丁敬禮故事，欲修爲之潤飾其文，故修答言教使刊定，與植之撰前録，未必卽是一時之事，姑録其説於此以備考。植書云：「僕少好辭賦，迄至於今，二十五年矣。」植卒於太和六年，年四十一，其二十五歲，漢建安二十一年也。其百餘篇者，景初中奉詔所撰録，詩賦雜文，諸體悉備，時植卒已數年，乃其平生之全集也。植平生所著，不只百餘篇，百餘上疑有脱字。疑兩唐志著録之二十卷本，卽植自定之前録；其隋、唐志著録之三十卷本，卽景初敕編之全集耳。詔稱撰録植前後所著賦頌詩銘雜論百餘篇，是前録之七十八篇已收入此集之中，故隋志於二十卷本，不別著於録。景初所編，是全集，非後集，故唐志於兩本並稱陳思王集，不分前後也。姚振宗三國藝文志卷四云：「陳思王文章，有前後録，疑前録三十卷，後録二十卷。隋時但有前録，唐代乃前後録並出。」其説非是。然植自定之本，稱爲前録，則似當更有後録。晉書曹志傳云：「帝嘗閲六代論，問志曰：『是卿先王所作邪？』志對曰：『先王有手所作目録，請歸尋按。』還奏曰：『按録無此。』植所撰前録，有賦無文，志所尋按之目録，豈卽後録耶？及按録中無有，卽以爲非植所作，則植平生著述，殆已悉載無遺，逮景初撰録，卽合前後録所有，會萃成編，都爲一集耳。郡齋讀書志卷十七云：曹植集，隋志三十卷，唐志二十卷，今集十卷，比隋、唐本有亡逸者，而詩文二百篇，反溢於本傳所載，不曉其故。提要所據嘉定本，凡二百餘篇，蓋與晁公武所見者，同出一源。讀書志言詩文二百篇，舉成數也。其數之所以溢於本傳，則疑今本魏志「百餘篇」上脱

「二」字或「三」字耳。馬端臨作經籍考，凡引晁氏曰者皆是從讀書志轉録，非端臨自據本書，故祇可謂今本即讀書志所載，不得謂即通考所載也。書録解題卷十六云：「陳思王集二十卷。卷數與前志合，其閒亦有采取御覽、書鈔、類聚書中所有者，意皆後人附益，然則亦非當時全書矣。其閒或引摯虞流別集，此書國初已亡，猶是唐人舊傳也。」今各本並不引流別集，則振孫所見別是一本。其書雖分二十卷，疑其篇數亦與十卷本相去不遠，否則十卷本二百餘篇，已過於本傳所載，不應復溢出至於一倍也。其中文字，多采自類書，知非唐志著録之舊，當是中晚唐人所重輯。御覽者，指祖珽等所撰之修文殿御覽，解題卷十四曾著録，非謂太平御覽也。通考經籍考之例，凡兼引晁、陳二家者，其卷數輒從晁氏，故於此書作十卷。然所引陳氏說，仍云「今本二十卷」。見通考卷二百三十提要以爲通考作十卷，併非陳氏之舊，亦非也。提要所言翻宋嘉定本，今不可見。藏書家以明活字本爲最古，見蕘圃藏書題識卷七今涵芬樓已印入四部叢刊。余嘗假文津閣庫本與之對校，首末全同，實即一本，凡賦四十三篇，詩七十三篇，雜文九十二篇，合計之得二百有八篇耳。提要謂二百十篇者，誤也。庫本删去目録宋周必大奏事録周益國文忠集卷一百七十曰：小汪云奏事録上一條，載汪應辰語，此條蓋亦指應辰。稱小汪者，以其有兄汪涓也。有書號類文，隋時集兩漢以來古文，多今時所無，如曹植文尤衆，植集中未嘗載。案新唐志有庾自直類文三百七十七卷，宋志作三百六十二卷，遂初堂書目亦著於録。不著卷數及撰人。容齋四筆卷一曰：「予在三館，假庾自直類文，先以正本點檢。」是其書至宋猶存。故汪氏得見之。自直，隋書文苑傳有傳，其所録曹植逸文，蓋得之三十卷本，宋本植集未嘗載，則其搜輯尚未全。惜類文久亡，不可得而見之矣。

然殘篇斷句，錯出其閒。如鷂雀、蝙蝠二賦，均採自藝文類聚。藝文類聚之例，皆標某人某文曰云云，編是集者遂以曰字爲正文，連於賦之首句，殊爲失考。又七哀詩，晉人採以入樂，增減其詞以就音律，見宋書樂志中。此不載其本詞而載其入樂之本，亦爲舛謬。棄婦篇，見玉臺新詠，亦見太平御覽；鏡銘八字，反覆顛倒，皆叶韻成文，實爲迴文之祖，見藝文類聚，皆棄不載。而善哉行一篇，諸本皆作古辭，乃誤爲植作，不知其下所載「當來日大難」，卽當此篇也。使此爲植作，將自作之而自擬之乎？

案本集卷五有七哀一首，與文選卷二十三曹子建七哀詩字句全同，並未增減其詞。宋書樂志亦無七哀詩，惟有楚調怨詩，此大題明月，此小題東阿王詞，此題下撰人名七解。此小注較七哀詩增十二句，又改數字。在樂志三之末此固采詩入樂之常，然已失曹植之真，本可不必入集。卽入集，亦當附入七哀詩之後，以便互考，如樂府詩集之並録本辭與樂曲可也。樂府詩集以樂府爲主，故凡采詩入樂者，皆先樂府而後本辭。其卷四十一相和歌辭楚調曲內，有曹植怨詩行二首，録樂志之辭於前，題曰右一曲晉樂所奏；録文選之詩於後，題曰右一曲本辭，體例極善。本集以曹植詩爲主，則樂府所改之辭，只宜附録。編是集者意欲分詩與樂府爲二，遂録文選七哀詩於卷五，而編宋書樂志之辭入卷六，題曰「怨歌行一首七解，晉曲所奏」，觀此題目，知此集蓋編於宋時，在樂府詩集之後。又不互相注明，馮惟訥古詩紀亦樂府與詩分編，於卷二十三怨詩行下注曰七哀詩是此篇本辭。於卷二十四七哀詩下注曰「樂府作怨歌行本辭」。使讀者乍觀之，不知其卽七哀入樂之辭，而晉曲所奏四字，亦不解爲何等語矣。此固編次之失，然稍加審諦，便可了然，乃作提要者僅隨手繙閲，目不覩全書，遂謂集不載其本詞，亦太鹵莽矣。棄婦詩全篇，見玉臺新詠卷二，而太平御覽卷九百七十引其四句，則作棄妻詩。本集不收，誠爲疎漏。至若鏡銘八字，謂見藝文類聚。今檢類聚卷七十鏡部，録銘三首，一梁簡文帝，二陳江總，三漢李尤，明刻各本皆同，並無曹植之文。徧考他書，亦無此作。謂三國時已有回文體，尤從來所未聞，此乃回文類聚所載唐婦人鑑銘，池北偶談卷十五曾引之，提要誤記耳。善哉行，來日大難篇，宋書樂志及初學記、卷十八御覽、卷四百十樂府詩集，卷三十五皆作古辭，然藝文類聚卷四十一，自引作曹植，在魏文帝善哉行之後，謝惠連善哉行之前。觀其次第，知非傳刻之誤。此與君子防未然篇，文選、卷二十七樂府詩集卷三十二均以爲古辭，而類聚同卷亦引作曹植，正同一例。古書既有此説，編集時卽不能不收，不得竟謂之誤。提要言植有當來日大難篇，使此爲植作，不應自作之而自擬之，説固有理，然此當問之歐陽詢，編此集者不患無辭以對也。

至於王宋妻詩，藝文類聚作魏文帝，邢凱坦齋通編據舊本玉臺新詠，稱爲植作，今本玉臺新詠又作王宋自賦之詩，則衆説異同，亦宜附載以備參考，乃竟遺漏，亦爲疎略，不得謂之善本。然唐以前舊本既佚，後來刻植集者率以是編爲祖，别無更古於斯者，録而存之，亦不得已而思其次也。

案：四庫著録玉臺新詠，係用明趙宧光所翻宋刻，見總目卷一百八十六。今其印本猶有存者。考其書卷二有劉勳妻王氏雜詩二首，並序。五雲溪館活字本作雜詩二首並序，王宋。其序云：「王宋者，平虜將軍劉勳妻也。入門二十餘年，後勳悦山陽司馬氏女，以宋無子出之，還，於道中作詩二首。」劉勳者，魏志文帝紀注引典論自叙，稱嘗與平虜將軍劉勳、奮威將軍鄧展等共飲，杜畿傳注引杜氏新書，稱平虜將軍劉勳爲太祖所親，貴震朝廷，後伏法者也。吴兆宜新詠箋注已引此二條，但不著出魏志注。王宋乃其妻之姓名，提要稱爲王宋妻，可謂巨謬。詩凡二首。藝文類聚卷二十九引魏文帝代劉勳出妻王氏詩，「翩翩牀前帳」云云乃其第一首。唐蘇鶚演義卷下，宋程大昌演繁露卷十三，辯千里不唾井事，並稱按玉臺新詠載曹植代劉勳王氏見出而爲之詩曰「人言去婦薄」云云，乃其第二首也。新詠編其詩於魏文帝詩之後，曹植詩之前，此必文帝有感於劉勳出妻事，遂與子建人賦一詩，歐陽詢、蘇鶚各引其一耳。類聚卷三十有魏文帝及曹植出婦賦，文帝賦曰：「傷𢡟獨之無恃，恨胤嗣之不滋。信無子而應出，自典禮之常度。」則其人乃以無子被出者。陳思賦曰：「悦新昏而忘妾，哀愛惠之中零。遂摧穨而失望，退幽屏于下庭。恨無愆而見棄，悼君施之不終。」則因其夫得新忘故而被出，皆與王宋之事合。文帝賦言「被入門之初服，出登車而就路」，陳思賦亦言「衣入門之初服，背牀室而出征」，尤與王宋雜詩第一首云「翩翩牀前帳，張以蔽光輝，昔將爾同去，今將爾共歸」，詞意相應。則此兩賦與二詩，皆弟兄同作，可以互證。今本玉臺新詠以詩爲王宋自賦，提要又以爲一人所作，皆非也。坦齋通編乃四庫館自永樂大典内輯出，今有守山閣刻本，全書纔六十七條，並未引玉臺新詠曹植代王氏詩，不知提要何以誤記。編此集者於王宋詩不能詳考，遂棄置不録，誠爲疎略。然提要所考，繆誤疊出，恐不足以議人之是非也。

庾開府集箋注十卷

周庾信撰，國朝吴兆宜注。信，周書有傳。然考集中辛成碑文，稱開皇元年七月某日反葬河州，則入隋幾一載矣。

嘉錫案：周書本傳云：「大象初，以疾去職，卒，隋文帝深悼之。」隋文以周静帝大定元年即大象三年二月卽位，改元開皇，而史以爲信卒於大象初，故提要辨其曾入隋。然北史文苑庾信傳明云：「大象初，以疾去職，隋開皇元年卒，文帝悼之。」則李延壽已正舊史之誤矣，何須復辨也。

北史本傳稱有集二十卷，與周滕王逌之序合，隋書經籍志作二十一卷，皆已久佚。倪璠清閟閣集有與彝齋學士書曰：「聞執事新收得庾子山集，在州郭時欲借以示僕，不時也。茲專一力致左右，千萬暫借一觀。」云云。則元末明初尚有重編之本，今亦未見。此本雖冠以滕王逌序，實由諸書鈔撮而成，非其原帙也。

案：隋書經籍志有後周開府儀同庾信集二十一卷，注云並錄，明其有目錄一卷在內。若除錄數之仍與本傳同，非兩本也。此後兩唐志、宋志，及郡齋讀書志卷十七，均有庾信集二十卷，書錄解題卷十六作庾開府集，卷數仍同。遂初堂書目亦著錄，惟尤氏之書例無卷數爾。是其集自周、隋以來至於南宋，皆舊本相傳，不聞有所亡佚也。迄乎元代，既無新刻，故流播漸稀。倪璠至移書假之於人，可見致之之不易。提要以爲元末明初尚有重編之本，此臆決之詞，羌無故實也。自是而後，洊更兵火，遂日益式微，以至於亡。今之傳本，出於明人所掇輯，固無疑義。奚以明其然耶？宇文逌序云：「昔在陽都，有集四十卷。文苑英華卷六百九十九作十四卷，據書錄解題改。值太清罹亂，百不一存。及到江陵，又有三卷，卽重遭軍火，一字無遺。今之所撰，止入魏以來，爰洎皇代，凡所著述，合二十卷。」今卷帙已亡其半，又多梁代之作，蓋自玉臺新詠、藝文類聚、初學記、文苑英華諸書中鈔出。試以嚴可均全後周文及楊守敬古詩存目核之，其出處固一一可尋爾。

隋書魏澹傳稱廢太子勇命澹注庾信集，其書不傳。唐志載張庭芳等三家嘗注哀江南賦，宋志已不著録。近代胡渭始爲作注，而未及成帙。兆宜採輯其説，復與崑山徐樹穀等補綴成編，粗得梗概。

案新唐志總集類有張庭芳注庾信哀江南賦一卷，崔令欽注一卷，祇二家耳。通志藝文略益以魏彦淵一家，卽魏澹也。此蓋所注庾信集中之一卷，經唐人析出，偶存於宋秘閣者。崇文總目不著録。鄭樵嘗入祕書省繙閲書籍，見宋史儒林傳。故著之於録。作提要者蓋檢通志得之，以爲是必鈔自唐志也，遂並數之爲三家，而不知其非也。宋志別集類有王道珪注哀江南賦一卷，張庭芳注哀江南賦一卷，崇文總目同。提要依唐志例，求之總集而不得，遂以爲不著於録。此二者雖皆細事，無關弘旨，然亦足見纂修諸人無往而不草草也。

徐孝穆集箋注六卷

陳徐陵撰，國朝吳兆宜注。隋書經籍志載陵集本三十卷，久佚不傳，此本乃後人從藝文類聚、文苑英華内採掇而成。

嘉錫案：明姚士粦見只編卷上云：「漢魏六朝文集，今所見者惟十餘集，其他如固安鄭錦衣所緝揚子雲集，吾友劉少彝所緝徐陵集，皆近出也。」姚氏所言鄭錦衣緝揚子雲集者，蓋即四庫據以著録之揚集。提要謂明萬曆中，遂州鄭樸取太玄、法言、方言三書，及類書所引蜀王本紀、琴清英諸條，與詩文合編爲六卷之本也。今此集提要亦謂是後人從類書採掇而成，殆必即劉少彝所緝無疑，而提要不言爲劉所緝，豈原書無編緝者姓名歟？俟更考之。少彝始末不詳，士粦第言其與胡應麟爲甥舅耳。

別集類一　總目卷一百四十九

東皋子集三卷　唐王績

唐書藝文志載績集五卷，陳振孫書録解題亦云「其友呂才，鳩訪遺文，編成五卷，爲之序」，而今本實止三卷。又晁公武讀書志引呂才序，稱績年十五謁楊素，占對英辨，薛道衡見其登龍門憶禹賦，嘆爲今之庾信，且載其卜筮之驗者數事。今本呂才序尚存，而晁公武所引之文則無之。又序稱「鳩訪未畢，緝爲三卷」，與書録解題不合。其登龍門一賦，亦不載集中。或宋末本集已佚，後人從文苑英華、文粹諸書中採績詩文，彙爲此編，而僞託才序以冠之，未可知也。此本爲明崇禎中刊本，卷首尚有陸淳序一首，晁、陳二家目中皆未言及，其真僞亦在兩可閒矣。

嘉錫案：呂才及陸淳兩序，姚鉉均收入唐文粹卷九十三。鉉爲北宋初人，去唐未遠，其書精博可據。兩序既爲所取，必非僞作，可斷言也。呂才序云：「所著詩賦，並多散逸，鳩訪未畢，且緝成五卷。」孫星衍刻東皋子集序同，餘明鈔、明刻本均作三卷。自唐志以下，晁、陳書目讀書志卷十七，書錄解題卷十六。及宋志皆著於録，蓋足本也。其本今已不傳。然陸心源皕宋樓藏書志卷六十八載所藏舊鈔三卷本，有吳翌鳳手跋曰：「庚子乾隆四十五年初冬，於鮑以文丈處見宋槧本，凡五卷，視此增多三十餘篇，惜未假得鈔補。」朱學勤結一廬書目卷四云：「王無功集五卷，舊鈔本，朱筍河藏書。」是此書足本，在晚清猶有存者，惜不得而見之矣。晁公武所引呂才序，今本乃無其文，未喻其故。或者才於鳩訪續文，續有所增，因別爲之序而不改其卷數，公武言之不詳歟？陸淳刪東皋子集序云：「余每覽其集，想見其人，恨不同時，得爲忘形之友，故祛彼有爲之詞，全其懸解之志，續答馮子華處士書云：「仲長先生作獨遊頌及河渚先生傳，開物寄道，懸解之作也。」又仲長先生傳云：「識者有以知其懸解也。」庶乎死而可作，無愧異代之知音爾。」淳自言其刪削之意如此。宋史藝文志别有陸淳東皋子集略二卷。略者，明其爲刪本也。崇文總目著録之東皋子集二卷，當即此本，蓋以詩賦爲上卷，雜文爲下卷。今行世諸本皆三卷，疑後人以其篇卷不勻，分詩賦爲上中，而改呂才序中「五」字爲「三」，以泯其跡，故與書錄解題不合。凡孫星衍刻本所附佚文，及吳翌鳳所見之三十餘篇，蓋皆陸淳所謂有爲之詞，而被其刪去者也。提要未細讀淳序，不知其有所刪削，徒因今本不全，遂疑爲後人所輯；又不考唐文粹，更疑呂才序爲僞託，陸淳序爲眞僞兩可；其亦勇於疑古矣。書錄解題云：「其友呂才，鳩訪遺文，編成五卷，爲之序。有醉鄉記傳於世。其後陸淳又爲後序。」不知作提要者，何以於其末句熟視無覩，竟謂晁、陳二家皆未言及陸淳之序，豈所謂心不在焉，視而不見也歟？

寒山子詩集二卷附豐干拾得詩一卷

案寒山子，貞觀中天台廣興縣僧，居於寒巖，時還往國清寺；豐干、拾得，則皆國清寺僧也。世傳台州刺史閭邱允本胤字，提要避諱改允。遇三僧事，蹤蹟甚怪，蓋莫得而考證也。其詩相傳卽允令寺僧道翹尋寒山平日於竹木石壁上及人家廳壁所書，得三百餘首，又取拾得土地堂壁上所書偈言，並纂集成卷，豐干詩則僅存房中壁上詩二首。允自爲之序。宋時又名三隱集，見淳熙十六年沙門道南所作記中。

嘉錫案：閭丘胤寒山子詩集序見本集卷首云：「詳夫寒山子者，不知何許人也。隱居天台唐興縣西七十里，號爲寒巖，每於茲地，時還國清寺。」又云：「胤至任台州，乃令勘唐興縣有寒山、拾得，是否。時縣中當縣界西七十里內有一巖，巖中古老見有貧士頻往國清寺。」

提要本之立言而作廣興縣，蓋其所據刻本誤「唐」爲「廣」耳。閣本提要亦誤作「廣興」序中自言受任丹丘，即天台。臨行前，遇豐干爲治頭痛，令見寒山、拾得。及至台州，拜二人於國清寺，二人急走出寺，寒山入穴，其穴自合，拾得亦迹沈無所，而不言事在何時。提要以爲貞觀中者，據宋沙門志南提要作道南，亦誤所作之三隱集記也。記作「正觀」，避宋諱改。考之陳耆卿嘉定赤城志卷八秩官表，貞觀十六年至二十年，台州刺史正是閭丘胤，與志南所云正觀初者合。耆卿此表，係據咸平間知州事曾會所作壁記，見小序。赤城集林表民編卷二載其文目録誤作曾教授云：「唐武德二年，改海州爲台州。及今皇宋，混一區宇，凡一百二十六政，總三百六十一年，厤記存焉。」則會又本之於舊記，歷任相傳，最爲可信。元釋覺岸釋氏稽古略卷三列其事於貞觀十七年，近之矣。然考元和郡縣志卷二十六云：「三國時，吳分章安置南始平縣。晉武帝以雍州有始平，改爲始豐。肅宗上元二年，改爲唐興。」唐之高宗及肅宗，皆有上元年號。此肅宗之上元，新唐書卷四十一地理志，以爲高宗上元二年更名，誤也。徐靈府天台山記云：「州取山名曰台州，縣隸唐興，即古始豐縣也。肅宗上元二年，改爲唐興縣。」是則貞觀之時，台州只有始豐縣，安得遽呼爲唐興乎？即此一事觀之，此序之爲後人依託，必不出於閭丘胤之手，固已甚明。及讀其詩，有曰：「自聞梁朝日，四依諸賢士。寶誌萬迴師，四仙傅大士。顯揚一代教，作持如來使。」案宋高僧傳卷十八釋萬迴傳，所敍之事皆在武后、中宗朝。太平廣記卷九十二萬迴條，引兩京記云：「太平公主爲造宅於己宅之右。景雲中卒于此宅。」寒山果爲貞觀時人，安得以萬迴與古之寶誌、傅大士並稱乎？又有七言一首云：「余見僧繇性希奇，巧妙間生梁朝時。道子飄然爲殊特，二公善繪手毫揮。」吳道子爲玄宗開元時人，歷代名畫記卷九紀之甚詳。寒山既於貞觀中自瘞山穴死，安知天下有吳道子者哉！然則寒山子雖實有其人，亦必不生於唐初，可斷言也。釋贊寧宋高僧傳卷十九，有封干傳，後附木瀆師、寒山、拾得三人，其傳曰：「釋封干師者，本居天台國清寺也。剪髮齊眉，布裘擁質，身量可七尺餘。人或借問，止對曰隨時而已，更無他語。樂獨春穀，役同城旦，應副齋炊。嘗乘虎直入松門，口唱唱道歌。時衆方皆崇重。及終後，於先天年中，在京兆行化，非恒人之常調。士庶見之，無不傾禮。以其躡萬迴師之後，微亦相類，風狂之相過之，言則多中。」以上所敍封干事蹟，除春穀唱歌外，皆不見於閭丘胤序中，其後接敍寒山、拾得及胤事，則又盡與序合。惟篇末有干入五臺逢老翁事，凡三十許字，不見於序。其木瀆附傳曰：「次有木瀆師者，多游京邑市廛間，亦類封干。封、豐二字，出没不同，韋述史官原作吏官，恐誤。作封疆之封，閭丘序三賢，作豐稔之豐，未知孰是。」由此觀之，贊寧所敍封干形態，及先天中行化之事，蓋采自韋述所撰之兩京新記，太平廣記所敍之萬迴師事，卽采自此書，可以爲證。否則所撰之唐書也，述一代良史，記所親見，足稱實録，然則封干非貞觀時人也。贊寧之敍寒拾，則純取之閭丘之序。寧博學有史才，故雖左右采獲，然實深信韋述之書，不甚信僞序。其寒山子附傳，言寒巖所在爲天台始豐縣西七十里，則已覺閭丘序中之唐興縣不合於史，逕行改正矣。傳後系曰：系卽史之論贊「按封干先天中遊遨京室，知閭丘、寒山、拾得，俱睿宗朝人也。奈何宣師高僧傳中，閭丘，武臣也，是唐初人，閭丘序記三人，不言年代，使人悶焉，復賜緋，乃文資也。序首署銜朝議大夫、使持節、台州諸軍州守刺史、上柱國、賜緋魚袋閭丘胤撰。案唐時文武官皆可賜緋，贊寧以爲文資，未確。夫如是，乃有二同姓名閭丘也。又大潙祐公於憲宗朝遇寒山子，指示潙潭，仍逢拾得於國清，知三人是唐季葉時猶存。夫封干也，天台没而京兆出，寒、拾也，先天在而元和逢，爲年壽彌長耶？爲隱顯不恒耶？」觀贊寧之言，其於閭丘胤遇三賢之事，固已疑其時代不合矣。依言檢尋釋道宣續高僧傳卷二十五釋智巖傳，果有閭丘胤姓名，其略曰：「釋智巖，姓華氏，弱冠智勇過人。大業季年，大將軍、黄國公張鎮州舊唐書卷六十七李靖傳云：「十六年，輔公祏於丹陽反，詔孝恭爲元帥、靖爲副以討之，李勣、任瓌、張鎮州、黄君漢等七總管並受節度。」奏策爲虎賁中郎將。武德四年，從鎮州南定淮海，案武德四年，降臧君相，平李子通，皆在淮海之間，史不載張鎮州事，略之耳。時年四十，遂入舒州皖公山，從寶月禪師披緇入道。昔同軍戎，有睦州刺史嚴撰、衢州刺史張綽、麗州刺史閭丘胤、威州刺史李詢，聞巖出家，在山修道，乃尋之，謂巖曰：『郎將顛耶，何爲住此？』答曰：『我癲欲醒，君癲正發。』」考元和郡縣志卷二十六婺州條云：「武德四年，討平李子通，置婺州。」又永康縣條云：「武德四年，于縣置麗州；八年廢州，縣屬婺州。」胤蓋從張鎮州與於討李子通之役，賊平，朝廷賞功，故析置麗州，以胤爲刺史。至八年州廢，胤亦必改官，及貞觀十六年，復出刺台州，前後相距纔二十年，其爲一人無疑。贊寧以爲有二閭丘，非也。胤序自言臨途之日遇豐干，其事當卽在貞觀十六年。又云：「到任後至豐干禪師院，開房唯見虎跡，乃問僧：禪師在日，有何行業？」既問其在日，是其人已死矣。死而能爲人治病，已屬不經；韋述言其先天中在京兆行化，則又距其見胤之時已六十年，尤爲怪誕。贊寧亦疑序言之不實，而不肯誦言其僞，乃以隱顯不恒巧爲廻護，未可謂僧之「董狐」；然談言微中，能示人以可疑，其識見亦不可及矣。至於大溈祐公之遇寒、拾，亦見宋高僧傳卷十一，略云：「釋靈祐，俗姓趙。冠年鬀髮，三年具戒。及入天台，遇寒山子於途中，乃謂祐曰：『千山萬水，遇潭卽止。獲無價寶，賑卹諸子。』祐旋造國清寺，遇異人拾得，申繫前意，信若合符。遂詣泐潭謁大智師，頓了祖意。元和末，隨緣長沙，因過大溈山，遂欲棲止，羣信共起梵宇。以大中癸酉歲大中七年正月歸滅，享年八十三，僧臘五十九。」贊寧因閭丘之序三賢不言年代，據韋述言封干以先天中行化京兆，故以三人爲睿宗朝人，又因靈祐嘗遇寒、拾，而以元和末至大溈山，故謂之先天在而元和逢。余考傳燈録卷九云：「靈祐年十五辭親出家，二十三遊江西，參百丈大智禪師。」宋高僧傳言祐冠年鬀髮，三年具戒，又言享年八十三，僧臘五十九，則其參師受戒時正二十三歲。以其卒年推之，蓋生於代宗大曆六年，下數至德宗貞元九年，年二十有三。其遇寒、拾，參百丈，當皆在此年。贊寧以爲憲宗元和間事，亦非也。由先天元年下距貞元九年，凡八十二年。寒山有詩曰：「慣居幽棲處，乍向國清中，時訪豐干老，仍來看拾翁。」則三人之相識，皆在國清寺。其詩又曰：「出世三十年，嘗遊千萬里，今日歸寒山，枕流兼洗耳。」是其人三十歲後始隱於寒山，而其與豐干相識，必在豐干未離天台之前。其詩又曰：「昔日經行處，今復七十年。余今頭已白，猶守片雲山。」則其居寒山甚久。以此推之，當其遇靈祐時蓋已百餘歲矣。釋道二氏，類多長年，寒山春秋雖高，尚未過上壽百二十之數，固亦事理所有。贊寧疑其年數彌長，未爲通論，但如信僞序之説，以爲閭丘胤真與寒、拾同時，則自貞觀十六年起算，至貞元九年，已一百五十二年，再益以寒山子未入天台之前三十年，合計將近二百歲，必不可得之數也。蓋閭丘胤及豐干禪師，雖實有其人，然閭丘生際隋、唐之際，與先天間之封千本無交涉，至於貞元以後之寒、拾，尤不相干。寒、拾生平，亦無可考，第其偈頌傳誦一時。唐末僧徒，樂於傳會，以二人皆居天台，而閭丘爲本朝名宦，假借此人，易於取信，遂依託姓名，僞爲一序，杜撰事蹟，以惑後人。贊寧考證，雖未盡精確，而語必有徵，尚不失爲信史，俗僧惡其覈實，多不從之。宋高僧傳表上於端拱元年十月，見本書卷首楊億等所刊定之釋道原景德傳燈録上於祥符二年正月，見續通鑑長編卷七十一及玉海卷五十八相去已二十年，道原、楊億等宜無不見之理，故其卷二十七敍寒山子事，稱寒巖在始豐縣西七十里，不作唐興縣，明係采用宋高僧傳之文。然其餘仍沿襲僞序，惟益以與豐干問答之語，而於贊寧所考閭丘胤爲唐初武臣，豐干於先天中遊遨京室之説，概行删除，不留一字，可謂習非勝是，牢不可破者矣。宋末釋普濟作五燈會元，其卷六敍豐干、寒、拾，刊去見閭丘胤諸奇怪事，而云：「趙州遊天台，路次逢寒山，山指牛跡問州識否。」趙州者，唐趙州東院僧從諗也。宋高僧傳卷十一有傳，不言何時人，惟有真定帥王氏阻兵之語，知在唐末。傳燈録卷十云：「從諗，唐乾寧四年十一月二十日，右脅而寂，壽一百二十。」則當生於代宗大曆十一年，雖不知以何年逢寒山，然時代尚約略相當，或實有其事，亦未可知。其不敍閭丘胤事，則其書之體例本自紀言而不紀事，非真能毅然不信也。元僧念常佛祖通載卷二十敍豐干事，乃謂貞元末閭丘胤出守台州，殆因贊寧有兩閭丘之疑，遂奮筆改貞觀爲貞元以實其説，不知寒、拾雖貞元時尚存，而胤實以貞觀間刺台州，安得隨意移下百餘年耶？以此知贊寧著書，雖不免張皇彼教，而能實事求是，不肯杜撰以欺世，如念常之比，所言靈祐之遇寒、拾，其必有所據矣。若夫閭丘胤之事，荒謬無徵，等於盲詞小説，贊寧雖未嘗質言其僞，然觀其寒山子傳後之語，已不啻明白指出。提要於贊寧之書，略不一考，故雖疑閭丘胤遇三僧事爲甚怪，第以爲莫得而考，不知其爲僞作也。

唐書藝文志載寒山子詩入釋家類，作七卷，今本併爲一卷，以拾得、豐干詩別爲一卷附之，則明新安吳明春所校刻也。

案：唐書藝文志無釋家類，但以釋氏之書附之道家耳。中有對寒山子七卷，注云：「天台隱士。台州刺史閭丘胤序，僧道翹集。寒山子隱唐興縣寒山巖，於國清寺與隱者拾得往還。」至其何以名對寒山子，則未之言。提要不解其意，遂逕删去「對」字，非也。豈不聞鶴脛雖長，斷之則悲乎？宋高僧傳卷十三梁撫州曹山本寂傳云：「注對寒山子詩，流行寓內，蓋以寂素舉業之優也。文辭遒麗，號富有法才焉。」又卷十九寒山子傳云：「乃令道翹尋其遺物，謂閭丘胤令道翹尋之。唯於林間綴葉書詞頌，並村墅人家屋壁所抄録，得二百餘首。僞閭丘胤序及傳燈録並作三百餘首。今編成一集，人多諷誦。後曹山寂禪師注解，謂之對寒山子詩。」然則對寒山子詩者，本寂注解之名也。寂蓋以其頗含玄理，懼人不解，遂敷衍其義，與原詩相應答，如天問之有天對，故謂之對。新志置之不言，又不出本寂之名，殊爲疏略。崇文總目釋書類有寒山子詩七卷，當卽本寂注解之本，故卷數相同。金錫鬯輯釋謂唐志作釋智昇對寒山子詩，蓋因唐志上文有智昇所撰三書而誤。其書名亦誤去「對」字。此其誤雖在提要之前，然提要乃刪改唐志，尤爲大誤。遂初堂書目釋書類有寒山子詩，不著卷數，不知爲何本。然宋志別集内有僧道翹寒山拾得詩一卷，則固明明爲無注之本，故其書只一卷，與唐志不同。蓋本寂之注，至宋已亡，獨其原詩尚存耳。繆荃孫藝風堂文續集卷六寒山詩集一卷跋云：「寒山詩集，豐干、拾得詩附，影宋寫本，前有閭丘胤序，後有淳熙十六年歲次己酉沙門志南記，又有屠維赤奮若可明跋，附朱晦翁與南老帖、陸放翁與明老帖。志南即南老，可明即明公，朱子與放翁所往還者。而前又有寒山序詩，觀音比丘無我慧身所補刻。是此書宋時一刻於淳熙己酉，曰國清本；再刻於紹定己丑，曰東皋寺本；此則三刻，又在東皋寺本之後；然不分七言於五言之外，不以拾得加於豐干之上，案分七言五言云云，蓋指明刻本。仍其舊第；字大如錢，清勁悦目，玄胤恒貞殷朗闕末筆，亦可謂最善之本矣。」今四部叢刊第一次所影印，號爲高麗本，不知是否高麗所刻。無可明跋及朱子帖，其原書遞爲黄丕烈、瞿鏞所藏，見士禮居藏書題跋記卷五及鐵琴銅劍樓藏書目録卷十五。雖於寒山詩及豐干、拾得詩自爲起訖，似是兩卷，然其葉數自第一至七十三前後相連，仍只一卷。其寒山詩後有小字一行云：「杭州錢塘門裏車橋南大街郭宅紙鋪印行。」紙字印本不明，據瞿氏書目補。案咸淳臨安志卷二十一橋道門，西河有車橋，在國子監後，夢粱録卷七同，是其源亦出於宋本。

由是觀之，此書唐人之所輯，託名釋道翹，實無其人。宋人之所刻，皆祗一卷。唐志作七卷者，蓋本寂作注時之所分也。提要既不考宋高僧傳及宋史藝文志，又未見宋刻，遂以一卷之本爲明人之所合併，其誤甚矣。叢刊第二次影印，係用天祿琳瑯後編所載宋本寒山詩至三百十三首，蓋最足之本，然亦只一卷。

又案太平廣記引仙傳拾遺曰「寒山子者，不知其名氏。大歷中隱居天台翠屏山，其山深邃，當暑有雪，亦名寒巖，因自號寒山子。好爲詩，每得一篇一句，輒題於樹間石上，有好事者隨而錄之，凡三百餘首，多述山林幽隱之興，或譏諷時態，能警勵流俗。桐栢徵君徐靈府序而集之，分爲三卷，行於人間」云云。則寒山子又爲唐末仙人，與閭邱允事又異，無從深考，姑就文論文可矣。

案：提要所引，見太平廣記卷五十五。仙傳拾遺爲前蜀道士杜光庭所著，宋史藝文志神仙類著於錄。光庭既云「桐栢徵君徐靈府序而集之」，則其所敍寒山事蹟，必卽採自靈府之序。靈府有天台山記，篇末自云：「靈府以元和十年自衡嶽移居台嶺，定室方瀛，至寶曆初歲，已逾再閏，聊採經誥，以述斯記。」記中敍國清寺甚詳，而無寒山子事。蓋靈府於元和中移居天台，已不及識寒山，其後始聞其名，又得其詩，乃爲之序而集之。序稱寒山子以大曆中隱居天台，光庭又終言之曰「十餘年忽不復見」。此句卽在行於人間之下，提要未引。

從大曆中下數十餘年，正當貞元間，與吾所考靈祐以貞元九年遇寒、拾者，適相脗合。祐遇寒山於天台途中，又遇拾得於國清寺，蓋寒山卽以此時出天台，遂不復見，而拾得仍居國清。僞序言寒山入穴不出，拾得沈迹無所者，誣妄之言也。寒山自言守雲山七十年，見前。則其居天台久矣，不只大曆中。靈府第據所聞言之耳。嘉定赤城志謂靈府居天台雲蓋峯，目爲方瀛；會昌初，頻詔不起；大中、咸通中，與道士葉藏質重修天台桐柏崇道觀；詳見道家類文子纘義條下。故仙傳拾遺稱之爲桐栢徵君。宋張唐英蜀檮杌卷上云：「乾德三年卽梁末帝龍德元年。八月，衍以杜光庭爲傳真天師、崇真館大學士。光庭字賓聖，京兆杜陵人。應百篇舉不中，入天台爲道士。卒于蜀，年八十五。」不言卒於何時。皕宋樓藏書志卷七十一著録舊抄本廣成集，有無名氏序云：「杜光庭一日謂門人曰：『吾恐不久於世。』時後唐莊宗長興四年，「莊宗」當作「明宗」。年八十四，趺坐而化。」與蜀檮杌略有不同。由長興四年上推八十四年，唐宣宗之大中四年也。至懿宗咸通間，徐靈府尚存，光庭年已十餘歲，其入天台修道，去靈府時不遠，靈府所序之寒山子集，光庭自得見之。其書既行於人間，則傳世者非一本，光庭之言，絕非意造，較之閭丘僞序，可信多矣。惟其後又言咸通十二年道士李褐見寒山子事，此非靈府序中所有，近於荒誕，不可盡信耳。釋氏之徒，以寒山與豐干、拾得並稱三隱，牽引入於彼教。然寒山雖出家，其詩有云：「自從出家後，漸得養生趣。」往還於國清寺而不住僧寮，不受常住供養，爲僧爲道不可知，試就其詩以求之，宣揚佛教、侈陳報應者，固指不勝屈，而道家之言，亦復數見不鮮，如云：「家住綠巖下，庭蕪更不芟。仙書一兩卷，樹下讀喃喃。」又云：「欲得安身處，寒山可長保。下有斑白人，喃喃讀黄老。」又云：「有一餐霞子，其居諱俗遊。論時實蕭爽，在夏亦如秋。」又云：「寒山有躶蟲，身白而頭黑。手把兩卷書，一道將一德。」又云：「鍊藥空求仙，讀書兼詠史。今日歸寒山，枕流兼洗耳。」此皆自敍之詞，而其言如此，蓋其人實爲黄老神仙之學者。自晉宋以來，道家者流固嘗有取於釋氏，如朱子所譏道書中地獄託生之説，皆是竊佛教中至鄙至陋而爲之者。見語類卷百二十六。寒山子之融匯二氏，好説輪廻因果，不足異矣。其詩又曰：「驅馬度荒城，荒城動客情。高低舊雉堞，大小古墳塋。所嗟皆俗骨，仙史更無名。」又曰：「骨肉消散盡，魂魄幾凋零。遮莫齩鐵口，無因讀老經。」又曰：「神仙不可學，煩惱計無窮。歲月如流水，須臾成老翁。」又曰：「沙門不持戒，道士不服藥。自古多少賢，盡在青山脚。」此則有感於生死之無常，而歎世人不知修道，所謂「何不學仙冢纍纍」也。然又有譏學仙爲無益者，如云：「仙客心悄悄，常嗟歲序遷。辛勤采芝朮，搜斥詎成仙。」又云：「暖腹茱萸酒，空心枸杞羹。終歸不免死，浪自覓長生。」又云：「徒閉蓬門坐，頻經石火遷。唯聞人作鬼，不見鶴成仙。」又云：「采藥空求仙，根苗亂挑掘。數年無效驗，癡意瞋佛鬱。」與前所言，自相矛盾，何也？蓋寒山初亦鍊藥求仙，久而無效，始知大道不在於此，所謂「服食求神仙，多爲藥所誤」也，此其義已自言之矣。故其詩有曰：「益者益其精，可名爲有益。易者易其形，是名爲有易。能益復能易，當得上仙籍。無益復無易，終不免死厄。」又曰：「昨到雲霞觀，忽見仙尊士。星冠月帔横，盡云居山水。余問神仙術，云道若爲比。謂言靈無上，妙藥必神祕。守死待鶴來，皆道乘魚去。余乃返窮之，推尋勿道理。但看箭射空，須臾還墜地。饒你得仙人，恰似守屍鬼。心月自精明，萬象何能比。欲知仙丹術，身内元神是。莫學黄巾公，握愚自守擬。」由是觀之，寒山所謂丹術，蓋内丹也。其術不外導引服氣以保元神，與外丹黄白服餌之術異，故辭而闢之，以爲服藥求仙，縱或延年，而終不免於死，是名守屍之鬼，惟有鍊精换形，始可上列仙籍耳。其言明白若此，然則若寒山子者，何害其爲唐末仙人也哉！徐靈府未嘗言其成仙，杜光庭始列之於仙傳，仙不仙雖不可知，而其人於神仙之學實深有所得，不可謂非學仙者也。注寒山詩之本寂，宋高僧傳雖題爲梁人，然傳燈録卷十七稱其以天復辛酉季夏告寂，壽六十二，則實死於唐昭宗之世，未嘗入梁。由此上推六十二年，當生於文宗開成五年。徐靈府於元和十年已至天台，年輩遠在其前，靈府至天台二十五年，本寂始生。寂之所注，當即根據徐本，蓋閭丘胤之事，本屬誣妄，所謂僧道翹者，子虛烏有之人也，安得輯寒山之詩。輯寒山詩者，莫早於靈府，但仙傳拾遺敍寒山事，無一語涉及豐干、拾得，則二人之詩自非徐本所有。據宋高僧傳拾得傳，本寂所注，實兼有拾得詩，不知寂何從得之，豈本寂所自搜求附入歟？抑仙傳拾遺之文爲廣記删削不全歟？觀其文義，似本無拾得事。未可知也。至於豐干之詩，則又本寂所未見，奚以明其然耶？閭丘僞序及宋高僧傳、傳燈録，皆只言道翹尋得寒山詩三百餘首，及拾得言偈，纂集成卷，不言有豐干詩。唐志著録寒山詩，謂爲道翹所輯，實卽本寂所注也，亦只言寒山與隱者拾得往還，而無一字及豐干。宋志載僧道翹寒山拾得詩，亦無豐干。孫從添上善堂書目近人趙詒琛刻本有影宋鈔寒山拾得詩。注云汲古閣有跋。徐乾學傳是樓宋元書目玉簡齋叢書本有元本二聖詩一本，注爲寒山、拾得，二聖之名，疑亦沿用唐、宋之舊。至南宋刻本，二聖忽變爲三隱，於是豐干始有詩二首。今取其詩觀之，第一首尚無可議，但語意雜亂無取；其第二首云：「本來無一物，亦無塵可拂。若能了達此，不用坐兀兀。」明係襲用六祖慧能「本來無一物，何假拂塵埃」之語。見傳燈録卷三。豐干於先天中行化京兆，後卽不見蹤跡，慧能以先天二年八月示寂，見宋高僧傳卷八。二人正同時之人，年輩當不相上下，何至公相盜襲，作僞之迹，不可復掩矣。唐志所載對寒山子詩，有閭丘胤序而無靈府之序，疑本寂得靈府所編寒山詩，喜其多言佛理，足爲彼教張目，惡靈府之序而去之，依託閭丘，别作一序以冠其首，謬言集爲道翹所輯，爲之作注，於是閭丘遇三僧之説盛傳於世，不知何時其注爲人所削，而寒、拾之詩幸存，宋之俗僧又僞撰豐干詩附入其中，謂之三隱。疑志南之前已如此，以志南所刻既爲朱子所見，不容不知其僞也。陽羨鵝籠，幻中出幻。吁！可怪也。以此推之，寒山之詩，亦未必不雜以僞作，特無術以發其覆，不能不引以爲據耳。権而論之，唐末天下大亂，獨醒之士，多思高蹈遠舉，若寒山子者，遁跡空山，避人避世，不過隱逸之流，爲仙爲佛，總屬寄託，如必考其實，與其信閭丘之僞序，無寧信光庭之拾遺，以光庭所記之徐靈府，年月出處皆有可考，與寒山正相先後，不似僧徒所託之閭丘胤，時代事蹟無不牴牾荒謬也。提要以爲就文論文，不必深考其實，苟於寒山及光庭之文留心細繹，又何嘗不可考哉。

常建詩三卷

案唐常建，不知其字，其里貫亦無可考。據陳振孫書録解題，知爲開元十五年進士，終於盱眙尉而已。詩家但稱曰常尉，從其官也。唐書藝文志載常建詩一卷。此本三卷，乃毛晉汲古閣所刊，云不知何人類而析之。

嘉錫案：書録解題卷十九及通考經籍考引陳氏語，均作開元十四年進士，蓋傳寫之誤，提要據郡齋讀書志卷十七改爲十五年是也。唐志於常建詩下但注曰「肅、代間人」，唐詩紀事卷三十一除録其詩外，了無一事，則建之生平，誠不易詳。然唐才子傳卷二云：「建，長安人。開元十五年，與王昌齡同榜登科。大曆中，授盱眙尉。仕頗不如意，遂放浪琴酒，往來太白、紫閣諸峯，有肥遯之志。嘗採藥仙谷中，遇女子遍體毛綠，自言是秦時宮人，亡入山來，食松葉，遂不饑寒，因授建微旨，所養非常。後寓鄂渚，招王昌齡、張僨同隱，獲大名當時。集一卷，今傳。」則建之里貫出處，猶有可考，但其敍事亦不能無誤。建以開元十五年登第，至大曆中始授盱眙尉，前後相距已四十餘年，雖仕途蹭蹬，亦不至於此。殷璠選河嶽英靈集，以建爲首。璠書作於天寶十一載，詳見河嶽英靈集本條下。已言常建淪於一尉，則其解褐授盱眙尉，當在開元、天寶之間，非大曆中也。建嘗招王昌齡、張僨同隱，集中有宿王昌齡隱居及鄂渚招王昌齡張僨二詩。考新唐書文藝傳，昌齡還鄉里，爲刺史閭丘曉所殺，而曉亦以至德二載爲張鎬所杖死。見通鑑卷二百二十。建歸隱後，及與昌齡游，則其罷官亦在天寶中矣。

其詩自殷璠所稱外，歐陽修題青州山齋又極賞其「曲徑通幽處，禪房花木深」之句，稱欲效其語，久不可得。原注：案修集作「竹徑遇幽處」，蓋一時誤記。姚寬西溪叢話已辨之，今據建集改正，附識於此。然全集之中，卓然與王、孟抗行者殆十之六七，不但二人所稱也。

案西溪叢語卷上云：「常建有題破山寺後院詩云：『竹逕通幽處，禪房花木深。』余觀又玄集、唐詩類選、唐文粹，皆作『通』。熙寧元年，歐陽永叔守青，題廨宇後山齋云『竹逕遇幽處』。有以楞杜石本往河内，以示邢和叔，始未見時，亦頗疑其誤，及見碑，反覆味之，亦以爲佳，竟不知別有所本耶，抑永叔自改之邪？古人用一字，亦不苟也。」姚寬之所辨，但謂「遇幽處」本作「通幽處」耳，未嘗言「竹逕」亦當作「曲徑」也。考河嶽英靈集、卷上文苑英華、卷二百三十四唐文粹、卷十七及吳郡圖經續記、卷中冷齋夜話、卷三郡齋讀書志、卷十七李莊簡光集、卷五竹莊詩話、卷十二容齋隨筆卷四均作「竹逕通幽處」。苕溪漁隱叢話卷二十凡三引此句，亦皆如此。讀書志及叢話逕作徑。提要乃據建集，改作「曲徑」，抑何過信汲古閣本之甚耶。丁國鈞荷香館瑣言丙子叢編排印本卷上云：「宋刻本常建集，『竹徑通幽處』，不作『曲徑』。明刻破山興福寺志四卷，係程孟陽輯，所列建詩，亦作『竹徑』，與宋本合。」然則自宋及明，凡引此詩，無作「曲徑」者。且考歐陽文忠集四部叢刊影元刊本。卷七十三題青州山齋仍作「竹逕通幽處」，與姚寬所引歐陽語不同。提要謂修集作「遇」，豈其所據乃別本歟？吳可藏海詩話謂破山寺常建詩刻，乃是「一徑遇幽處」，與姚寬所見者又異，但亦不作「曲逕」，「曲」字爲毛刻之誤，審矣。

韋蘇州集十卷

唐韋應物撰。應物，京兆人，新舊唐書俱無傳。宋姚寬西溪叢語載吳興沈作喆爲作補傳，稱應物少游太學，當開元、天寶間充宿衛，扈從游幸，頗任俠負氣；兵亂後，流落失職，乃更折節讀書，由京兆功曹累官至蘇州刺史、太僕少卿、兼御史中丞，爲諸道鹽鐵轉運、江淮留後；年九十餘，不知其所終。先是嘉祐中，王欽臣校定其集，有序一首，述應物事迹，與補傳皆合，惟云以集中及時人所稱，推其仕宦本末，疑止於蘇州刺史。考劉禹錫集有蘇州舉韋中丞自代狀，則欽臣爲疎略矣。

嘉錫案：姚寬西溪叢語雖嘗考訂韋應物事迹，在卷下但並未載沈作喆補傳，其文實載於趙與旹賓退録卷九，明刊本韋蘇州集多附刻焉，提要蓋從明本見之，而誤以爲叢語也。賓退録載有作喆自注，舉其出處甚詳，自蘇州刺史以前，皆據集中之詩，至稱其大和中以太僕少卿兼御史中丞，爲諸道鹽鐵轉運、江淮留後，年九十餘，則本之於劉禹錫蘇州舉韋中丞自代狀。見劉夢得文集卷二十二，題下注云大和六年十二月九日，又見劉賓客文集卷十七。傳末有子沈子曰：「昔應物當開元、天寶宿衛仗内，爲郎、刺史於建中，以迄貞元，而文宗大和中劉禹錫乃以故官舉之，計其年九十餘，而猶領轉輸劇職，應物何壽而康也。然自吳郡以後，不復有詩文見於録者，豈亡之耶？使應物而無死，其所爲不當止此。以應物爲終於吳郡之後，則禹錫之所舉，老猶無恙也，蓋不可得而考也。」則作喆已自疑之矣。故姚寬考應物歷官年歲，雖多與補傳相合，而其末云：「至爲蘇州刺史，計其年五十餘，以集中事及時人所稱，考其仕宦如此，得非遂止於蘇耶？」則仍是王欽臣之説，寬蓋不信應物大和間尚在也。苕溪漁隱叢話前集卷十五：「蔡寬夫詩話云：『蘇州詩律深妙，白樂天輩固皆尊稱之，而行事略不見唐史爲可恨。劉禹錫集中有大和六年舉自代一狀。然應物温泉行云：「北風慘慘投温泉，忽憶先皇巡幸年。身騎廐馬引天仗，直至華清列御前。」則嘗逮事天寶間也，不應猶及大和，恐別是一人，或集之誤。』賓退録卷九引葉石林南宮詩話，與此全同，自注云：南宮詩話，世誤傳蔡寬夫作。苕溪漁隱曰：蘇州集有燕李録事詩云：『與君十五侍皇闈，曉拂爐煙上玉墀。』又温泉行云：『出身天寶今幾年，頑鈍如鎚命如紙。』余以編年通載考之，天寶元年至大和六年，計九十一年。應物於天寶間已年十五，案姚寬據應物京師叛亂寄諸弟詩「弱冠遭世亂，二紀猶未平」，謂天寶十五載，應物年二十。及有出身之語，不應能至大和間也。蔡寬夫云劉禹錫所舉別是一人，可以無疑矣。」是則韋中丞之非韋蘇州，宋人早有定論，提要猶摭拾棄餘，反以王欽臣爲疎略，何其不考之甚也。錢大昕十駕齋養新録卷十二云：「韋應物，貞元二年由左司郎中出爲蘇州刺史，而劉禹錫集中有大和六年除蘇州舉韋應物自代狀。宋葉少藴、此據賓退録所引之南宮詩話胡元任，已疑其非一人，而沈作喆撰韋傳，合而一之，篇末雖亦有疑詞，而終未敢決。近世陳少章景雲據白樂天於元和中謫江州後貽書元微之，於文盛稱韋蘇州詩，又言當蘇州在時，人亦未甚愛重，必待身後，人始貴之，則是時蘇州已歿，而劉狀又在此書十年以後，則其所舉，必別是一人矣。樂天守蘇日，夢得以詩酬之云：

『蘇州刺史例能詩，西掖今來替左司。』言白之詩名足繼左司耳，非謂實代其任也。沈傳謂貞元二年補外得蘇州刺史，久之，白居易自中書舍人出守吳門，應物罷郡，寓郡之永定佛寺，則誤甚矣。白公出守在長慶間，距貞元初垂四十年，豈有與韋交代之理乎？」原注云：大昕案樂天刺蘇州，在寶曆元年，陳以爲在長慶間，亦誤。今按陳景雲所引之白樂天與元微之書，見舊唐書白居易傳，白氏長慶集卷四十五題作與元九書。沈作喆補傳稱白居易嘗語元稹曰：「韋蘇州歌行，才麗之外，深得諷諫之意。而五言尤爲高遠雅淡，自成一家。」其言即出於此書。南宮詩話即蔡寬夫詩話所謂「蘇州詩律深妙，白樂天輩皆尊稱之者」，亦指此書言之也。乃於其下文「蘇州在時，人亦未甚愛重，必待身後，人始貴之」數語，慢不留意，直至景雲，始用以斷蘇州之卒年，考證之學，後密於前，往往如此。然亦視其學識何如耳，若提要此篇所考，則並不及宋人矣。余又案白氏長慶集卷六十八吳郡詩石記云：「貞元初，韋應物牧蘇州。」補傳以爲貞元二年，蓋爲近之。賓退録作三年，恐是傳刻之誤。其罷郡不知在何年，考舊唐書德宗紀云：「貞元四年秋七月乙亥，以蘇州刺史孫晟爲桂州刺史、桂管觀察使。」唐書宰相世系表「孫逖子成，字思退，桂州刺史、中丞、樂安孝男」，當即此人。元和姓纂卷四云：「成，桂府觀察，兼中丞。」孫晟蓋即代應物者，則應物治蘇，不過一二年，即已去官，安得遲至寶曆初，與白居易相交代耶？應物罷郡後，有寓居永定精舍，題下原注云蘇州永定寺喜辟强夜至、野居數篇，均見本集卷八。此後蹤跡不復見於詩，疑其不久卽卒，故唐書宰相世系表及元和姓纂卷二敍其仕履，止於蘇州刺史。李觀集卷四上蘇州韋使君書亦只稱爲郎中，其未嘗兼御史中丞，尤未爲鹽鐵轉運、江淮留後，亦明矣。王欽臣序所言，確不可易，余故詳考之，以與陳氏之説相爲輔翼云。

別集類三 總目卷一百五十

錢仲文集十卷

唐錢起撰。起字仲文，吳郡人。天寶中舉進士，官至考功郎中。

嘉錫案：起，新唐書文藝傳附見盧綸傳中，郡齋讀書志卷十七用以敍其仕履，而提要從之。舊唐書錢徽傳云：「父起，天寶十載登進士第，大曆中位終尚書郎。」提要蓋未之考，故不能舉其登第之年。

其集唐志作一卷，晁公武讀書志作二卷，今本十卷，殆後人所分。

案起集除唐志、讀書志著録外，崇文總目、卷六十一通志藝文略均作一卷，宋史藝文志作十二卷，惟直齋書録解題卷十九作十卷，且云「蜀本作前後集十三卷」。苕溪漁隱叢話後集卷十七引夷白堂小集宋鮑愼由撰。愼由，元祐六年進士，見書録解題卷十七云：「錢起考功詩，世所藏本皆不同，宋次道舊有五卷，王仲至續爲八卷，號爲最完，然如『牛羊上山小，煙火隔雲深』，『鳥道掛疎雨，人家戀夕陽』，『窮通戀明主，耕桑亦近郊』，『長樂鐘聲花外近，龍池柳色雨中深』，此等句皆當時相傳爲警絶，而八卷無之，知其所遺多矣。」鮑慎由所舉諸聯，乃中興間氣集所盛稱者，今十卷中皆有之，當爲最完之本。嘗試論之，錢起詩集在兩宋時當有四本，二卷者蓋卽一卷本所分，五卷、八卷者各爲一本，此三本皆不傳。十卷之本，既爲慎由所未見，蓋其出最後，當爲南宋人所重編。陳振孫言蜀本作十三卷，而不言文字有異，當卽一本，編次不同耳。宋志作十二卷，疑係傳寫之誤，提要謂後人分二卷爲十卷，未必然也。

張司業集八卷

唐張籍撰。籍字文昌，和州人，貞元十五年進士，官至國子司業，事蹟附載唐書韓愈傳中。

嘉錫案：張籍，兩唐書均附見韓愈傳，舊書不言其里貫，新書謂爲和州烏江人，唐詩紀事、卷三十四郡齋讀書志、卷十七唐才子傳卷五諸書皆從之。惟書錄解題卷十九張司業集條下云：「湯中季庸考訂其爲吳郡人。」詳見後既有此一說，則無論其是否，皆所當辨，提要竟置之不言，蓋憚於考索耳。今案席啓寓刻本張司業集，張洎序後有跋一篇，不署姓名，蓋卽湯中所作，其略曰：「按唐史所載，司業爲和州烏江人，而王荆公詩乃云『蘇州司業詩名老』，二說異同。然考之昌黎集張中丞傳後序云『元和二年，愈與吳郡張籍同閱家中舊書』，則信其爲吳人矣。但與孟東野書，又有『張籍在和州居喪，家甚貧』之語，當是司業生於吳，而嘗居於和，故唐史誤以爲和人也。司業詩中寄蘇州白使君云：『登第早年同座主，題詩今日是州民。』「題詩」，本集卷六作「題書」，當從之，正德本卷四作「題詩今日異州人」，乃明人所妄改。蓋用晉人簡帖中二字，案法書要録卷十右軍書記內，有一書云：「五月二十七日，州民王羲之死罪死罪。」韋蘇州所謂『敬共尊郡守，牋簡具州民』，是也。故司業以此施之樂天。至其寄和州使君劉夢得，則云：『送客頻過沙口店，案頻字，本集卷六作時，未知孰是。正德本作將，非也。看花多上水心亭。』不過紀其嘗所宴遊之地，而無復敬恭桑梓之意矣。即此二詩觀之，益信司業之爲吳人，而唐史之說不必惑云。」自新唐書既行以後，無以張籍爲吳人者，故朱長文吳郡圖經續記、范成大吳郡志皆無籍姓名，及湯中之說出，學者始稍稍折而從之。如韓文五百家注卷二此日足可惜一首贈張籍下引集注云：「籍字文昌，吳郡人。」又卷十三張中丞傳後敍下引孫汝聽曰「張籍，蘇州吳人」，是也。亡友高閬仙步瀛嘗疑其無確證。見唐宋文舉要甲編卷五。余案元陸友仁吳中舊事卷一曰：「新唐書載張籍，和州烏江，而張洎作張司業詩序云，籍，蘇州吳郡人，案席氏本同，但注云「一作和州烏江人」，正德本則逕改之矣。二者無可考證。今烏江縣有張司業宅，則疑傳載爲是。余因以詩集考之，有贈陸暢詩云：『共蹋長安街裏塵，吳州獨作未歸身。胥門舊宅今誰住？胥門二字，正德本作昔年，蓋以意妄改。君過西塘與問人。』由是可知籍吳人無疑矣，抑亦嘗寓烏江耶？」陸氏蓋未見湯中之跋，故以爲無可考證，然其所引贈陸暢詩，則固確鑿可憑，足補湯氏之闕矣。余謂張籍之爲吳人而嘗僑寓和州，此在張中丞傳後敍中，固有明文可考，不必別求證據也。敍於篇首卽稱吳郡張籍，其後又云：「張籍曰：有于嵩者，少依於巡。籍大曆中於和州烏江縣見嵩，嵩時年六十餘矣，籍時尚小，粗問巡、遠事，不能細也。」昌黎集卷十三。是則籍爲吳郡人，小時嘗寓烏江，昌黎所敍，原自分明，諸家於篇末一節，鮮有注意及之者，蓋忽而不之察耳。昌黎與孟東野書，昌黎集卷十五。注以爲貞元十六年三月作，籍以十五年登第，而其明年猶在和州居喪，蓋以家貧，未能返里也。陸友仁謂烏江縣有張司業宅，考輿地紀勝卷四十八和州古迹云：「張籍宅，在城通淮門裏報恩光孝禪寺，父老傳唐張水部宅基也。又有書堂山，在烏江一里，舊傳張籍讀書處。」若此說可信，則籍之舊宅在和州者當有兩處，一在烏江，乃其小時讀書之所，一在歷陽，唐和州治歷陽縣。疑其居喪之時卽寓於此，然不得因是便爲和州人也。陸暢者，吳郡人。見唐詩紀事卷三十五。昌黎集卷五有送暢歸江南詩，略云：「踐此秦關雪，家彼吳洲雲。」知其卽家於吳。籍因其歸而念及胥門舊宅，足見其祖居故在蘇州。王建集卷四有送張籍歸江東詩，則籍亦非終身不歸鄉里者，安得爲烏江人耶？宋祁修新唐書時，誤以張中丞傳後敍之吴郡張籍爲稱其郡望，如昌黎韓愈之比，遂據其篇末之言，以爲和州烏江人，不知籍言大曆中於和州烏江縣見于嵩，正可見其非烏江人耳。如第以烏江有張司業宅爲證，則歷陽亦有張籍宅，籍果爲何縣人耶？明王鏊姑蘇志卷三十一第宅門、卷五十四人物門，均據籍送陸暢詩，以籍爲吴人，乾隆一統志卷五十六蘇州人物内，亦收入張籍。是籍之里貫，早有定論，作提要者何不一考歟？

昌黎集有代籍上李淛東書，稱以盲廢。然集中祭退之詩，稱「公比欲爲書，遺約有修章，令我署其末，以爲後事程」，則愈没之時，籍猶執筆作字，知其目疾已愈，世傳盲廢者非也。案韓愈代籍上李浙東書，見昌黎集卷十六，中言籍兩目不見物，而有「近者李協律翺到京師」之語，五百家注引孫曰：「翺爲浙東觀察判官，元和六年，以事至京師。」則籍之眼疾，當以此年爲最劇。孟東野集卷七有寄張籍詩云：「西明寺後窮瞎張太祝，縱爾有眼誰爾珍。天子只尺不得見，不如閉眼且養真。」蓋亦作於是時。籍本集卷七有閑遊詩云：「老身不計人間事，野寺秋晴每獨過。病眼校來猶斷酒，却嫌行處菊花多。」又患眼詩云：「三年患眼今年校，免與風光便隔生。昨日韓家後園裏，看花猶似未分明。」校，謂比較痊可也，蓋唐人語如此。白氏長慶集卷三十三病中贈南鄰覓酒詩云：「頭痛牙疼三日卧，妻看煎藥婢來扶。今朝自校擡頭語，先問南鄰酒有無。」亦謂頭痛稍減爲校，是其明證。考昌黎集卷九贈張十八助教云：「喜君眸子重清朗，携手城南歷舊游。忽見孟生題竹處，相看淚落不能收。」昌黎此詩，疑與籍閑游、患眼兩詩皆一時所作。孟郊以元和九年八月乙亥卒，見韓集卷二十九貞曜先生墓誌，是歲八月乙亥朔。詩作於郊卒之後，籍之眼疾，至此恰三年，知是年之秋，疾已漸愈，能步行看花矣。然籍又有答開州韋使君寄車前子詩云：「開州午日車前子，作藥人皆道有神。慙愧使君憐病眼，三千里外寄閑人。」案舊唐書憲宗紀云：「元和十一年九月，考功郎中韋處厚爲開州刺史。」大觀本草卷六曰：「車前子，明目，療赤痛。唐本注云，今出開州者最良。圖經宋蘇頌所撰本草圖經也。曰，五月五日採，陰乾。」處厚寄車前子與籍以療其眼病，則當元和十一年間似猶未盡愈者，蓋雖幸能見物，或尚不免有時赤痛耳。但自九年之秋既已眸子清朗，今又繼續治療，想必不久卽霍然矣，何至復遷延八年之久，至長慶四年韓愈卒時，始能執筆哉？

其集爲張洎所編，洎序稱自丙午至乙丑相次綴輯，得四百餘篇。考丙午爲南唐李昪昇元元年，當晉開運三年，乙丑爲宋乾德三年，蓋洎搜葺二十年，始成完本，亦云勤矣。陳振孫書録解題云：「張洎所編籍詩，名木鐸集，凡十二卷。近世湯中季庸以諸本校定，爲張司業集八卷，刻之平江。」此本爲明萬曆中，和州張尚儒與張孝祥于湖集合刻者。尚儒稱購得河中劉侍御本，又參以朱蘭嵎太史金陵刊本，得詩四百四十九首，並録與韓昌黎書二首，訂爲八卷，則已非張洎、湯中之舊。然其數不甚相遠，似乎無所散佚也。

案唐書藝文志、崇文總目、通志藝文略均有張籍詩集七卷，此不知何人所編，疑在張洎之前。唐才子傳卷五云：「籍有集七卷傳于世。」蓋姑承唐志之舊，未必其本元時尚在也。宋史藝文志則作張籍集十二卷，當卽張洎所編之木鐸集耳。然洎所編輯，亦非一本。郡齋讀書志卷十七云：「張籍詩集五卷，張洎爲之編次。」書録解題卷十九云：「張籍集三卷，川本作五卷。」又云：「木鐸集十二卷，張洎所編。錢公輔名木鐸集，與他本相出入，亦有他本所無者。」考張洎序云：「自丙午歲，迨乙丑歲，相次緝綴，僅得四百餘篇，藏諸篋笥，俟更俟博訪，以廣其遺闕云耳。」是洎原欲陸續搜訪以求完善，故其所編，遂有數本，其作五卷或三卷者，初編之本也，蓋卽乾德乙丑以前所綴輯；其作十二卷者，續編之本也，所謂博訪以廣遺闕者，後爲錢公輔所得，名之爲木鐸集，以别於他本，非張洎所自名也。提要引之而删去「錢公輔」三字，非也。解題又云：「張司業集八卷，附録一卷，湯中季庸以諸本校定，且考訂其爲吳郡人，魏峻叔高刻之於平江，續又得木鐸集，凡他本所無者，悉附其末。」則司業集乃湯中所校定重編，附録亦湯氏所輯，席氏本目録後有湯中跋。魏峻爲之刻行時，又取木鐸集中逸詩附入之。詩凡五首，在第八卷聯句之後、附録之前，題曰拾遺，魏峻有跋，卽附其後。今通行諸本卽出於此。第明刊各本多所竄亂，惟康熙間席啓寓刻百名家集本，獨能不失宋刻之舊耳。提要引解題語不全，無以見斯集之源流，故詳著之如此。

皇甫持正集六卷

唐皇甫湜撰。湜，睦州人，持正其字也。元和元年進士，解褐爲陸渾尉，仕至工部郎中。卞急使氣，數忤同省，求分司，裴度特愛之，辟爲東都判官。

嘉錫案：湜，舊書無傳，新書附韓愈傳後，大抵取之高彦休唐闕史。提要此節，即用本傳，參以晁公武讀書志，卷十八而增損其詞。如傳言求分司東都，留守裴度辟爲判官，讀書志改爲裴度辟東都判官，提要從之，又自以意增「特愛之」三字，此大不可也。湜從度後，度能容其狂傲，固是愛才，至未辟用之前，據唐闕史云：「湜爲郎南宫，忤同列，求分務温洛，時相允之。值伊瀍仍歲歉食，正郎謂湜也困悴且甚，嘗因積雪，門無轍跡，庖突無煙，晉公時保釐洛宅，人有以爲言者，由是卑辭厚禮，辟爲留守府從事。」由是觀之，度所以辟湜者，憐其貧耳，卑辭厚禮，待士之常，非獨施於湜也。今云裴度特愛之，此史所未言，作提要者何以知之乎？且以唐制言之，當稱東都留守判官，今從讀書志稱爲東都判官，未審何府之判官耶？司空圖集卷二稱湜爲皇甫祠部，湜題浯溪石詩，署銜侍御史、内供奉，本傳皆不載。

其集唐志作三卷，晁公武讀書志作六卷，雜文三十八篇，與今本合。

案今所見影宋刻宋刻首尾鈐翰林國史院官書木印，有四部叢刊及江安傅氏兩影印本及汲古閣本，皆六卷，三十八篇，然其第五卷有睦州録事參軍廳壁記一首，列入本卷目録，而卷首總目遺之，實三十九篇也。晁氏所言，疑亦但數總目耳。毛晉跋仍云：「今總集六卷，凡三十八篇。」提要復言之如此，皆未細讀全書也。

唐書本傳載湜爲度作光福寺碑文，酣飲援筆立就，度贈車馬繒綵甚厚，曰：「吾自爲顧況集序，未嘗許人。今碑字三千，一字三縑，何遇我薄耶？」案唐闕史云：「正郎省札大忿曰：寄謝侍中，何相待之薄也。此碑約三千餘字，每字三匹絹，更減五分錢不得！」則一字三縑，乃湜所索之價，非以此爲薄也。新書但求簡古，致失其本意。高彥休唐闕史亦載是碑，並記其字數甚詳，蓋實有是作，非史之謬。然此本僅載況集序，而碑文已佚，卽集古、金石二録已均不載此碑，殆唐末尚存，故彥休得見，五代兵燹，遂已亡失歟。足證此本爲宋人重編，非唐時之舊矣。

案新書好采小説，其敍此事，卽本之唐闕史。見卷上裴晉公大度條。兩書皆言度脩福先寺，闕史作再修。其名不見於寰宇記、河南志等書，然傳燈録卷四已有洛京福先寺仁儉禪師，其人在天后時，可見此寺由來已久，裴度特重修之。韓愈昌黎先生遺文有福先塔寺題名，提要作光福寺，誤矣。姚範援鶉堂筆記卷三十三極辨湜無作碑之事，其略云：「按晉公以長慶元年罷河東節度使，充東都留守，未行。至大和八年，以本官判東都尚書省事，充東都留守，而持正顧況集序云：『去年，從涼公襄陽，君之子非熊請序，涼公適移宣武，余裝歸洛陽，諾而未副。今又稔矣，生來速文，乃題其集首爲序。』涼公，李逢吉也。舊書敬宗紀，寶歷二年十一月甲申，以右僕射李逢吉檢校司空、同平章事，兼襄州刺史，充山南東道臨漢監牧使。大和二年十月，爲宣武軍節度使，代令狐楚。是顧況之序，作於大和三年也。自注云：顧況集序：「余以童子見君于揚州孝感寺，三十年于茲矣。」白樂天集有哭皇甫七郎中詩，注云湜也。此詩之前，有與微之各生子二詩，詩云『五十八翁方有後』，並和微之道保生三日詩，又有思往喜今詩云『憶除江州司馬日，及此凡經十五秋』。按樂天生于大歷七年壬子，則五十八正大和三年己酉也。元和十年乙未，貶江州，則大和三年己酉，正十五年。白戊申歲暮詠懷云：『猶被妻兒教漸退，莫求致仕且分司。』蓋其再求分司東都，在大和二年之冬。按戊申詠懷之後第二首想東遊五十韻序，卽云：「大和三年春，予病免官。」又卷六十九祭弟文，作於戊申十二月三十日，略云：「今已請長告，或求分司，卽擬移家盡居洛下。」可見白於二年之冬僅有求分司之意，其得請居洛，實在三年春也。至大和四年十二月，以太子賓客爲河南尹，有早飲醉中除河南勑到詩。以樂天詩推之，持正當卒於大和三四年己酉、庚戌之間。案姚氏之意，湜以大和二年歸洛陽，明年作顧況集序，其後不久卽卒，白居易此時正在東都，故作詩哭之。又韋處厚薦湜于宰相書云：「前進士皇甫湜，年三十二。」此疑試賢良方正之時也。案徐松登科記考卷十七亦引此書於元和三年賢良方正科皇甫湜條下。按牛僧孺傳，元和初，舉賢良方正對策，與李宗閔皇甫湜俱第一。條指時政，其言鯁直，不避宰相，宰相怒，故楊於陵、鄭敬、韋貫之、李益等，坐考非其宜，皆貶。僧孺調伊闕尉，持正當亦於此時爲尉陸渾矣。德載之薦，韋處厚字德載。若係試賢良之時，持正之生，當在大曆丁巳之間，案此以元和三年湜年三十二推得之。下訖大和四年，得年不過五十三四耳。案蕭穆敬孚類稾卷六有再跋皇甫持正集一篇，引證持論，與姚氏全同，但未考韋處厚書語，故謂湜大和三年作顧況集序時，年不過四十五六，不逾年卽殁，其考證不如姚氏之密，知其未見援鶉堂筆記，今於其說不復録。故樂天詩云：『多才非福禄，薄命是聰明。不得人間壽，還留身後名。』然則持正固不及大和八年晉公爲東都留守而爲之作記也。晁氏讀書志云持正集三十八篇，福先寺碑文已失去。晁、陳據新書載作碑文事，余謂此失考也。持正既不及大和八年，爲晉公作記，福先寺碑亦何至三千字，持正雖云學韓而不至，亦何遽不知體要乃爾。」姚氏此說，考證既詳，推勘亦密，似皇甫湜果未嘗爲東都留守判官，亦無作福先寺碑文之事，高彦休所記純出意造，新書及晁、陳書目並提要皆失於輕信矣。及余覆加考覈，乃知其說不足據也。唐闕史此條有彦休自注云：「其碑在寺西北廊玉石幢院，洛中人家，往往有本在。」又云：「愚幼年嘗數其字，得三千二百五十有四，計送絹九千七百有二。後逢寺之老僧曰師約者，細爲愚說，其數亦同。」彦休自序云：「愚乾符甲午歲生唐世二十有一，始隨鄉薦於小宗伯，或預聞長者之論，退必草于搗網。」由乾符甲午上推二十一年，蓋生於大中八年，其幼年已留心文學，能數碑之字數，至少亦必十二三歲，當在咸通六七年之間，上距大和八年，不過三十餘年，福先寺之碑，固當嶷然無恙。彦休蓋嘗身入寺中，親見其碑，且得其拓本而讀之，後又面質其事於老僧，故言之鑿鑿如此。唐闕史雖小説家言，然非盲詞演義，苟無其事，何爲憑虚揑造，作此夢囈之語乎？姚氏謂湜卒於大和三四年間，不及見裴度作東都留守，自無爲度撰碑之事，其惟一證據，只白居易哭皇甫七郎中詩，編次於大和三年和微之道保生詩之後耳。其他引證雖繁，然均無以見湜卒於何年也。余案白氏長慶集世所通行者，爲明馬元調所刻，四部叢刊影印日本那波道圓刊本，卷第先後，與馬本不同，各卷中詩文次序，尚無大異。經籍訪古志卷六謂此本卽讀書敏求記所謂廬山本。余考其書，於居易自注，刪除殆盡，卽間有存者，亦改作大字，斷非唐本之舊。姚氏所據，當卽此本。其詩本不編年，但於一卷之中略以年月分先後耳。然亦有淩亂失次者，如卷二十六日本卷五十六，後仿此第一首爲大和戊申歲大有年，此大和二年也；其後有元相公挽詞，已是大和五年之作。元稹卒於大和五年七月，見白集卷七十元公墓誌銘。甫隔三首，卽爲寄劉蘇州詩云：「去年八月哭微之，今年八月哭敦詩。」則入六年矣。居易一年之中，所作律詩，必不只此數首，故其卷二十七，開卷卽戊申歲暮詠懷，復迴至二年之冬，而其後有哭微之詩，又是五年之秋矣。然其卷末乃有分司初到洛中偶題六韻兼戲呈馮尹一首，此三年春之詩也。其前後次序，顛倒錯繆如此，頗似隨手亂置者。然則惡能因其卷二十八編哭湜詩於與微之生子及道保生詩之後，便謂湜定死於大和三四年耶？乃姚氏堅持此説，以爲湜必不及裴度作留守之時，其亦不足據也已矣。姚氏謂湜生於大曆十二年丁巳，卒於大和四年庚戌，得年不過五十三四，以合居易「不得人間壽」之句，其實卽使湜卒於大和八九年，仍不滿六十，猶不得謂之壽也，何必四年耶？余因考湜之事蹟，而得姚氏之説，恐後人不察，復據之以疑新唐書，故辯之如此。至於提要因今本不載福先寺碑，以證非唐時之舊，亦有不盡然者。此集宋本雖分六卷，然只三十九篇，唐志作三卷，其文不應更少，蓋宋本但分一卷爲二耳，未必有所闕佚也。至宋史藝文志著録作八卷，此則當是宋人重編之本。凡宋人重編之唐集，篇數往往增多，此集亦當如此，特不知福先寺碑一篇已否增入耳。光緒初，南海馮焌光重刻汲古閣本，從全唐文抄出五篇，輟耕録抄出一篇，爲補遺一卷，附刻於後。余考全唐文卷六百八十五及六百八十六多出之五篇，其履薄冰賦，見文苑英華卷三十九；山雞舞鏡賦，見英華卷一百五；鶴處雞羣賦，見英華卷一百三十八；皆確爲湜作。但唐人應試之作，多不入集。如韓愈之明水賦，柳宗元之披沙揀金、迎長日、記里鼓三賦，皆在外集，是其顯證，不得謂爲本集之佚文。餘如篤終論，乃删節皇甫謐之文，晉書謐傳，有其全篇；送陸鴻漸赴越序，乃皇甫冉之作，見冉集卷六；四部叢刊三編本。不知全唐文館所據何書，遽行收入，亦足見官書之不可信矣。陶母碑文，見輟耕録卷九，陶宗儀書其後曰：「宗儀因讀唐皇甫持正先生湜文集，見陶母碑，不覺泣數行下。」云云。是其文確從本集録出，宗儀所得，蓋卽重編八卷之本，與讀書志著録者不同。其多出之文，恐尚不止一篇，惜不得而見之矣。

集中無詩。容齋隨筆嘗記其浯溪一篇，以爲風格無可采，陸游跋湜集，則以爲自是傑作，邁語爲傳寫之誤。今考此詩爲論文而作，李白集之「大雅久不作」一篇，蘇軾集之「我雖不工書」一篇，卽是此格，安可全詆，游之所辨是也。游集又有一跋，謂司空圖論詩，有皇甫祠部文集外所作，亦爲遒逸之語，疑湜亦有詩集。又謂張文昌集無一篇文，李習之集無一篇詩，皆詩文各爲集之故，其説則不盡然。三人非漠漠無聞之流，果別有詩集文集，豈有自唐以來都不著録者乎？

案陸游再跋皇甫先生文集後，見渭南文集卷三十，所引司空圖論詩，乃表聖文集卷二題柳柳州集後之語，其略曰：「金之精麤，其聲皆可辨也，豈清於磬而渾於鐘哉！然則作者爲文爲詩，才格皆可見，豈當善於彼而不善於此耶？愚嘗覽韓吏部歌詩累百首，其驅駕氣勢，若掀雷抉電，陸作「決電」，唐文粹卷九十三作「扶電」。撐抉於天地之垠，物狀其變，集作「奇怪」，此從文粹，與陸跋合。不得鼓舞，「不得」下集有「不」字，此從文粹及陸跋。而徇其呼吸也。其次皇甫祠部文集外集無「外」字，此從文粹，與陸跋合。所作，亦爲遒逸，非無意於深密，蓋或未遒耳。」此下卽盛稱柳詩之深遠，因言杜子美祭房太尉文、李太白佛寺碑贊，乃其歌詩；張曲江五言，亦其文筆；以明詩文之可以兼工。夫韓、柳齊名，圖欲稱柳之詩，故先贊韓以爲之配，而其次卽及於湜，其視湜亦不薄矣。夫曰文集外所作，則湜自宜有詩集，陸游之言，固非臆説，然圖不直言皇甫祠部詩集，而必曰文集外者，以湜之詩未遒深密，究不及其文，世人多讀其文，不知有詩集也，故以此曉之。圖於詩所得甚深，爲晚唐詩人之冠，而其稱湜如此，然則湜於古文家中，其詩亦韓、柳之亞也。湜詩既不傳，宋人皆不之見，劉攽、中山話詩葉夢得之徒石林詩話又未考司空圖之説，皆以爲湜不能詩，此亦無足深怪。洪邁幸得其題浯溪石一篇，而猶曰風格殊無可采，見容齋隨筆卷八。是以陸游譏之曰：「人之所見，恐不應如此，或是傳寫誤耳。」見渭南集卷二十八。其實邁語甚明，何嘗寫誤，游蓋以與邁同時，姑爲之解免，非真以爲字之誤也。提要謂湜與張籍、李翺若有詩文集，豈得都不著録。夫李翺本不能詩，或未必有集，至於湜詩之有集，司空圖言之甚明。張籍與韓愈書二篇，尚附愈集以存，張司業集提要，謂二書載文苑英華，撿英華無之。其文甚高，豈得無集，然卒不傳者，蓋散亡甚早，故唐志不著於録。文章之傳不傳，自有幸有不幸，未可一概論也。

李文公集十八卷唐李翺

其集唐藝文志作十八卷。趙汸東山存稾有書後一篇，稱李文公集十有八卷，百四篇，江浙行省參政趙郡蘇公所藏本，與唐志合。陳振孫書録解題則云蜀本分二十卷。近時凡有二本，一爲明景泰間河東邢讓鈔本，國朝徐養元刻之，謬舛最甚；此本爲毛晉所刊，仍十八卷，或卽蘇天爵家本歟。考閻若璩潛邱劄記有與戴唐器書曰：「特假舊唐書參考，李浙東不知何名，或李翺習之全集出，尚可得其人。然老矣，倦於尋訪矣。」云云。則似尚不以爲足本，不知何所據也。

嘉錫案：唐書藝文志所載李翺集實只十卷，不作十八卷，不知提要何以致誤。其餘諸家著録者，崇文總目卷六十作一卷，疑卽歐陽修所得之五十篇。見全集卷七十三。直齋書録解題卷十六作李文公集，仍爲十卷，其云蜀本分二十卷者，謂但每卷分而爲二，其文實無所增也。通志藝文略之李翺集二十卷，蓋卽蜀本。若宋史藝文志之十二卷，則不知爲何本，宋志多脱誤，恐不足據。由是觀之，翺集在唐、宋間雖有十卷、二十卷之分，其實並無異同，惟郡齋讀書志卷十七之李文公集，獨作十八卷，疑卽二十卷之本，佚其二卷耳。閻若璩知其如此，故不以爲足本，提要未曾細考，宜乎不知其所據矣。近人蕭穆敬孚類稾卷六跋潛邱劄記曰：「觀其與戴唐器書云云，蓋徵君之意，以近世李文公集尚非完書故也。文公之集，今雖不免闕略，而李浙東之名明見於集中故處士侯君墓誌中，其云李公遜刺衢州，請治信安，其觀察浙東，又宰於剡，三縣皆有政，是李浙東，卽李遜也。宋人方崧卿韓集舉正第六卷代張籍與李浙東書下，明注爲李遜，且引舊書本傳，遜以元和五年刺浙東，按舊傳祇作元和初，不言五年。九年召還，此書作於六七年間，云云。方氏韓集舉正自朱子作韓文考異後，遂不甚行於世，徵君當未見此本。而舊唐書及李習之侯高墓誌明明載之，徵君既云參考，均不應不見，何云參考李浙東不知何名耶？以此見前輩讀書亦有粗疏，不免失之眉睫也。」今案若璩蓋因讀昌黎代張籍與李浙東書在韓集卷十六，各本皆同。而不知其名，以書中有「近者閤下從事李協律翶到京師」之語，故欲求之翶之全集，不知卽今本之內已有其名，不必他求，蕭氏譏之是也。余考五百家注云：「韓曰：韓醇也中丞名遜，字友道，荆州石首人。元和五年八月，以遜兼御史中丞，充浙東觀察使。」則祇須一讀此注，便可知其名，何庸復加參考。若璩豈以韓文考異及東雅堂本韓集卽廖瑩中世綵堂本均注爲李巽，疑不能明，故須考之耶？然而其爲考證亦疏矣。

集不知何人所編，觀其有與侯高第二書而無第一書，知其出取之間，特爲精審。

案與侯高第一書，蓋在闕卷之內，此集之非足本，卽此可證，未可以爲精審也。全唐文自卷六百三十四至六百四十，皆録李翶文，其中有在集外者八篇，光緒時南海馮焌光刻本録爲補遺一卷。余嘗考之，仲尼不歷聘解，見唐文粹卷四十六，題姓名爲盛均，本非翶作。代李尚書進畫馬屏風狀，見文苑英華卷六百四十一，雖題翱名而注曰集無。斷僧相打判、斷僧通狀判，見雲溪友議卷下，雖是翺作，而隨筆游戲之文未必入集。祕書少監馬君墓志，本集有目無文，蓋刻本脱去，見英華卷九百四十八。辨邪箴，不詳所出，未知是翺作否。八駿圖序，見唐文粹卷九十四，乃李觀之文，亦見李元賓集卷二。卓異記序，見本書卷首，然唐志實題作陳翺，非習之也。計八篇之中，惟進畫馬狀當是二十卷本之佚文，合之韓愈歐陽生哀辭，所言詹之事，有李翺作傳，而其文已佚，可見今本之非全書矣。

集中皇祖實録一篇，立名頗爲僭越。夫皇祖皇考，文見禮經，至明英宗時始著爲禁令，翺在其前稱之，猶有説也；若實録之名，則六代以來，已定爲帝制，隋志所載，班班可稽；唐、宋以來，臣庶無敢稱者，翺乃以題其祖之行狀，殊爲不經；編集者無所刊正，則殊失別裁矣。

案皇祖之稱，既明見於禮經，禮記曲禮曰：祭王父曰皇祖考。禁令之頒，復遠在數百年後，則翺之稱其祖，乃甚合乎禮，又不背於律，豈止有説而已。至於實録之名，起自揚雄法言，重黎篇曰：「或問周官，曰立事；左氏，曰品藻；太史遷，曰實録。」漢書司馬遷傳贊曰：「自劉向、揚雄，博極羣書，皆稱遷有良史之材，服其善序事理，辨而不華，質而不俚，其文直，其事核，不虚美，不隱惡，故謂之實録。」注：「應劭曰：言其録實事。」由斯以談，則實録之爲言，凡序事之不失其實者皆可稱之，不問其爲何人之事也。是故曹植與楊修書曰：「將采庶官之實録，辨時俗之得失，定仁義之衷，成一家之言。」見文選卷四十二。庶官而可謂之實録，何嘗定爲帝制乎？尋古之以實録名書者，實始於劉昞，隋志霸史類有敦煌實録十卷，劉景撰，景卽昞也。新唐志，劉昞敦煌實録二十卷。五涼之中，惟西涼李暠以晉隆安四年據敦煌，稱涼公，至義熙元年，遷于酒泉。見晉書涼武昭王傳。計敦煌之爲國都，纔五年餘耳，暠既未嘗稱帝，昞又以地名書，非如唐、宋之實録也。史通雜説篇曰：「交趾越裳之屬，敦煌昆戎之鄉，求諸人物，自古闕載，既而士燮著録，劉昞裁書，則磊落英多，粲然盈矚。向使兩賢不出，二郡無紀，彼邊隅之君子，何以取聞於後世乎？」蓋昞籍隸敦煌，見魏書本傳。著書以序耆舊，因其地嘗爲國都，故紀李暠之事以提綱，隋志緣斯列入霸史。史通雜述篇歷舉雜史之流别，其十五曰郡書，以昞與常璩並論。按隋志雜傳類序中所謂郡國書，卽唐、宋州郡圖經之類也。説詳地理類一太平寰宇記條下。後來許嵩建康實録晝地爲書，非都建康者不録，舉例命名，蓋昉於昞，雖貌類雜史而體同地志，其不爲帝制而作，亦已明矣。宋、齊兩朝，無此類書，降及梁代，乃有皇帝實録二部，隋志列入雜史類。梁皇帝實録三卷，周興嗣撰，記武帝事；又五卷，謝吴撰，記元帝事；又有梁太清録八卷，不著撰人，兩唐志均作梁太清實録，今不數。兩書隻字不傳，未知體例何似，但既名雜史，則不與起居注同科，恐非唐實録之比也。隋志自有起居注類，但梁皇帝實録却入雜史，至兩唐志始與唐實録同入起居注。隋志所載，僅此三家，提要以爲班班可稽，其實寥寥可數耳。魏、晉之際，既乏先驅，陳、隋相沿，復無嗣響，提要乃謂六代以來，已定爲帝制，不識六代屬於何時，定制見於何書也。逮至有唐，每一帝殂，輒撰實録，故玉海卷四十八稱其起自蕭梁，至唐而盛，諒哉斯言。然考之唐史、唐大詔令及通典、會要等書，亦未聞有詔禁約臣民不得僭用也。翺有論百官行狀奏曰：「凡人之事迹，非大善大惡，則衆人無由知之，故舊例皆訪問於人，又取行狀謚議以爲一據。今之作行狀者，非其門生，卽其故吏，莫不虛加仁義禮智，妄言忠肅惠和，或言盛德大業，久而愈光，或云直道正言，殁而不朽，曾不直敍其事。故善惡混然不可明，爲文則失六經之古風，記事則非史遷之實録，由是事失其本，文害於理，而行狀不足以取信。若使指事書實，不飾虛言，則必有人知其真僞。」云云。然則翺蓋深疾當時行狀之虛誣，故敍其祖之事迹，不曰行狀而曰實録者，意謂己之所敍，皆指事書實，不飾虛言，若史遷之實録，足以取信云爾。昔孔子作春秋以大一統，漢、魏以下，編年之國史乃名「春秋」。然晉皇甫謐作玄晏春秋，乃其自撰之年譜，未聞有人議其吳、楚僭王，加以誅絶之罪也。實録之名，豈重於聖經乎？趙宋而後，天澤之分益嚴，不假誡諭科條，而人自不敢名行狀爲實録，提要乃以此責翺，是何異以後漢之丞相，而案先零之盜蘇武牛羊者乎？此蓋四庫館臣知高宗素斤斤於名分，如李薦詩用漢武之名，卽斥爲於理不順，見總目卷首。今見此文，有干帝制，苟不指出，懼被譙訶，故不得不深文巧詆以免詰責，而不知其説之不可通也。陳振孫謂集中無詩，獨載戲贈一篇，拙甚；葉適亦謂其不長於詩，故集中無傳。惟傳燈録載其贈藥山僧一篇，韓退之遠遊聯句記其一聯。振孫所謂有一詩者蓋蜀本，適所謂不載詩者，蓋卽此本。毛晉跋謂邇來鈔本，始附戲贈一篇，蓋未考振孫語也。然傳燈録一詩，得於鄭州石刻。劉攽中山詩話云：「唐李習之不能詩，鄭州掘石刻，有鄭州刺史李翺詩云云，此別一李翺，非習之。唐書習之傳不記爲鄭州，王深甫編習之集，乃收此詩，爲不可曉。」苕溪漁隱叢話所論亦同。惟王楙野客叢書獨據僧録，敍翺仕履，斷其實嘗知鄭州，諸人未考。考開元寺僧嘗請翺爲鐘銘，翺答以書曰：「翺學聖人之心焉，則不敢遜乎知聖人之道者也。吾之銘是鐘也，吾將明聖人之道焉，則於釋氏無益；吾將順釋氏之教而述焉，則紿乎下之人甚矣，何貴乎吾之先覺也。」觀其書語，豈肯向藥山問道者。此石刻亦如韓愈大顛三書，因其素不信佛，而緇徒務欲言其皈依，用彰彼教耳。楙乃以翺嘗爲鄭州信之，是知其一，不知其二也。

案韓愈昌黎集卷十九送孟東野序云：「孟郊東野始以其詩鳴，從吾游者，李翺、張籍其尤也。三子者之鳴信善矣，抑不知天將和其聲而使鳴國家之盛耶，抑將窮餓其身，思愁其心腸，而使自鳴其不幸耶？三子者之命則懸乎天矣。」此序以翺與孟郊、張籍並稱，皆言其詩，非言其文也。若如劉攽、葉適之説，翺不能詩，則愈爲妄言耶？提要此節爲閣本所無，蓋修總目時所增定，然其爲説乃至謬，今條駁之於下。提要所引葉適語，見通考卷二百三十三經籍考，本引「石林葉氏曰」，石林乃葉夢得之號，此盡人所知，且提要本篇之末卽引有葉夢得石林詩話，不知此處何以誤爲葉適？一篇之中，自相違異，持矛刺盾，豈不兩傷，其誤一也。劉攽中山詩話明云鄭州掘一石刻，刺史李翺詩曰：「縣君愛磚渠，遶水恣行遊。」云云。此卽所謂戲贈一篇也。詩爲五律，與傳燈録之七絶二首迥不相同。野客叢書卷十九引貢父詩話，不録其詩，代以云云二字，提要從之轉引，而不考原書，故不知詩中作何等語，以爲必是贈藥山僧者，遂謂傳燈録之詩得於鄭州，以致糾轕不清，自生魔障，其誤二也。苕溪漁隱叢話卷二十日：「石林詩話云：李翺、皇甫湜皆韓退之高弟，而二人獨不傳其詩。翺見於遠游聯句『前之距灼灼，此去信悠悠』，一見之後，遂不復見，亦可知矣。苕溪漁隱曰：余讀傳燈録，言朗州刺史李翺謁藥山，問如何是道，師以手指上下曰：『會麽？』翺曰：『不會。』師曰：『雲在天，水在缾。』翺遂贈以詩曰：『練得身形似鶴形，千株松下兩函經。我來問道無餘説，雲在青天水在缾。』又藥山一夜登山經行，忽雲開見月，大笑一聲，應澧陽東九十許里，居民盡謂東家。翺再贈詩曰：『選得幽居愜野情，終年無送亦無迎。有時直上孤峯頂，月下披雲笑一聲。』案以上所引，見景德傳燈録卷十四。余以唐書翺本傳考之，翺嘗爲朗州刺史，則傳燈録所載是也。翺未嘗爲鄭州刺史，古今詩話所載鄭州刺史李翺詩非也。宋志有李頎古今詩話録七十卷，今不傳，所載之詩蓋卽戲贈也。傳燈録有此二詩，石林以謂翺詩散亡，無一篇存者，但一見遠遊聯句而已，何也？」胡仔所引傳燈録甚詳，其以意改者纔數字而已。提要又只就野客叢書知有此説，而不考原書，不知翺詩爲兩首，遂一則曰贈藥山僧一篇，此引葉夢得之説。再則曰傳燈録一詩，此提要自言。篇數多寡且不知，何從論其真僞乎？其誤三也。諸書所引翺詩有二，曰戲贈，曰贈藥山。戲贈曰「縣君愛塼渠」，乃刺鄭州時，戲作以贈縣令者。唐鄭州治管城縣。贈藥山，則刺朗州時問道於澧州藥山惟儼禪師，而贈之詩者也。二者時地不同，漁隱叢話辨之甚明。提要謂翺豈肯向藥山問道者，其説是矣，然詩既不作於鄭州，與其曾爲鄭州刺史以否奚與焉？提要辨論百餘言，文不對題，何異癡人説夢，其誤四也。劉攽謂唐書習之傳不記爲鄭州，此王楙所引，今本中山詩話無此語。胡仔謂翺未嘗爲鄭州刺史者，據新唐書本傳耳。考舊書卷一百六十李翺傳云：「翺貞元十四年登進士第，授校書郎，三遷至京兆府司録參軍。元和初，轉國子博士，史館修撰，尋權職方員外郎。十五年，授考功員外郎，並兼史職，出爲朗州刺史，入爲禮部郎中，請告滿百日，授廬州刺史。大和初，入朝爲諫議大夫，尋以本官知制誥。三年，拜中書舍人。初，諫議大夫栢耆，將使滄州宣諭，翺嘗贊成此行，栢耆尋以擅入滄州得罪，翺坐謬舉，左授少府少監，俄出爲鄭州刺史。五年，出爲桂州刺史、御史中丞，充桂管都防禦使。七年，改授潭州刺史、湖南觀察使。八年，徵爲刑部侍郎。九年，轉户部侍郎，檢校户部尚書，襄州刺史，充山南東道節度使。會昌中卒。」野客叢書所引之僧録，此不知何書，非傳燈録也。敍翺仕履，與此全同，但稍略耳。劉攽、胡仔不知翺曾爲鄭州刺史，王楙駁之，乃不引舊書而引僧録，皆失之眉睫之前。蓋宋人以新書本朝所修，奉爲正史，其於舊書，忽不加察，固不足怪，至清時已列入二十四史，提要欲考翺之出處，竟不肯一檢舊書，寧非咄咄怪事，其誤五也。尋其致誤之由，皆因急於成篇，遂草率將事，不肯用心尋檢，以至謬誤層出，動成笑柄，當天禄、石渠之任，而其著作如此，素餐之譏，殆難免矣。

錢大昕養新録卷十二亦謂「唐書習之傳不記爲鄭州」，可謂失考。

歐陽行周集十卷

唐歐陽詹撰。詹字行周，泉州人。太原贈妓一詩，陳振孫書録解題力辨函髻之誣。考閩川名士傳載詹游太原始末甚詳，所載孟簡一詩，乃同時之所作，亦必無舛誤。又考邵博聞見後録載妓家至宋猶隸樂籍，珍藏詹之手迹，博嘗見之，則不可謂竟無其事。蓋唐、宋官妓，士大夫往往狎游，不以爲訝，見於諸家詩集者甚多，亦其時風氣使然，固不必獎其風流，亦不必諱爲瑕垢也。

嘉錫案：黄璞閩川名士傳，其書久佚，此條乃太平廣記卷二百七十四所引，提要販稗得之，而没其所出，非著書之體也。函髻之事，辨之者不止一人，真德秀西山文集卷三十四跋歐陽四門集曰：「嘉定己卯，郡士林彬之爲余言，四門之文之行，昌黎韓文公蓋亟稱之，至黄璞爲閩中名士傳，乃記太原妓一節，觀者疑焉。近歲黄君介、喻君良能皆嘗爲文以辨，謂宜登載編末，以澡千載之誣。余曰，四門之行，獲稱於昌黎，而見毁於黄璞，後之君子將惟昌黎是信乎，抑惟璞之惑乎？二君雖無言可也，不載之編末亦可也。」王應麟困學紀聞卷十七亦曰：「歐陽詹之行，獲稱於昌黎，而見毁於黄璞記太原伎，黄介、喻良能爲文以辨。」則辨之者蓋自介與良能始。二人之文，今不可見。陳振孫書録解題卷十六曰：「詹之爲人，有哀辭可信矣，黄璞何人斯，乃有太原函髻之謗，好事者喜傳之，不信愈而信璞，異哉！『高城已不見』之句，樂府此類多矣，不得以爲實也。然『高城已不見』之詩，題云途中寄太原所思，蓋亦有以召其疑也。」振孫之説，疑卽取之介與良能耳。良能，紹興二十七年進士，見宋詩紀事卷五十一。邵博聞見後録卷十九曰：「夔州營妓，爲喻迪孺扣銅盤，歌劉尚書竹枝詞九解，尚有當時含思宛轉之豔，他妓者皆不能也。迪孺云，歐陽詹爲并州妓，賦『高城已不見，況乃城中人』詩，今其家尚爲妓。詹詩本亦尚在，句妓家夔州，其先必事劉尚書者，故獨能傳當時之聲也。」迪孺者，喻汝礪字也，蜀之仁壽人。見宋詩紀事卷三十九。仁壽縣屬隆州。紹興間，嘗以左朝奉大夫提點夔州路刑獄公事，見建炎以來繫年要録卷百三十一。故能聽夔妓之歌。劉尚書，謂劉禹錫，曾爲夔州刺史，見唐書本傳。作竹枝詞九首。見賓客集卷九，其序云：「含思宛轉，有淇濮之豔。」宋之夔州妓人猶能傳其遺聲，汝礪以爲此妓之先必嘗事禹錫，故舉歐陽詹事以爲之證，意謂唐時妓人之家，至宋仍爲妓者，幷州亦有之，不獨夔州而已。至於詹之詩本是否爲所親見，抑或得自傳聞，則汝礪未之言，尤邵博所不知也，而提要乃謂妓家至宋猶藏詹之手迹，博嘗見之，可謂大誤。若夫信孟簡之詩，以爲必無舛誤，則其説固自有見，「吾無譏焉」。韓愈所作歐陽生哀辭，稱其大節而諱其小過，蓋朋友之義，不得不然。諸家必信愈而駁黄璞，是以名之輕重爲是非，亦匪持平之論也。

昌谷集四卷外集一卷

唐李賀撰。賀事蹟具新唐書文學傳。幽閒鼓吹稱賀遺詩爲其表兄投溷中，故流傳者少，然但謂李藩所收耳，其沈子明所編，杜牧所序者，實未嘗亡。牧序述賀且死，嘗授我平生所著歌詩，釐爲四編，凡二百三十三首，則卷帙併賀所手定也。唐、宋志皆稱賀集五卷，檢文獻通考始知爲集四卷，外集一卷。

嘉錫案：新唐志雖稱李賀集五卷，然宋志實只有李賀集一卷、外集一卷，不知提要何以致誤。至郡齋讀書志卷十七，始作李賀集四卷、外集一卷，通考經籍考卽從之轉録耳。宋志、讀書志皆目録家所當考，何以不一檢視，必待檢通考始知有外集耶？四部叢刊影明刊賀集及文苑英華卷七百十四載杜牧序，均作二百三十三首，提要所據刻本譌「二十三」爲「三十三」耳。

吳正子昌谷集箋注曰：京師本無後卷，有後卷，鮑本也，嘗聞薛常州士龍言，長吉詩蜀本、會稽姚氏本皆二百一十九篇，宣城本二百四十二篇，云云。蓋外集詩二十三首，合之則爲二百四十二，除之則爲二百一十九，實卽一本也。惟正集較杜牧所序少十四首，而外集較黃伯思東觀餘論所跋少二十九首，則莫可考耳。

案薛季宣浪語集卷三十李長吉詩集序曰：「右李長吉詩集四卷，蜀本、會稽姚氏本皆二百十九篇，宣城本二百四十二篇。蜀本不知所從來，姚氏本出祕閣，宣城本出賀鑄方回家。凡集三家以讎比，正舛譌，概之杜牧之敍，宣城本多羨詩十九，蜀、姚氏少亡詩四。今定詩從宣城本，從蜀，疏其異同于下，著姚氏本于上。大校宣城本不遠蜀，姚氏本最爲審訂，皆已刊正，可傳。」吳正子所謂聞之薛常州者，卽引此序耳。序既云「蜀本、姚氏本皆二百十九篇」，又云「概之杜牧之敍，蜀、姚氏少亡詩四」，可見季宣所見杜牧之敍，亦作二百二十三首，與文苑英華同。唐文粹卷九十三作若干首，不舉數目，樊川集卷十作千首者，若干首之誤也。提要以爲牧序作二百三十三首，今正集少十四首者，其爲刻本所誤無疑也。

箋注評點李長吉歌詩四卷外集一卷

舊本題西泉吳正子箋注，須溪劉辰翁評點。辰翁所評班馬異同，已著録，正子則不知何許人。近時王琦作李長吉歌詩彙解，亦稱正子時代爵里未詳。考此本以辰翁之評列於其後，則當爲南宋人。又外集之首注稱嘗稱薛常州士龍言云云，士龍爲薛季宣字，據書録解題，季龍卒於乾道九年，則正子亦孝宗時人矣。

嘉錫案：張金吾愛日精廬藏書續志卷四載此書傳鈔本，有元時書坊識語云：「李長吉，舊藏京本、蜀本、會稽本、宣城本，互有得失，獨上黨鮑氏本詮次爲勝，今定以鮑本而參以諸家。箋注則得之臨川吳西泉，批點則得之須溪先生，（此下原空二格。）評論並附其中。齋居暇日，（齋，原作齊。）會稡入梓，庶幾觀者瞭然在目。至正丁丑（至正無丁丑，丁丑乃至元三年，此支干必有誤字）二月朔日，復古堂識。」由此可知正子爲臨川人，西泉其號也。此書宋史藝文志及晁、陳、趙三家書目皆不著録，馬氏通考卷二百三十九録其父廷鸞空青遺文序，有云：「一日，西泉吳太史爲言，此吾鄉空青公也。」則正子乃宋末人。所謂聞之薛常州者，不過稱引薛季宣序中之語，非親聞其講論也，惡得爲孝宗時人乎

沈下賢集十二卷

唐沈亞之撰。下賢，亞之字也。本長安人，而原序稱曰吳興人，似從其郡望，然李賀集有送

亞之詩，亦曰「吳興才人怨春風」，又曰「家在錢塘東復東」，則其里貫似真在吳興者也。

嘉錫案：亞之，舊唐書無傳，新書文藝傳序云：「若韋應物、沈亞之等，皆班班有文在人間，史家逸其行事，故弗得而述云。」夫史既無述，惡知其爲何郡人耶？然考之詩人傳記，則固有足徵者。唐詩紀事卷五十一曰：「亞之，吳人，元和七年不第，李賀以詩送云：『吳興才人怨春風，桃花滿陌千里紅。紫絲竹斷驄馬小，家住錢塘東復東。』是也。」本集有元祐丙寅序云：「公諱亞之，字下賢，吳興人，元和十年登進士第。」唐才子傳卷六云：「亞之字下賢，吳興人。初至長安，與李賀結交，舉不第，爲歌以送歸。」凡此諸書，大抵以李賀詩及亞之本集爲證，亞之之爲吳興人，固無疑義。然太平寰宇記卷九十四記湖州人物，唐有陸龜蒙、孟郊、錢起而無沈亞之，嘉泰吳興志遂不著其名，蓋有誤傳亞之爲長安人者，晁公武、陳振孫皆信之不疑，提要亦以爲本長安人矣。惟馮集梧注杜牧詩能辨之耳。樊川集卷二有沈下賢一首，馮氏注曰：「晁氏讀書志，沈亞之集八卷。案袁州本讀書志卷四中作八卷，衢州本卷十八則作十卷，此所引，袁本也。亞之字下賢，長安人。元和十年進士，累遷殿中丞、御史、內供奉，貶南康尉，終郢州掾。按沈下賢有別權武文，案別權武序見下賢集卷九。曰『余，吳興人，生于汧隴之陽』，又與李給事書案與李給事薦士書見下賢集卷七云『昔年亞之以進士入貢，至京師，又明年東歸』，云云，合之牧之及李長吉詩，其爲吳興人，無可疑者。晁氏誤以爲長安人。陳振孫書録解題案見解題卷十六亦云「吳興者著郡望，其實長安人。陳氏吳興人，而言若此，尤可怪也。」杜牧詩云：「斯人清唱何人和，草徑苔蕪不可尋。一夕小敷山下夢，水如環佩月如襟。」馮注於第三句下引吳興掌故集明徐獻忠撰，提要附地理類存目三曰：「敷山，烏程西南二十里，在福山東。福山，俗名小敷山，唐人沈下賢居此。」嘉錫案，自劉知幾作史通邑里篇，深言史官書人郡望之弊，其略曰：「近代史，爲王氏傳云瑯琊臨沂人，爲李氏傳曰隴西成紀人，非惟王、李久離本居，亦自當時無此郡縣。」宋之學者深韙其說，不獨於舊史所書邑里皆所不信，卽唐人自敍其鄉貫，亦以爲郡望，必別求其所生之地以實之。宋祁新唐書中如此者甚多，卽晁、陳二家之以亞之爲長安人，亦其類也。夷考其實，魏、晉世族，久離本居者固多，而南方大姓，子孫相傳，雖越若干代而猶安處故土者，亦正不乏，吳興沈氏是也。如必改書其鄉里，則矯枉過直，反爲通人之蔽。亞之何以爲長安人，所據何書，良所未解。豈以亞之嘗自言「生於汧、隴之陽，而又求試於京兆」，本集卷八有與京兆試官書，但又有與同州試官書遂意擬爲長安人耶？不知送權武序中既自稱吳興人，又言「余自東來京師」，「余東拜親於江淮」，則固明明家居吳興。且汧山、隴山、汧水，皆在唐之隴州汧源縣，其地東至上都四百餘里，見元和郡縣志卷二。則汧、隴之陽，亦非長安也。晁、陳之說，其誤顯然，提要承其誤而不舉所出，是甘代人受過也。又考乾隆一統志卷二百二十二湖州府山川類云：「小敷山，在烏程縣西南二十里，一名福山，唐沈亞之居此。」其古蹟類、陵墓類，有沈亞之故宅及墓，均在福山。其卷二百二十三人物類亦云：「沈亞之，歸安人，歸安縣乃宋太平興國中析烏程地置。居小敷山下。」一統志乃乾隆二十九年敕撰，已收入四庫全書。亞之之爲吳興人，固嘗紀於官書，懸之國門，提要何不一考耶？馮集梧又云：「其集，唐書藝文志作九卷，書録解題作十二卷，宋藝文志同，案宋志作沈亞之詩十二卷，蓋誤也。文獻通考又作十卷。」提要置之未言，故録馮説於此以備考。

杜牧、李商隱均有擬沈下賢詩，則亞之固以詩名世，而此集所載，乃止十有八篇。案原序云：「杜牧、李商隱俱有擬沈下賢詩，則當時稱聲甚盛，而存於今者不盡見。」郡齋讀書志因曰：「李賀、杜牧、李商隱俱有擬下賢詩，亦當時名輩所稱許云。」提要嘗引李賀送亞之詩，知其非擬作，故删李賀二字，而仍襲用其語，不知杜牧沈下賢詩乃賦詩以詠其人，非擬之也。惟李商隱玉溪生集卷一有擬沈下賢詩「千二百輕鸞，春衫瘦着寛」云云，乃真擬其體製耳。

四庫提要辨證卷二十一

集部二

別集類四 總目卷一百五十一

樊川文集二十卷外集一卷别集一卷

唐杜牧撰。牧字牧之，京兆萬年人，大和二年登進士第，官至中書舍人，事蹟附載新唐書杜佑傳内。是集爲其甥裴延翰所編，唐藝文志作二十卷，晁氏讀書志又載外集一卷。王士禎居易録謂舊藏杜集止二十卷，後見宋版本，雕刻甚精，而多數卷。考劉克莊後村詩話云：「樊川有續别集三卷，十八九皆許渾詩，牧仕宦不至南海，而别集乃有南海府罷之作。」則宋本外集之外，又有續别集三卷，故士禎云然也。此本僅附外集、别集各一卷，有裴延翰序，又有宋熙寧六年田概序，較克莊所見别集，尚少二卷，而南海府罷之作不收焉，則又經後人删定，非克莊所見本矣。

嘉錫案：宋史藝文志亦祇有杜牧集二十卷，郡齋讀書志卷十八始多出外集一卷，直齋書録卷十六同，然其解題云：「外集皆詩也，又在天台録得集外詩一卷，别見詩集類。今本卷十九詩集類無樊川集外詩，蓋傳寫脱去。未知是否。」所謂集外詩，疑卽指别集言之。考通志藝文略已有杜牧樊川集二十卷，又外集一卷，又别集一卷，則南宋初年傳本，固已如此，劉克莊所見之續别集三卷，既不著於前，亦不傳於後，恐止是南宋末葉書坊僞造之本耳。楊守敬有此書跋云：「宋槧樊川文集二十卷，外集一卷，别集一卷。原宋藏日本楓山官庫，無刊板年月，避桓、鏡等字，不避貞、慎字，當是北宋本。案既避桓字，恐未必刊於北宋。然每卷不爲總目，而以總目居卷首，亦非唐本之舊。劉克莊後村詩話云：『樊川有續别集三卷，十八九是許渾詩。牧仕宦不至南海，而别集乃有南海府罷之作。』是劉所見者，别集之外，更有續别集。此本無續别集，故無南海府罷詩。提要誤以劉所指者在别集中，又以今之别集只一卷，較劉所見少二卷，遂疑又爲後人删定，不知别集有熙寧六年田槩序，明云五十九首，編爲一卷。案序云：「予往年於棠郊魏處士野家得牧詩九首，近汶上盧訥處又得五十篇，今編次作一卷。」然考明刊本别集，實有六十首，不知宋本果何如耳。此本一一相合，安得有删削之者？則知後村所見續别集，更爲後人所輯，反不如此本之古。全唐詩編牧詩爲八卷，其第七八兩卷皆此本所無，而與丁卯集複者五首，當卽後村所見之續别集中詩。考牧詩唯正集皆爲牧作，其外别兩集已多他人之詩，如外集之歸家一首爲趙嘏詩，龍邱途中二首，隋苑一首見李義山集，別集之子規一首見太白集，皆採輯之誤，不獨續別集有許丁卯詩也。」見今人王重民所輯日本訪書志補。觀乎此，則提要之誤審矣。全唐詩所編牧詩八卷，卷一至卷四與正集同，卷五即外集，卷六即別集，七八兩卷爲全集所無，卷八題爲補遺。不知出於何本。席氏百家詩中樊川集卷六有其詩，而次序不同，然皆無南海府罷之作，必非劉克莊所見之續別集。楊氏之言，亦嫌傅會，至其所舉牧與他人複見之詩，全唐詩原注皆已指出，非其所考索而得者。卷七原注所稱一作許渾詩者凡六首，乃泊松江、宣城贈蕭兵曹、寄兄弟、寄桐江隱者、送太昱禪師、題白雲樓也，楊氏以爲五首，誤矣。

李義山文集箋注十卷 清徐樹穀箋 徐炯注

考舊唐書李商隱傳，稱有表狀集四十卷。新唐書藝文志稱李商隱樊南甲集二十卷，乙集二十卷，玉溪生詩三卷，文、賦一卷。宋史藝文志稱李商隱文集八卷，四六甲乙集四十卷，別集二十卷，詩集三卷。今惟詩集三卷傳，文集皆佚。國初吳江朱鶴齡始裒輯諸書，編爲五卷，而闕其狀之一體。康熙庚午，炯典試福建，得其本於林佶，採摭文苑英華所載諸狀補之，又補入重陽亭銘一篇，是爲今本。

嘉錫案：新唐書藝文志於李商隱樊南甲乙集及玉溪生詩外，又有賦一卷，文一卷，非文賦一卷也。宋史藝文志除提要所舉外，亦有李商隱賦一卷，又雜文一卷，在劉鄴、陳黯集之上。

總集類有李商隱桂管集二十卷。蓋樊南集皆駢儷之文，其雜文一卷，則古文也。崇文總目僅有李義山詩三卷，玉溪生賦一卷，樊南四六甲集二十卷，樊南四六乙集二十卷。其宋志著録之文集八卷，爲唐志及崇文總目所無，始見於郡齋讀書志，卷十八。略云：「樊南甲乙集皆四六，又有古賦及文共三卷，辭旨恢詭；詩五卷，清新纖豔。」此蓋宋人取其古賦及雜文，分爲三卷，疑爲賦一卷，文二卷。又分詩爲五卷，合成此集。故讀書志於其文、賦及玉溪生詩，不别著於録。若直齋書録解題卷十六别集類，既有李義山集八卷，又有玉溪生集三卷，解題云：「此集卽前卷中賦及雜著也。」此不知何人所析出，而其卷十九詩集類之李義山詩，則仍作三卷，不用五卷之本，驟觀之，第覺紛紜重復耳。提要於商隱著作，言之不詳，故爲更考之如此。

鶴齡原本，雖略爲詮釋，而多所疎漏，蓋猶未竟之稾。樹穀因博考史籍，證驗時事，以爲之箋，炯復徵其典故訓詁，以爲之注。其中上崔華州書一篇，樹穀斷其非商隱作。近時桐鄉馮浩注本，則辨此書爲開成二年春初作，崔華州乃崔龜從，非崔戎，故賈相國乃賈餗，非賈耽，崔宣州乃崔鄲，非崔羣，引據唐書紀傳，證樹穀之誤疑。又重陽亭銘一篇，炯據全蜀藝文志採入，馮浩注本則辨其碑末結銜及鄉貫皆可疑，知爲舊碑漫漶，楊慎僞補足之，援慎僞補樊敏、柳敏二碑，證炯之誤信。又據成都文類，採入爲河東公上西川相國京兆公書一篇，及逸句九條，皆足補正此本之疎漏。然上京兆公書乃案牘之文，本無可取，逸句尤無關宏旨，故仍以此本著於録焉。

案馮浩所注，名樊南文集詳注，凡八卷。重陽亭銘在卷八，銘末題云：「唐大中八年九月一日，太學博士河内李商隱撰。」馮氏注云：「義山由太學博士出充梓幕，此仍書京職，而宋本詩集亦首標太學博士李商隱義山，不及他銜者，重王朝、尊儒職也。」此正言其自稱博士之故，提要乃謂浩辨其碑末結銜爲可疑，是未細讀馮注也。注又云：「金石録，此碑李商隱撰，正書，無姓名，大中八年也。案見金石録目録卷十，原作大中八年九月。全蜀藝文志，碑在隆慶府東山之陽，石刻今存，亭圮後，宋治平中再建，明正德中又建。四川通志，重陽亭，在劍門驛東鳴鶴山上，今圮。」又云：「此文徐氏采之全蜀藝文志，而余取原書覆校者也。金石録無跋語，亭屢建屢圮，碑文必多剥落矣。今所登者缺字尚少，詞義略見古趣，使果出義山手，何無矯然表異者乎？義山自稱，或曰玉谿，或曰樊南，其郡望則隴西，故他人稱之曰成紀，此書河内，雖合史傳，而準之文翰，則可疑也。徐刊本作河南，豈别有據，抑傳寫之訛歟？余頗疑碑文久漫漶，而楊用修爲補全之，恐未可篤信也。」又云：「全蜀藝文志，用修所最矜喜者，得漢太守樊敏碑於蘆山，漢孝廉柳莊敏碑於黔江也。實則柳碑僅存其名而未能追補矣。孝廉諱敏，何爲加莊字哉？巴君太守樊君碑，趙氏金石録云首尾完好，至明弘治中，李一本磨洗出之，不可讀者過半，用修何以竟得一字無損之原刻哉？洪氏隸釋，柳敏碑有闕字，而文本不多，碑在蜀中。樊敏碑頗全，惟後共闕七字，碑在黎州。案碑在雅州蘆川縣，不在黎州，顧氏隸辨卷八已言之，此承隸釋之誤。碑今雖存，乃重刻本，故只闕四十餘字，與李一本之言不合。用修據此而補全之，則亦易矣。用修所云，何可盡信哉！」馮氏言楊慎於柳敏碑未能追補，而提要謂慎僞補樊敏、柳敏二碑，是亦讀書不細之過也。重陽亭銘既著於金石録，其文爲商隱所撰，無可復疑。馮氏疑其原碑剥落，爲楊慎所補全，此特意揣之詞，毫無實據。文中尚闕十字，如慎果嘗補全，何不使之完好無闕乎？銘與序俱古雅，甚似漢、魏人文字，何以見其不出義山之手？兩唐書均稱商隱懷州河内人，馮氏作年譜，以爲義山舊居鄭州，遷居懷州。錢振倫年譜訂誤，據商隱所撰曾祖妣狀，知李氏實自懷遷鄭，至義山通籍，始奉其曾祖妣返葬於懷見樊南文集補編附録。然則懷州實其祖籍，銘中自稱河内，有何可疑耶？是徐炯之採此銘，原非誤信，馮氏之説，反屬誤疑也。惟是馮氏之爲詳注，實能貫串史傳，博采羣書，旁參互證，用心至爲細密，過於徐氏箋注遠甚。如卷一爲京兆公陝州賀南郊赦表，徐氏以京兆公爲杜悰，而舊新傳悰無出守陝州之事，遂謂史文失此一遷。馮氏考之通鑑及舊書，知非杜悰而是韋温，韋氏自漢徙京兆杜陵，所謂「城南韋杜」，京兆之稱，不專屬杜也。徐氏本有爲成魏州賀瑞雪慶雲日抱戴表，馮氏考之文苑英華，此表題下本缺人名，案見英華卷五百六十一。而魏州至文宗時爲何進滔父子所據，其地乃節度使治所，不得有他刺史。英華别有崔融爲魏州成使君賀白狼表，案見卷五百六十六。知此篇亦融所作。徐本又有爲柳州鄭郎中謝上表，馮氏亦以爲非商隱文，而未能考定爲誰作。其卷三此馮注卷數獻相國京兆公啓，徐氏亦以爲杜悰，馮氏謂與述德抒情詩獻杜悰二篇「早歲乖投刺，今晨幸發蒙」，情事迥别，考之新、舊紀傳，知爲韋琮，啓爲韋分司東都，義山途次相遇所獻。凡此諸條，皆非炯等所及。提要之意，亦謂馮注勝於徐氏，然仍用箋注本著録，而於馮氏詳注并不存其目者，蓋以詳注成於乾隆三十年，見卷首錢維城序。馮浩本人至嘉慶六年始卒，見三續疑年録卷九。故用文選不録生存人例，以避標榜之嫌，玉溪生詩詳注之不入存目，亦即因此；又不欲没其所長，故於提要中委曲示意，而不欲質言之。四庫全書凡例，無不録生存人之例。此正如其屢引潛研堂文集，而錢氏所著書卻不著録也。其謂馮氏所補上京兆公書乃案牘之文，逸句諸條無關宏旨者，託詞焉耳，其書之著録與否，豈關乎此耶。

温飛卿集箋注九卷

明曾益撰，顧予咸補輯，其子嗣立又重訂之。唐藝文志載庭筠握蘭集三卷，金荃集十卷，詩集五卷，漢南真稾十卷，宋志亦同。陳振孫書録解題作飛卿集七卷。

嘉錫案：宋史藝文志有温庭筠漢南真稾十卷，又集十四卷，握蘭集三卷，記室備要三卷，詩集五卷，其後又别出温庭筠集七卷。在杜牧集之下。以與唐志校，乖異不同如此，而提要顧謂之相同，抑何疎謬不檢之甚耶。書録解題之温飛卿集，在卷十九詩集類。與宋志之温庭筠集，郡齋讀書志卷十八之金荃集，同爲七卷，似卽一書而異名。然公武稱其詩賦清麗，今本有詩無賦，不知與振孫所見者異同何如也。

又陸游渭南集有温庭筠集跋，稱其父所藏舊本，以華清宫詩爲首，中有早行詩，後得蜀本，則早行詩已佚。文獻通考則云温庭筠金荃集七卷，别集一卷，是宋刻已非一本矣。

案通考經籍考此條所引，乃晁氏説，卽郡齋讀書志也，金荃集亦讀書志所著録，提要何不直引原書，而必假道於通考耶？

曾本合爲四卷，名曰八乂集，以作賦之事名其詩，頗爲杜撰。嗣立此注，稱所見宋刻分詩集七卷，别集一卷，以還其舊，疑卽通考所載之本。

案八乂之事見北夢瑣言卷四及唐才子傳卷八，曾益用以改庭筠詩集之名，此明人纖昃之習，誠不足道。但嗣立所得之本名温飛卿集，不名金荃集，未必卽讀書志所載之本也。

麟角集一卷

唐王棨撰。棨字輔之，福清人，咸通三年進士，官至水部郎中。黄巢亂後，不知所終。

嘉錫案：此集知不足齋本卷首有唐黃璞所撰王郎中傳，蓋宋人自閩川名士傳中録出，唐志及晁、陳書目皆三卷，宋志一卷。其略曰：「王棨字輔之，福唐人也。咸通三年鄭侍郎讜下進士及第，成名歸覲，廉使杜公宣猷，請署團練巡官。李公騭爲江西觀察使，辟爲團練判官，授大理司直，除太常博士，入省爲水部郎中。不幸黃巢竊據京闕，朝士或俘或戮者，不可勝計，公既遇離亂，不知所之，或云歸終於鄉里焉。」提要敍棨之始末，全本於此，然删其末句，則非傳疑之義也。且閩之福清縣，於唐爲福唐縣，後唐同光初始改福清，宋以下並因之，見乾隆一統志卷三百二十五。今提要稱棨爲福清人，是混唐、宋地名而一之也。

唐代取士，科目至多，而所最重者惟進士，其程試詩賦，文苑英華所收至夥，然諸家或不載於本集中。如李商隱以霓裳羽衣曲詩及第，而玉溪生集無此詩；韓愈以明水賦及第，而其賦乃在外集是也。其自爲一集行世，得傳於今者，惟棨此編。凡律賦四十五篇，又棨八代孫宋著作郎蘋於館閣得棨省試詩，録附於集，凡二十一篇。題曰麟角者，蓋取顔氏家訓「學如牛毛、成如麟角」之義，以及第比登仙也。

案此集不見於新唐志及宋人諸家書目，惟宋史藝文志有王棨詩一卷，豈卽其孫蘋在館閣中所見之原本歟。至於取棨所作律賦與詩合爲一集，名爲麟角者，或亦蘋所爲也。蘋爲紹興間人，而此書之出蓋甚晚，故不爲晁公武、陳振孫等所見耳。困學紀聞卷十三曰：

「學如牛毛，成如麟角，出蔣子萬機論。」翁元圻注云：「唐王棨自名其集曰麟角集，亦取蔣子。」翁謂棨自名其集者固非，其謂取之蔣子則是也。太平御覽卷六百七敘學門引蔣子萬機論曰：「諺曰學如牛毛，成如麟角，言其少也。」又卷四百九十六引作「學者如牛毛，成者如麟角」，無首尾六字。此但泛言學者之多而成名之少，故王氏用以名其祖之詩賦，明其學成登第，爲難能而可貴。蔣子既未嘗以此喻登仙，卽王氏亦未必有此意也，提要誤矣。惟抱朴子內篇極言篇曰：「古之仙人者，皆由學以得之，莫不負笈隨師，心無怨貳，乃得升堂，以入於室。或有怠厭而中止，或有怨恚而造退；或有誘於榮利而還修流俗之事，或有敗於邪說而失其淡泊之志；或朝爲而夕欲其成，或坐修而立望其效。若夫覩財色而心不戰，聞俗言而志不沮者，萬夫之中，有一人爲多矣。故爲者如牛毛，獲者如麟角也。」萬希槐困學紀聞集證，只引末二句。如用蔣子之言，以證學仙者少成而多敗，顏氏家訓養生篇因之推衍其意曰：「神仙之事，未可全誣，但性命在天，或難種植。人生居世，觸途牽縶，幼少之日，既有供養之勤，成立之年，便增妻孥之累，衣食資須，公私驅役，而望遁跡山林，超然塵滓，千萬不遇一爾。加以金玉之費，鑪器所須，益非貧士所辦。學若牛毛，成如麟角，華山之下，白骨如莽，何有可遂之理。」此皆在蔣子萬機論之後，雖展轉援用其語，而意已大殊。提要獨舉家訓爲出處，是未考之困學紀聞矣。

雲臺編三卷

唐鄭谷撰。谷字守愚，宜春人，光啓三年進士，乾寧中仕至都官郎中。史不立傳，其事蹟頗見計有功唐詩紀事中。谷以鷓鴣詩得名，至有「鄭鷓鴣」之稱，而其詩格調卑下，第七句「相呼相喚」，字尤重複；寇宗奭本草衍義引作「相呼相應」，差無語病，然亦非上乘。

嘉錫案：周亮工因樹屋書影卷八云：「吳興鄭侯升秕言：鄭谷鷓鴣詩既曰『相呼』，又曰『相喚』，則複矣；既曰『青草湖邊』、『黄陵廟裏』，又曰『湘江曲』，亦欠變矣。及觀本草載此詩云『相呼相應湘天濶』，案本草衍義卷十六云：鷓鴣，鄭谷所謂「相呼相應湘天濶」者。語既無病，更清曠。按本草衍義，乃宋政和中寇宗奭所撰。據此，則宋代尚有唐詩善本，後乃傳訛耳。侯升發前人所未發，妙解也。」提要此條，蓋本於此。鄭明選字侯升，歸安人，萬曆己丑進士，官南京刑科給事中。所著秕言十卷，見總目雜家存目三。考席啓寓刻唐詩百名家集本雲臺編卷中，鷓鴣詩作「相呼相應湘江濶」，「江」字雖誤，「應」字、「濶」字固不誤也。蓋席氏百名家集多用宋本或舊刻本重雕，鄭明選、周亮工及四庫館臣所見，皆明代俗本爾。

唐風集三卷

唐杜荀鶴撰。荀鶴，池州人。案計有功唐詩紀事稱荀鶴有詩名，大順初擢進士第二，牧之微子也。牧之自齊安移守秋浦時，嘉錫案：謂牧自黄州移守池州。有妾懷姙，出嫁長林鄉杜筠而生荀鶴。又稱荀鶴擢第，梁王表授翰林學士、主客員外郎中、知制誥，恃勢侮易縉紳，衆怒欲殺之，天祐初卒。又稱荀鶴初謁梁王朱全忠，雨作而天無雲，荀鶴賦詩有「若教陰翳都相似，争表梁王造化功」句。是荀鶴爲人，至不足道，其稱杜牧之子，殆亦梁師成之依託蘇軾乎。

嘉錫案：紀事并不言荀鶴擢第名在第幾，南部新書辛卷云：「荀鶴，太順二年正月十日裴贄下第八人。」則非第一也。周必大二老堂詩話曰：「池陽集載杜牧之守郡時，有妾懷娠而出之，以嫁州人杜筠，後生子卽荀鶴也。此事人罕知。余過池嘗有詩云：千古風流杜牧之，詩材猶及杜筠兒。向來稍喜唐風集，今悟樊川是父師。」是其事始見於池陽集。閨房之事，涉於曖昧，其信否固不可知，然唐詩紀事所記，於其母之再嫁，時地姓名，言之鑿鑿，紀事卷六十五云：「牧之會昌末自齊安移守秋浦，時年四十四，時妾有妊，出嫁長林鄉正杜筠而生荀鶴，擢第年四十六矣。」非如梁師成之自稱蘇軾出子，憑空杜撰，事等捕風也。故必大於荀鶴之事，亦深信之。方必大作詩話時，知其事者尚罕，及計有功採入唐詩紀事，於是無人不知矣。池陽集不見著録，未知何人所作。輿地紀勝卷二十二池州人物門云：「杜荀鶴，唐人，有詩名，自號九華山人，顧雲序其集爲唐風集，見池陽記。」其文與唐詩紀事同，但有删節耳。疑荀鶴爲杜牧微子，事亦見於池陽記。紀勝載池州碑記，此門兼載碑誌及地志。有池陽前集、續集、池陽前記、後記，凡四種。其前記爲政和八年范致明所編。致明卽撰岳陽風土記者，其記岳陽事，絶去地志附會之習氣，考證頗爲不苟。若杜牧出妾生子事，果見於致明書中，則其事必不盡妄，非里巷傳聞者比也。荀鶴爲人雖不足道，然不肖子孫，古今何限，況荀鶴生於篳門圭竇之中，幼失過庭之訓者乎。其詩最有名者，爲「風暖鳥聲碎，日高花影重」一聯。而歐陽修六一詩話以爲周朴詩，吳聿觀林詩話亦稱見唐人小說作朴詩，荀鶴特竊以壓卷，然則此一聯者，又如寶月之於柴廓矣。

案六一詩話云：「唐之晚年，詩人如周朴者，搆思尤艱，時人稱朴詩月鍛季煉，未及成篇，已播人口。其名重當時如此，而今不復傳矣。余少時猶見其集，其句有云：『風暖鳥聲碎，日高花影重。』又云：『曉來山雨闊，雨過杏花稀。』誠佳句也。」據此，則修所稱周朴詩，特舉其所記憶者耳，而「山雨」「杏花」句乃姚合山中述懷之頸聯，少監詩集卷六可覆案也。然則「風暖鳥聲」一聯，安知非誤記乎？唐詩紀事卷七十一云：「或曰：『曉來山雨闊，雨過杏花稀』，亦朴詩也。」其於「山雨」聯，猶作疑詞，而於「風暖」聯絶不道及。此詩之入選，莫早於才調集，必自有所見，非漫然以意删削之矣。宋史藝文志有周朴詩一卷，遂初堂書目亦有周朴集。陳善捫蝨新話卷七云：「處士周朴，有能詩名于唐末。歐陽公嘗稱朴詩『風暖鳥聲碎，日高花影重』之句，然此乃杜荀鶴詩，非朴句也，見唐風集。公言少時見其集，今不復傳。余家有朴詩百餘篇，嘗爲之序。」然則朴集南渡後猶存，尤袤、陳善家皆有之，未嘗如歐陽修所稱北宋時即已不傳，陳善且考之杜荀鶴、周朴二家之集。知「風暖」一聯實荀鶴之詩，六一詩話所言，久矣夫其不足信也。才調集無朴詩。通考卷二百四十三引幕府燕談詩人玉屑卷十六引此條作幕府燕閒録，其書乃元豐間人畢仲詢所撰，見郡齋讀書志卷十三云：「杜荀鶴詩，鄙俚近俗，惟宫詞爲唐第一，云：『早被嬋娟誤，欲妝臨鏡慵。承恩不在貌，教妾若爲容。風暖鳥聲碎，日高花影重。年年越溪女，相憶採芙蓉。』故諺曰杜詩三百首，惟在一聯中，正謂『風暖』『日高』之句也。」原注云：此句歐公詩話以爲周朴詩。苕溪漁隱叢話後集卷十五引藝苑雌黄宋嚴有翼撰云：「唐風集中詩極低下，前輩方之太公家教，惟春宫怨一聯云『風暖鳥聲碎，日高花影重』，爲一篇警策。而歐陽永叔歸田録乃云周朴之句，此乃誤以詩話爲歸田録。不知何以云然。」可見畢仲詢與嚴有翼於歐陽修之説，皆未敢深信，特以周朴詩集傳本頗稀，二人皆未之見，故不能質言之耳。吳聿觀林詩話乃云：「杜荀鶴詩句鄙惡，世所傳唐風集首篇『風煖鳥聲碎，日高花影重』者，余甚疑不類荀鶴語。他日觀唐人小説，見此詩乃周朴所作，而歐陽文忠公亦云耳。蓋借此引編，引編，即壓卷之意。已行於世矣。」此所謂唐人小説，未審爲何書。吳聿之言，與陳善、嚴有翼輩大異，恐未可據也。余謂春宮怨一篇,以美人比君子,寓意深遠,首四句怨而不怒,甚得風人之旨。吳喬圍鑪詩話卷三云:「杜荀鶴在晚唐爲至陋,而竟有見道之言。承恩不在貌,教妾若爲容,千古透論。」喬此言極有理,可謂獨具隻眼。紀昀瀛奎律髓刊誤卷三十一,以爲首四句微覺太露,非也。五六兩句,寫春宮之景而怨字自在其中;結句從對面着筆,對面落筆用紀昀語。言盡而意不盡,通觀全首,始見其妙,不可以摘句求之。若去其首尾,獨存「風暖」一聯,則山寺茅齋,無不可用,面目猶是,而神韻全非矣。故荀鶴如果竊自周朴,亦當是竊其全篇,必不僅此一聯也。置其全篇而但賞此一聯,流俗人之見耳,何足道哉!

徐正字詩賦二卷

唐徐寅撰。寅,莆田人,乾寧元年進士及第,授秘書省正字,後依王審知幕府,歸老延壽溪。所著有探龍、釣磯二集共五卷,自唐書藝文志已不著録,諸家書目,亦不載其名,意當時卽散佚不傳。此本僅存賦一卷,計八首,各體詩一卷,計三百六十八首,蓋其後裔從唐音統籤、文苑英華諸書裒輯成編,附刻家乘之後者,已非五卷之舊矣。

嘉錫案:唐才子傳卷十以寅爲大順三年進士及第,十國春秋卷九十五以爲登乾寧進士第,而不載其年,未知提要何據。考劉克莊徐先輩集序云「按公元年乾寧登第」,提要或卽據此耶。寅集不見於唐志,而通志藝文略、遂初堂書目、郡齋讀書志、讀書附志、直齋書録解題、通考經籍考，亦不著於録。然崇文總目卷六十三有探龍集一卷，徐寅賦一卷。宋史藝文志有徐寅別集五卷，又有徐演探龍集五卷，在李後主、宋齊丘、徐鍇、馮延己、潘佑、張爲諸家之下。「演」即「寅」字之誤。宋志用宋歷代國史藝文志合編，而國史志又本之官修書目，則不得謂諸家書目皆不載其名，亦未嘗散佚不傳也，提要自不肯詳考耳。寅集在宋、元時凡有三本，一本十九卷，寅族孫師仁作唐秘書省正字先輩徐公釣磯文集序云：「按崇文總目，正字賦五卷，按：據此知今本總目作一卷者誤。探龍集一卷，題曰僞唐徐某撰。按此崇文總目原釋也，今錢東垣等輯本漏未採入。正字實未嘗仕僞唐也。師仁家故有賦五卷，探龍集五卷，正字自序其後；又於蔡君謨家得雅道機要一卷；案書録解題卷二十二文史類云：「雅道機要二卷，前卷不知何人，後卷稱徐寅撰。」宋秘書省闕書目卷二文史類云雅道機要集一卷，闕。又訪於族人及好事者，得五言詩并絶句，合二百五十餘首，以類相從爲八卷，并藏焉。其餘碑碣之屬甚衆，類皆亡失，豈其賦名特高，故他文遂不俱傳歟？今觀牋疏頗類玉溪，而律詩精鍊，亦不減同時韓致光、吳子華諸人也。」見十卷本釣磯文集卷首。序末題建炎三年三月，其本今不傳。又一本蓋即師仁所編而亡其雅道機要一卷，僅存十八卷。劉克莊後村大全集卷九十六徐先輩集序云：「友人徐君端衡出其十一世祖唐正字光當作先輩，原本作光，乃涉前一行韓致光而誤，又脱去輩字夤文集，又纂輯公遺事及年譜以示余。按劉山甫誌墓，詩賦外有著書二十卷，□陵集十卷。南渡初，公族孫著作佐郎師仁作集序，有雅道機要一卷，得於蔡君謨家者，今皆不傳，所傳者律賦及探龍集各五卷、詩八卷而已。夫士不幸而不遇于當時，所賴以自見於後世者書爾，而公所著他書皆羽化，惟詩賦與儷語僅存，豈不重可歎歟！然其僅存者已足與子華、致光並驅矣。」此本今亦不傳。其傳者爲元延祐時寅裔孫玩可珍所編，又亡其探龍集，僅存詩賦十卷，前五卷賦，後五卷詩。而第五卷有録無書，蓋摭拾殘賸所得，又非師仁編次之舊矣。集名則仍師仁所題。玩自爲之序曰：「文集者，入莆第五代祖先輩公所撰文也。先輩，時人推尊之稱也，釣磯乃歸隱適意處號也。予嘗觀舊譜，載十二代著作佐郎賜緋魚袋師仁公所著文集序，既有其序，時必有集，今皆亡失。鬱鬱不樂，凡對族人，惟以不得其文爲憂。至延祐丁酉歲，叔父司訓公於洛如金橋林必載家，得詩二百六十餘首，復於己亥歲，族叔祖道真公遺賦四十篇，不勝欣慰，合而寶之，後則屢求未得。今則據其所得詩賦暫編成卷，裝潢類諸譜諜，合與族人暨諸君子共之。」此本不知曾否付刻。至近歲始由涵芬樓據舊鈔本印入四部叢刊，每葉板匡外有「虞山錢曾王也是園藏書」十字。然不見於讀書敏求記及述古堂、也是園兩書目。卷末有錢大昕手書跋，稱從蕘圃孝廉假讀，則當爲士禮居藏書，但無黄丕烈題識印記。其賦以十篇爲一卷，第五卷目存而賦亡，僅存四卷，與徐玩序四十篇之數合。也是園本第四卷，末闕朱雲請斬馬劍之後半篇，及江令歸金陵一篇，蓋傳鈔時所據之本有斷爛，非其舊也。四部叢刊本已補完，并補卷五賦七篇，又附補遺二篇，皆據全唐文録入。詩凡二百六十五首，與玩序亦合，其卽爲玩所編輯之本無疑。張元濟跋，謂玩序不言卷數，此本是否爲玩所編不可知者，非也。愛日精廬、卷二十九鐵琴銅劍樓、卷十九皕宋樓卷七十一諸家藏書志皆有舊鈔本，考其所言，蓋與此本同出一源。惟持靜齋書目卷四云：「徐正字文集十卷，舊鈔本，愛日精廬張氏所藏比此尚短數篇。」善本書室藏書志卷二十五云：「釣磯文集十卷，舊鈔本舊缺第五卷，此獨全。」似別有一完善之本者。然延祐時徐玩所編，已只存賦四十篇，兩丁氏所藏，既非出於宋本，丁丙跋中明言卽玩所編本。安得見玩所未見。以意推之，蓋愛日精廬志中已言今本所缺，全唐文有其八篇，傳鈔者陰用其言，按目補入而諱所自來，丁丙不考，遂詫爲獨全，其實未嘗全也。修四庫書時，未得徐玩編本，僅以二卷本著録。提要以爲徐氏後裔從統籤、英華内輯出，考文苑英華僅録寅賦五首，英華卷六十九京兆試入國知教賦，卷九十六句踐進西施賦，卷一百三斬蛇劍賦，卷一百廿八過驪山賦，凡四首，均題徐寅，又卷一百四衡賦，不著撰人名氏，全唐文卷八百三十以爲寅作。而庫本則存賦八首，疑徐氏自以家藏殘本付刻，而非出自英華也。全唐文卷八百三十録寅賦二十八首，其存佚與徐玩本互有不同，兩書同有者十八首，徐本有目無文而見於全唐文者八首，徐本無而全唐文有者二首。知亦未見玩本，疑其輯自永樂大典耳。玩本存詩二百六十五首，也是園本卷九偶吟一首，有目無文，僅存空格三行，蓋所據之本偶有闕損耳。唐音統籤、全唐詩搜羅鴻富，亦只多三首，四部叢刊已録入補遺。提要謂二卷本有詩三百六十八首，文溯閣本，提要亦同。必無此理，「三百」當作「二百」，字之譌耳。張元濟跋四部叢刊本云：「阮文達嘗據錢遵王影抄本呈進，提要言賦五卷，凡五十首。案此謂阮氏進呈所撰提要，見揅經室外集卷四。是本共十卷，阮氏僅得五卷，且有賦五十首，與是本不同，疑所見爲錢氏之別一抄本。然提要又明言爲其裔孫玩所編次。亦阮氏提要之言。阮氏所進原本，今編入宛委別藏，假得對校，亦祇存四十六篇，除缺江令歸金陵賦，餘均與全唐文合，文字略有歧異，其所從出，又同而不同。然阮氏提要絶未明言其故，且一似五十首無少欠闕者，此真索解不得已。」嘉錫案，徐玩原序，明言賦只四十首，阮本既是玩所編次，安得忽增多數首？考阮氏書多得之何元錫，元錫以販賣書籍牟利，好作僞以取高價，此蓋偶得傳鈔殘本而亡其詩，因從全唐文録入七篇以補第五卷，而忘江令歸金陵賦一篇未補，僞稱完本以欺人耳。其文字雖小有異同，然推尋文義，自可校改，不必定須善本。惟也是園本凡賦皆不注官韻，文苑英華、全唐文有注有不注，而阮本於三十九首之中，注官韻者至三十四首，似乎所據爲別一舊本者。及考其所得之韻，往往爲本賦所無，且文理亦多不順，如卷一首陽山懷古賦，以「人和德風迹老志樂」爲韻，而賦無「和老」二字；疑當以迹芳志樂民知風德爲韻。蔿藺相如使秦賦，以「爲節名顯璧論秦國」爲韻，而賦無「爲名顯」三字；疑當以争璧存國賢臣志節爲韻。卷二外舉不避讐賦，以「先言親讐聞中民」爲韻，而賦無「親聞民」三字，且實八韻；疑當以論闕用人先薦己讐爲韻。避世金馬門賦，以「修道君門俗微仙客」爲韻，而賦無「修俗」二字；疑當以仙客樂道君門祿微爲韻。他篇類此者尚夥，是直以意爲之耳。張氏疑其所見爲錢氏之別一抄本，不免猶爲所紿矣。

寅嘗獻賦於朱全忠，後忤全忠，乃遁歸閩，非真有惓惓故主之思，乃與司空圖、羅隱二人遥相唱和，有如臭味。又作大夫松詩曰：「爭如澗底凌霜節，不受秦王號此官。」馬嵬詩曰：「張均兄弟皆何在，却是楊妃死報君。」更似一飯不忘唐者。文士之言，不足盡據，論世者所以貴考其實也。

案徐寅，兩唐書均無傳，唐詩紀事亦不載其姓名。唐才子傳卷十有傳而甚略，僅云：「寅，莆田人也。大原作太順三年，案據舊唐書昭宗紀，大順紀元只二年，其明年正月朔，即改元景福。蔣詠下進士及第。工詩。鬢鬢交白，始得秘書省正字，竟蓬轉客途，不知所終云。有探龍集五卷。」不言獻賦朱全忠。宋陶岳五代史補卷二云：「徐寅登第歸閩中，途經大梁，因獻太祖游大梁賦。時梁祖與太原武皇爲讎敵，武皇眇一目，又出自沙陀部落。寅欲曲媚梁祖，故詞及之云：『一眼胡奴，胡奴，十國春秋作傖夫，舊五代史輯本卷一百三十四注引作匈奴，皆避時忌也。望英威而膽落。』未幾，有人得其本示太原者，武皇見而大怒。及莊宗之滅梁也，王審知遣使至，遽召其使問曰：『徐寅在否？』以無恙對。莊宗因慘然曰：『徐寅指斥先帝，何以容之！』使回，具以告審知，卽日戒閽者不得引接徐寅，坐是終身止于祕書正字。」宋張齊賢洛陽搢紳舊聞記卷一云：「福建人徐夤下第，獻過梁郊賦，梁祖覽而器重之，且曰：『古人酬文士，有一字千金之語，軍府費用多，且一字奉絹一匹。』徐賦略曰：『客有失意還鄉，十國春秋引九國志作得意還鄉，今九國志無寅傳，任臣所見，蓋猶足本也。經於大梁，遇郊坰之耆老，問今古之侯王。父老曰，且說當今，休論往昔，昔，當從十國春秋作古，下同。昔時之事跡誰見，今日之功名目覩。辭多不載。遂留于賓館，厚禮待之。徐病且甚，梁祖使人謂曰：『任是秦皇漢武』，蓋誚徐賦有『直論簫史王喬，長生孰見；任是秦皇漢武，不死何歸』，憾其有此深切之句爾。」兩書雖言其獻賦，而不云有忤全忠之事。至於「秦皇漢武，不死何歸」，乃其人生幾何賦中語，今集本作「任是三皇五帝，不死何歸」。本不爲全忠而發。殆寅行卷中有此賦，全忠讀之，憾其語意不祥，故因其病以諷之。劉克莊序云：「初策名過汴，朱温欲辟公，諷使改秦皇漢武不死何歸之語，公不改而去。」齊賢記此事，亦不云因此遂忤全忠也。惟吳任臣十國春秋卷九十五寅本傳云：「嘗遊大梁，以賦謁梁王全忠，按寅登第時，全忠未封梁王。誤觸其諱，梁王變色，寅狼狽出，欲遁去，恐不得脫，乃作過大梁賦以獻。」提要卽據之以爲說。考劉克莊、徐師仁兩序皆引張齊賢記云：「寅醉犯温諱，憂不測，作游大梁賦以獻。」今本洛陽舊聞記無觸諱事，蓋傳寫脱去，據其所言，乃醉中誤犯，非獻賦觸諱，與十國春秋不同。是寅實有忤全忠之事。然寅獻賦後，全忠禮遇甚厚，至酬以一字一縑，未嘗因此遁去。提要之言，不知所本，讀書不細，遂至厚誣古人，大不可也。提要責寅不當獻賦全忠，其言甚正，但五代史補謂寅登第歸經大梁，師仁引張齊賢記亦云「解褐東還」。考寅登第之歲，或言景福元年，徐松登科記考卷二十四據唐才子傳考定。或言乾寧元年，劉克莊序及徐松引大典本莆田志。按之唐、五代史及資治通鑑，全忠是時雖漸强大，跋扈不臣，然尚未執朝權，篡逆之形，猶未著也。唐之士人，好干謁藩鎮以求餽贐，寅踵軍門上謁，亦當時風氣使然，及其觸諱獻賦，或出於不得已，似未可與黨奸附逆者同科。羅隱乃心唐室，然猶不免身受梁官。隱以開平初授給事中，見舊五代史卷二十四本傳。寅於唐末依王審知，迄於後唐，竟以秘書正字終其身，未嘗受梁一命，其詠大夫松詩，所謂「争如澗底凌霜節，不受秦王號此官」者，實卽藉以自喻。跡其生平，蓋無多愧君子善善從長，不宜以其嘗獻賦貢諛，並其晚節而議之也。劉克莊序云：「當時卿相，多由汴以進，公獨舍汴而歸，蕭然於草堂之下，釣磯之上，以終其身。始不改賦者不樂免園也，謂不改秦皇漢武之句，見前注。去而獻賦者詭辭也，脱虎口也，否則甕溫手矣。集中惟一眼胡奴之作，削而不取，其惡梁如此。按此或寅自諱其失，且因在後唐時以此賦得罪，故不敢存稾耳。方唐之亡也，士大夫貴顯而全節者，惟司空表聖、韓致光二公，阨窮而自守者，惟公與羅隱。

隱依錢氏，公依王氏，猶子美客劍南之意也。公昔交長安貴人甚多，晚惟與二公及隱有倡酬；致光後避地入閩，隱近在浙，表聖遠居西華，而公惓惓不忘，其忠唐如此。」克莊之言，與提要正相反，雖所以稱寅者或過其實，然不失爲平情之論。若提要之責寅，殆不免少苛矣。雖然，寅不能安於義命，自愛其羽毛，輕以文字干人，歌頌功德於盜賊之前而不之恥，致使人疑其黨逆，實自取之，爲法受惡，其又奚辭。士生亂世而不能嚴取與，重名節，未有不身名俱喪者，寅得以諸侯賓客終老，猶其幸焉者耳，提要之說，未可廢也。徐師仁序云：「本朝張丞相齊賢記正字未第時道汴州，進謁梁祖，面賦無雲雨篇立就，其斷句云『争表梁王造化功』，大蒙賞遇。」按今本洛陽搢紳舊聞記，見朱温賦無雲雨者，乃杜荀鶴而非徐寅，其敍此事，委曲周悉，斷非傳寫之誤。且其言曰：「梁祖之初兼四鎮也，英威剛很，賓客對之，不寒而慄，進士杜荀鶴以所業投之。」云云。考新、舊五代史，温以天復元年正月封梁王，其五月兼領護國軍節度使，始兼四鎮，四鎮者，宣武、宣義、天平、護國也，其先雖嘗兼領淮南，而爲楊行密所據，未能有其地。故荀鶴詩稱之爲梁王。若寅以登第後過汴，至遲亦在乾寧間，其時温僅兼三鎮、封東平王耳，安得有梁王之稱乎？唐詩紀事卷六十五、唐才子傳卷九皆以無雲雨詩爲荀鶴所作，其不出於寅亦審矣。師仁偶讀誤本舊聞記，遽從而誣其祖，不亦異乎？今附辨之於此，無使來者惑焉。

禪月集二十五卷補遺一卷　唐釋貫休

陶岳五代史補稱貫休西岳集四十卷，吴融序之。然集末載其門人曇域後序，編次歌詩文贊爲三十卷，則岳亦誤記矣。此本爲宋嘉熙四年蘭谿兜率寺僧可燦所刊，毛晉得而重刊之，僅詩二十五卷，豈佚其文贊五卷耶？補遺一卷，亦晉所輯。

嘉錫案：蜀檮杌卷上云：「貫休善詩，與齊己齊名，有西岳集十卷。」唐詩紀事卷七十五亦云：「休與齊己齊名，有西岳集十卷，吴融爲之序。」融序云：「晚歲止于荆門龍興寺。余謫官南行，因造其室。丙辰，余蒙恩詔歸，與上人別，袖出歌詩草一本，曰西岳集，以爲贐矣。」見本集卷首及文苑英華卷七百十四。贐，英華誤作盡。丙辰者，唐昭宗之乾寧三年也。序末題己未歲，乃光化二年。宋高僧傳卷三十謂融序作於乾寧三年，其言小誤。可見西岳集成於荆門，皆未入蜀以前之作，非其全集，故止十卷。惟宋張世南游宦紀聞卷六云：「有西岳集三十卷，翰學吴融爲之序。」陶岳以爲四十卷者誤也。今四部叢刊影印本禪月集，即從僧可燦原刻影寫。其曇域後序曰：「葬事既周，哀制斯畢，衆請曇域編集前後所制謌詩文贊，遂尋檢藁草及暗記憶者，約一千首，乃雕刻版部，題號禪月集。」并無編爲三十卷之語。毛氏本既係重刻，不識何以不同。考宋史藝文志著録僧貫休集，晁氏讀書志卷十八著録禪月集，皆三十卷。今此本只二十五卷，或可燦所得之本已只存其詩而佚其文歟？若通志藝文略稱禪月詩三十卷，則不知其原集於歌詩之外尚有文贊也。崇文總目卷六十一作禪月詩三卷，疑奪十字。唐才子傳卷六云：「有集三十卷，今傳。」恐係因襲舊文，未必真見全集。書録解題卷十九作禪月集十卷，當即西岳集之改名，而非曇域之所編也。

文獻通考別載寶月集一卷，亦云貫休作，今已不傳。然曇域不云有此集，疑馬端臨或誤。

案郡齋讀書志卷十八云：「貫休禪月集三十卷，唐僧貫休撰。字德隱，姓姜氏，婺州人。後入蜀，號禪月大師。初，吳融爲之序，其弟子曇域削去，別爲序引，僞蜀乾德中獻之。」袁本讀書志卷四中同。案今本吳融序仍存，并未削去，與晁氏所見本異。文獻通考卷一百四十三引之，其文並同，獨書名作寶月詩一卷爲異。詩字，提要誤作集。此雖馬端臨之誤，但其書名卷數之下明有「晁氏曰」三字，只須取讀書志略一檢閱，則寶月詩之與禪月集，是一是二，自可一目了然。乃提要竟不能決，似不知讀書志之尚存，不亦大可怪歟。吳任臣十國春秋卷四十七云：「貫休有寶月集一卷，西嶽集四十卷。」彼未見讀書志，故不足怪。

毛晉又云，西岳集或作南岳集。考貫休生平，未登太華，疑「南岳」之名爲近之，「西」字或傳寫誤也。

案毛氏之説，蓋謂禪月集別本有作「南岳」者。然考蜀檮杌以下諸書，並作「西岳」，不應其誤相同如此，別本不足據也。本集卷首署銜曰「浙江道婺州蘭溪縣和安寺西岳賜紫蜀國禪月大師貫休述」。考昭宗乾寧三年秋七月，岐軍逼京師，帝駐蹕華州，見舊唐書昭宗紀。貫休蓋以此時被成汭表薦，宋高僧傳云：「後思登南嶽，北謁荆帥成汭，初甚禮焉。」帝賜以紫衣。其集適於是年編成，遂以駐蹕之地名之曰「西岳」，所以志君恩，傷國難也。其後曇域編次全集，獻之王衍，不敢以大唐賜紫加於蜀國師號之上，遂變其文爲「西岳賜紫」，其易西岳集之名爲禪月，亦此意焉耳。此雖於書傳無徵，近於想當然之説，然捨此則其署銜爲不可解，讀者幸詳之。

別集類五 總目卷一百五十二

逍遥集一卷

宋潘閬撰。閬，大名人。晁公武讀書志謂其字曰逍遥，江少虞事實類苑則謂其自號逍遥子，少虞説或近是歟。

嘉錫案：夢溪筆談卷二十五云：「潘閬字逍遥，咸平間有詩名。」直齋書録解題卷二十亦云：「潘逍遥集一卷，四門助教廣陵潘閬逍遥撰。」解題之例，凡舉作者名氏，必先名而後字，未有用其號者，然則逍遥之稱，是字而非號也明矣。輿地紀勝卷三十七引長編云：「潘閬，揚州人。至道元年，自布衣賜進士及第，授國子四門助教。」按今本通鑑長編卷三十七只云：「至道元年夏四月丙申，賜布衣潘閬進士及第，未幾追還詔書，以閬所爲狂妄故也。」與此不同。長編蓋本之宋國史實録，今宋太宗實録殘本闕至道元年，故無可考。而以閬爲揚州人，則書録解題之題廣陵潘閬，確有所據，讀書志卷十九以爲大名人者，蓋誤也。韋居安梅磵詩話卷上乃云：「潘閬字逍遥，錢塘人。今武學前有潘閬巷，卽其所居之地，巷内三將軍廟，有閬祠堂。」其説又異，恐出流俗傳聞，未必可信。

蘇軾嘗稱其夏日宿西禪詩，又稱其題資福院石井詩不在石曼卿、蘇子美下。

案閬宿西禪寺詩有句云：「夜涼疑有雨，院静似無僧。」蘇軾少年時見之，不知爲何人詩，後宿黄州禪智寺，寺僧皆不在，夜半雨作，偶記此詩，故成一絶。見東坡前集卷十一。其意雖似喜之，然并無稱許之詞。若資福院詩，則軾未嘗一言及之也。吴曾能改齋漫録卷十一曰：「信州鉛山縣治之北三里間，石井資福院，有泉湧于山壁之下，澄徹如鑑。本朝詩人潘閬移太平州散參軍，過而留絶句云：『炎炎畏日樹將焚，卻恨都無一點雲。强跨蹇驢到來得，皆疑渴殺老參軍。』蘇黄門過而跋之云：『東坡先生稱眉山矮道士好爲詩，詩格亦不能高，往往有奇語，如「夜過修竹寺，醉打老僧門」，皆可喜者也。予舊讀湘山野録，喜閬所作西湖曲，及游江南，見題石井絶句，頗有前輩氣味，不在石曼卿、蘇子美下。若老參軍、矮道士，自是一對，將恐漫滅失傳，不知法真師能刻之石否？』」此跋欒城集未收，宋詩紀事卷五曾引漫録，亦不全。黄門者，蘇轍也，所引東坡語，僅至「皆可喜」句爲止，其稱閬詩不在石曼卿、蘇子美下者，亦轍也。提要乃謂軾稱其題資福院石井詩，豈非誤歟？

讀書志載逍遥詩三卷，宋史藝文志則作潘閬集一卷，原本久佚，未詳孰是。今考永樂大典所載，裒而録之，編爲一卷，而逸篇遺句，載在他書者，亦併採輯以補其闕。雖不能如晁氏著録之數，而較之宋志所載，則約略得其八九矣。

案書録解題所著録之潘逍遥集，亦只一卷，與宋志合，不應晁氏所得者獨多至兩倍，頗疑此兩本祇是卷數之不同，其詩未必有所增損也。

其古意一首，今刻唐詩者皆以爲崔國輔作，而永樂大典則題閬名，疑以傳疑，亦姑並録之，而注其譌異於本題之下焉。

案四庫館輯本逍遥集在知不足齋叢書內古意詩曰：「妾有羅衣裳，秦王在時作。爲舞春風多，秋來不堪著。」考殷璠河嶽英靈集卷中、韋縠才調集卷一，録有崔國輔怨詞一首，與逍遥集之古意，一字不異。璠，唐人，縠，蜀人，皆遠在潘閬之前，安得預選閬詩，其非閬所作，固已甚明，何存疑之有乎？兩書並有宋刊本、明刊本，却無康熙以後刻本，提要乃謂今刻唐詩者皆以爲崔國輔作，蓋但指全唐詩言之，而未考之古書也。噫，亦陋矣。此蓋疑全唐詩誤收閬作，而不敢明言，故謂之今刻。

寇忠愍公詩集三卷

宋寇準撰。準事蹟具宋史本傳。初，準知巴東縣時，自擇其詩百餘篇爲巴東集，後河陽守范雍裒合所作二百餘篇，編爲此集。

嘉錫案：宋史藝文志有寇準詩三卷，又巴東集一卷，其三卷者卽此集也。通志藝文略及郡齋讀書志卷十九，均只有寇忠愍集集字，讀書志作詩三卷，而無巴東集。據范雍序云：「雍頃爲公倅，多聞得意之句，隨錄簡牘，才數十篇。今守三城，會監軍趙侯臨，卽公之中表也，因請於公家，盡錄昔所存紀，得二百餘篇，并前之所錄不在此數者，及謫官後趙公所記，共二百四十首，類而第之，分爲上中下三卷。」蓋巴東集之詩已編入此集之中，故鄭氏、晁氏不別著於錄也。趙希弁讀書附志拾遺云：「巴東集一卷，乃公自編而爲之序，凡一百五十有六篇。」書錄解題卷二十云：「巴東集三卷，丞相萊國忠愍公下邽寇準平仲撰。初以將作監丞知巴東縣，自擇其詩百餘首，且爲之序，今刻於巴東。」又云：「忠愍公集三卷，河陽守范雍得寇公詩二百首，爲三卷，今刻板道州。」提要之說，全本於陳氏，而不言所自出，不幾於無徵不信乎？續通鑑長編卷一百八十五云：「嘉祐二年五月，賜國子博士寇諲銀絹五十兩匹，諲上其祖準所著文集故也。」知準孫嘗上其集於朝，而不知其卷數。考宋會要第五十六册崇儒五云：「嘉祐二年五月十六日，國子博士寇諲進祖準文集一十卷,詔特送秘閣。」夫既藏於秘閣,自必載入國史藝文志,今宋史藝文志純以宋國史三部三朝、兩朝、四朝。諸藝文志鈔撮成篇,而準集十卷之本乃不著於録,疑秘閣所藏在北宋時已亡佚矣。此集只三卷,有詩無文。寇諲所上,多至十卷,蓋詩文並録也。

考石林詩話有過襄州留題驛亭詩一首,侍兒小名録拾遺有和蒨桃詩一首,合璧事類前集有春恨一首、春晝一首,皆集中所無。蓋題驛亭、和蒨桃二篇,語皆淺率,春晝、春恨二首,格意頗卑,雍殆有所持擇,特爲删汰,非遺漏也。

案觀以上所舉諸詩,及後所引湘山野録,不能不服其閱覽之博,搜采之勤,洎細考之,乃無一條出於宋詩紀事卷四寇準名下所采之外者,但稍稍加以評論耳,然竟直稱某書某書而不言及厲氏,非掠美歟?凡宋人別集諸提要,似此者十之七八,今亦不暇逐條詳舉,姑發其凡於此。

準以風節著於時,其詩乃含思悽婉,綽有晚唐之致,然骨韻特高,終非凡豔可比。惟湘山野録稱其江南春二首,及「野水無人渡,孤舟盡日横」,以爲深入唐格,則殊不然。江南春體近填詞,不止秦觀之小石調。「野渡無人舟自横」,本韋應物西磵絶句,準點竄一二字改爲一聯,殆類生吞活剥,尤不爲工。準詩自佳,此二句實非其佳處,不足據爲定論也。

案湘山野録卷上云:「寇莱公詩,若『野水無人渡,孤舟盡日横』之句,深入唐人風格。初授歸州巴東令，人皆以寇巴東呼之，以比前趙渭南、韋蘇州之類。然當貴之時，所作皆淒楚愁怨。嘗爲江南春二絶云：『波淼淼，柳依依。孤村芳草遠，斜日杏花飛。江南春盡離腸斷，蘋滿沙汀人未歸。』又曰：『杳杳煙波隔千里，白蘋香散東風起。日落汀洲一望時，愁情不斷如春水。』余嘗謂深於詩者，盡欲慕騷人清悲怨感以主其格，語意清切，脱灑孤邁，則不無殊，不知清極則志飄，感深則氣謝。萊公富貴時送人使嶺南云：『到海只十里，過山應萬重。』人以爲警絶，晚竄海康，至境首，雷吏呈圖經迎拜於道，公問州去海近遠，曰『只可十里』。憔悴譴竄，已兆於此矣。」文瑩所謂深入唐人風格者，但指「野水」「孤舟」二句耳，未嘗并稱江南春二首亦有唐格也。第因準處富貴而所作多淒楚，故録其江南春以爲晚年流竄之兆，而於其詩之佳否不置一詞，提要顧痛駁之以爲不然，可謂無的放矢矣。隆平集卷四寇準傳曰：「準補巴東令，巴東有秋風亭，準析韋應物一言爲二句云：『野水無人渡，孤舟盡日横。』識者知其必大用。」東都事略卷四十一寇準傳亦同。寫景之詩，點竄古人成句，而謂可以決其大用，不免附會之談。吳子良林下偶談卷二曰：「萊公詩『野水無人渡，孤舟盡日横』，人謂其有宰相器。然韋應物亦有『野水無人舟自横』之句，豈亦便可擬其爲宰相耶？」此論可謂痛快，亦可見宋人無不知其爲出於韋應物之詩也。夫點化前人之句以爲己作，苟運用得宜，是卽脱胎之法。王維之「漠漠水田飛白鷺，陰陰夏木囀黄鸝」，即用李嘉祐句，各加二虚字，而議者謂其勝於原作。黄庭堅謫居黔南十首見山谷内集卷十二。盡用樂天大篇裁爲絶句，或點竄數字，或一字不易，而議者謂其巧於剪裁，後人皆推服無異詞。準析應物詩一言爲二句，而其句法仍能不失唐人風格，提要便謂其生吞活剥，是特狃於成見，以名之輕重爲是非也。

乖崖集十二卷附録一卷

宋張詠撰。詠事蹟具宋史本傳。其集宋代有兩本，一本十卷，見於趙希弁讀書附志，所稱錢易墓誌、李畋語録附於後者是也；一本十二卷，見於陳振孫書録解題，所稱郭森卿宰崇陽刻此集，舊本十卷，今增廣并語録爲十二卷者是也。此本前有森卿序，蓋即振孫所見之本。

嘉錫案：張詠集十卷，實見於晁公武郡齋讀書志，袁本在卷四之中卷，衢本則在卷十九，因袁本以附志爲卷五。撰提要者翻閲之頃，誤其卷數，遂以爲趙志耳。宋景文集卷六十二張尚書行狀曰：「生平論著，仲氏詵集之，成十卷，以行於代。」宋史藝文志著録者，即十卷之本，則亦不獨見於讀書志矣。

詠兩涖益州，爲政恩威並用，吏民畏服，平日剛方尚氣，有巖巖不可犯之節，其文乃疏通平易，不爲嶄絶之語。其詩亦列名西崑體中，其聲賦一首窮極幽渺，梁周翰至歎爲一百年不見此作，則亦非無意於爲文者。

案韓琦安陽集卷五十張忠定公神道碑云：「公文章雄健有氣骨，嘗爲聲賦，梁公周翰覽而歎曰：『二百年來不見此作矣。』」提要引爲一百年，非也。

東觀集十卷

宋魏野撰。野字仲先，號草堂居士。先世蜀人，徙於陝州。真宗聞其名，召之，不出。天禧三年卒，贈祕書省著作郎。事蹟具宋史隱逸傳。野與林逋同時，身後之名不及逋，裝點湖山，供後人題詠，而當時則聲價出逋上。澠水燕談載真宗西祀汾陰，至遣人圖畫所居；宋史本傳載大中祥符初，遼使至宋，言本國得野草堂集上帙，願求全部；續湘山野録載長安名姬添蘇得野一詩，至署於堂壁，夸耀於人，則傾動一時可想也。

嘉錫案：澠水燕談録卷四云：「种放隱于南山豹林谷，所居有林泉之勝，尤爲幽絶，真宗遣中使攜工圖之。其後甘棠魏野郊居有幽趣，帝亦遣人圖之，故詩云『幽居帝畫看』。」其文如此，不言爲西祀汾陰時事。提要引之所以與原書不合者，蓋提要此篇，所論數事，皆從宋詩紀事卷十所徵引得之，特嫌澠水燕談敍事不明，紀事引澠水燕談云：「上聞野居有幽致，遣人圖之，故野有句云幽居帝畫看。」亦與原文不合。蓋昔人引書，但求不失其意，往往如此。遂兼用紀事所引瀛奎律髓，原引云：「真宗祀汾陰，遣使召之，題詩壁間遁去。上曰：野不來矣。野居有幽致，令圖之。」案見律髓卷二十三。增損其文如此。然稱引燕談而有燕談所無之語，何如竟引律髓之爲得乎？考續通鑑長編卷七十五記大中祥符四年祀汾陰事云：「三月甲戌朔，次陝州，召草野魏野，辭疾不至。野居州之東郊，不求聞達，爲詩精苦，有唐人風。契丹使者嘗言本國得其草堂集半帙，願求全部，詔與之。時既辭召命，卽遣使圖上其所居，令長吏常加存撫。」是野此等事已見於宋人編年史矣，所敍詳備如此，使提要能引此爲證，豈不較澠水燕談尤足徵信耶？雖然，四庫館臣之撰集部提要，大抵取材於通考經籍考，及唐詩紀事、宋詩紀事、元詩選、明詩綜等書，此蓋如顧炎武所謂今人買舊錢，號曰廢銅，以充鑄者也。見亭林文集卷四與人書十。吾必欲其博考羣書，一一窮究其本源，是强使采山之銅以鑄錢，纂修諸人，匪惟不能，抑自不暇。特學者讀書，當自行考索，不可依附提要，與之邪許應和云爾。

據天聖元年薛田所作集序，野先有草堂集行在人間。宋史亦稱野草堂集十卷。則十卷者，野舊本也。序又稱其子閑以新舊詩三百篇混而編之，彙爲七卷，因取贈典命之曰鉅鹿東觀集。則東觀集者，閑所重編七卷之本也。此本凡詩三百五十九首，題曰東觀集，而乃作十卷，未喻其故，豈序文誤「十」爲「七」歟？

案宋史藝文志有魏野草堂集二卷，又鉅鹿東觀集十卷，通志藝文略有魏野鉅鹿東觀集十卷。郡齋讀書志卷十九云：「魏仲先草堂集二卷，此據衢本也，袁本卷四中作一卷。鉅鹿東觀集二卷。集有薛田序，鉅鹿東觀集乃野之子閑集其父詩四百篇，以贈著作，故以『東觀』名集。」直齋書録卷二十云：「草堂集二卷，處士鉅鹿魏野仲先撰。」又有鉅鹿東觀集十卷，其解題與讀書志略同。以此諸書參互考之，凡草堂集皆二卷，無作十卷者。其鉅鹿東觀集，除讀書志作二卷外，他書皆十卷，亦無作七卷者。獨釋文瑩玉壺清話卷七云：「祥符中，契丹使至，因言本國喜誦魏野詩，但得上帙，願求全部。真宗始知其名，將召之，死已數年。搜其詩，果得草堂集十卷，詔賜之。」惟此所言草堂集卷數爲異。案野以祥符四年被召，契丹使之求書，又在其前。野卒於天禧三年十二月，見續長編卷九十四及本傳。上距被召之歲已八年，文瑩乃言祥符中真宗將召之，而野死已數年，其謬舛如此，由於草澤傳聞，目不覩國史之過也。其所言草堂集卷數，豈非與東觀集誤混爲一乎？然則宋史本傳所謂有草堂集十卷者，其爲承訛襲謬，固已無疑。提要僅據本傳之單文而絶不考之目録書，宜其於此集卷數之多寡，無以定之矣。提要所見，當是明刻本。考愛日精廬藏書志卷三十、皕宋樓藏書志卷七十三均有舊鈔本十卷，并録薛田序云：「令息閑尤增素尚，綽有父風，出先君所著新舊詩四百篇，除零落外，以其國風教化諷刺歌頌比興緣情者，混而編，凡其詩之所觀者，彙爲七卷。」蓋野詩本四百篇，但其中有零落不全者，閑既只取其比興緣情之作，則亦必有所刊削，故只存詩三百五十九首，足證提要引作三百篇者，爲明刻傳寫之譌。然舊抄仍作彙爲七卷，「七」亦誤字也。近人繆荃孫藝風堂文漫存癸甲稾卷四有代劉世珩所作之鉅鹿東觀集跋，稱世珩所得顧抱沖之遠舊藏宋刻本十卷，黄丕烈有跋，見蕘圃藏書題識卷八。闕四五六三卷，系出鈔補，則宋刻只存七卷耳。繆氏并舉宋本薛田序略云：「令息閑出君所著新舊詩四百篇，混而編之，共成十卷。」與提要所引及舊抄本並不同。以意推之，提要所據明刻，其先亦出於一傳鈔本，其底本卽七卷之殘宋刊也。鈔者嫌其不全，故改序中之十卷爲七卷，欲以冒充全書，又以七卷之中存詩僅二百四十首，遂并改「四百」二字爲「三百」以求其合，其後鐫板時已用別本補足三卷，而於舊序之誤未及改回。張金吾、陸心源所藏，則爲別一鈔本，故又與刻本不同，兩舊鈔本亦出於殘宋刻，其三卷已配全，而序中仍作七卷，但未改四百篇作三百。其紛紜糾錯如此，非細按之，不能知也。東觀集補遺三卷，出杭州汪氏家，不知何人所輯。今核所載詩一百十九首，卽此本之四卷至六卷，蓋書賈作僞之本，不足爲據。或疑除此三卷，正合薛田序七卷之數，當是後人所合併，不知除此一百一十九首，則七卷僅詩二百四十首，與田序三百首之說仍不相合，知決不然矣。

案浙江採進遺書總録壬集有此書舊影寫本七卷，蓋亦自殘宋本寫出。彭元瑞知聖道齋讀書跋卷二云：「鉅鹿東觀集七卷，凡詩二百六十三首。此與提要言二百四十首不合，不知何以致誤。別有十卷本，詩三百五十九首。近有東觀集補遺三卷，則十卷本之第四至第六也。曹氏選宋詩存，用十卷本。」提要疑補遺爲書賈作僞，以余觀之，四庫之所著録，曹氏廷棟之選宋詩，皆用十卷之本。是其書當時已通行，書賈乃於其中剌取數卷以作僞，誰復過而問焉者。此必十卷本未出以前，傳鈔之本皆只七卷，不知何人別得一舊本多此三卷，遂鈔出之以補所藏之遺。其後傳鈔浸廣，於是十卷復完。提要及彭元瑞均以補遺爲自通行十卷本中鈔出，不知十卷之完，正賴補遺耳。

宋元憲集四十卷

宋宋庠撰。史稱庠所著有國語補音三卷，紀年通譜十二卷，別集四十卷，掖垣叢志三卷，尊號録一卷，今惟國語補音有傳本，已著録。書録解題載是集作四十四卷，與史不合。然文獻通考亦作四十四卷，似非譌舛。疑別本以掖垣叢志三卷、尊號録一卷編入集中，共成此數，唐、宋諸集往往有兼收雜著例也。通考於是集之下又附注曰「一作湜中集二十卷」，其名又異。然永樂大典實祇標宋元憲集，則非湜中集明甚，故今仍舊目，不取通考之名焉。

嘉錫案：提要之所謂史者，獨據宋史本傳言之耳。考藝文志有宋庠緹巾集十三卷，又操縵集六卷，連珠一卷，復有宋郊集四十四卷，郊即庠也。提要謂書録解題之卷數與史不合，然則藝文志非史也耶？提要於宋景文集條下知引藝文志，而於此條置之不言，則以原稾纂修者不出一手故也。武英殿本元憲集提要，纂修官劉權之，景文集纂修官吳壽昌。衢本郡齋讀書志卷十九有宋元憲集四十四卷，袁本讀書後志卷二作緹巾集二十卷，而晁氏所敍姓名仕履則兩本無一字之不同。通考所引晁氏語例用衢本，今人張元濟作四部叢刊讀書志跋，謂馬氏所用爲蜀本。嘉錫案，蜀本今不傳，要之與衢本相近。故此條書名、卷數並從之，其題下附注所稱一作緹中集二十卷者，卽指袁本言之，特誤「緹巾」爲「湜中」耳。張元濟跋謂馬氏未見袁本，非也。提要於此，殊不了了。通志藝文略有宋元憲集五卷，緹巾集十二卷。今本元憲集卷三十六有緹巾集記，略云：「此燕石也，與瓦甓無異，雖緹巾什襲，庸足寶乎？命亟去之。兒曹懇祁留于舍中，凡五百餘首，勒成十二卷，命曰緹巾集。」修提要時，豈竟未之見乎？遂初堂書目仍作宋宣獻操縵集、宣獻乃宋綬之謚，此蓋誤記。緹巾集。知通志之宋元憲集蓋卽操縵集之別名，惟卷數與藝文志不合，未詳其故。藝文志之緹巾集作十三卷，而袁本讀書志乃稱二十卷者，蓋合操縵集及連珠併爲一編耳。其後此二十卷者，又併入全集之内，并緹巾集之名亦不復存矣。凡宋人文集，往往有前後數本，多寡互異，大抵編輯愈後者卷數愈多。此集既有四十卷，與四十四卷之不同，自是兩本，無足深怪，何必强求其與史傳合哉。

宋景文集六十二卷補遺二卷附録一卷

宋宋祁撰。祁有益部方物略，已著録。祁筆記深戒其子無妄編綴作集，使後世嗤詆，然當時實已哀合成編，且非一種。據本傳稱集百卷，藝文志則稱一百五十卷，又有濡削一卷，刀筆集二十卷，已與本傳不符。馬端臨通考亦稱百五十卷，書録解題暨焦竑經籍志俱止稱百卷，王偁東都事略則文集百卷之外又有廣樂記六十五卷，記載互殊，莫詳孰是。陸游集載祁詩有出麾小集、西州猥稾，蜀人任淵曾與黄庭堅、陳無己二家同注，今亦不傳。

嘉錫案：名臣碑傳琬琰集卷七有范鎮所撰宋景文公神道碑云：「文集一百五十卷，藏于其家。」藏之於家者，蓋祁生平守其初志，不欲傳之於外也。然祁文章負重名，其稾既藏於家，不能禁人之不傳寫，故或作文集七十八卷，又出麾小集五卷、通志在別集類。刀筆二卷，在刀筆類。通志藝文略著録者是也。或作文集百卷，宋史本傳、東都事略及書録解題卷十七所載者是也。傳寫既久，各以所得爲之鏤板，其家知不能終秘，於是百五十卷之本亦遂行於世，故郡齋讀書志卷十九及宋史藝文志得著之於録。此雖無明文可考，然推測情事，當是如此。至於馬端臨通考，卽録自讀書志，非實見其書。焦竑經籍志信手抄撮，尤不足據。此條即抄書録解題。提要與宋史並言，未免失於別擇矣。讀書志云：「集有出麾小集、西州猥稿之類，合併而爲一。」則濡削及刀筆集亦當在百五十卷之內，宋志所録，蓋別本單行者耳。志於刀筆集之下尚有西川當作西州猥稾三卷，今本景文集卷四十八尚載西州猥稾系題一篇，是其證，提要引之亦未全。余又考祁之詩文，不僅百五十卷而已。唐庚眉山唐先生集卷二十八書宋原誤作朱尚書集後云：「仁廟初，尚書與其兄鄭公以文章擅天下，兄弟于字學至深，故其文多奇字。其將歿也，又命其子慎无刊類文集，故甚秘而不傳于世。元符二年，其子衮臣爲利路轉運判官，予典獄益昌，始得尚書所爲文讀之。庚集卷二十送宋衮臣赴任浙憲詩，有「圯上文書獨見傳」之句，即指此事。文集二百卷，予得九十有九卷，疑後來百卷之本即從此出。餘在曾子開家，衮臣謂予，他日當取之，并以授子云。」聚珍本已載此序。由是觀之，則祁之全集，至元符初尚未刊行，其他諸本蓋刻於哲宗以後或南宋時，亦未必出於其子孫之手，而全集二百卷僅有孤本存於曾肇家者，殆已亡於靖康之亂矣。若夫東都事略所言之廣樂記六十五卷，自是經部之書，與詩文別集迥不相涉，不知提要何以牽連及之。考宋史藝文經部樂類有馮元、宋郊景祐廣樂記八十一卷，「宋郊」乃「宋祁」之誤，玉海卷一百五引藝文志此所引乃宋兩朝國史藝文志正作「宋祁」，景文集卷四十五有大樂圖義序，蓋別一書。又引祁傳云「撰廣樂記六十五卷」。蓋兩朝國史宋祁本傳所載如此，東都事略直録之耳，故隆平集卷五宋祁傳亦載之。要之其書既非詩文集，又亡佚已久，無片言可考，置之不論可也。

蔡忠惠集三十六卷

宋蔡襄撰。襄有茶録，已著録。宋史藝文志載襄集六十卷，奏議十卷，文獻通考則作十七卷，多寡懸殊，不應如是。疑通考以奏議十卷合于集六十卷，總爲七十卷，而傳刻譌舛，倒其文爲十七也。然其初本世不甚傳，乾道四年王十朋出知泉州，已求其本而不得，後屬知興化軍鍾離松訪得其書，重編爲三十六卷，與教授蔣邕校正鋟版，乃復行於世。陳振孫書録解題惟載十朋三十六卷之本，與史不符，蓋以此也。

嘉錫案：宋史藝文志著録雖有蔡襄集六十卷，奏議十卷，而郡齋讀書志卷十九則作蔡君謨集十七卷。通考經籍考之例，於每書之下，雖往往晁、陳兼引，若其書名卷數兩家不同，則多從晁不從陳，故此集亦作十七卷。提要乃以與宋志不合，遂疑爲通考傳刻之誤，不知一書數本，多寡不同，事所常有。趙希弁讀書附志云：「讀書志止載蔡君謨集十七卷，希弁所藏三十卷，附志題爲莆陽居士蔡公文集，案通志藝文略有蔡端明集三十卷，疑即此本。乃公之曾孫刑部郎洸所刊者，陳參政騤序。」洸官至吏部尚書，宋史卷三百九十有傳。是希弁所見之讀書志已與今本同，豈亦傳刻誤耶？

雍正甲寅，襄裔孫廷魁又裒次重刻，是爲今本。觀十朋序稱所編凡古律詩三百七十首，奏議六十四首，雜文五百八十四首，則已合奏議於集中；又稱嘗於張唐英仁英政要見所作四賢一不肖詩，而集中不載，乃補置於卷首；又稱奏議之切直舊所不載者，併編之，則十朋頗有所增益，已非初本之舊。今本不以四賢一不肖詩弁首，又非十朋之舊。然據目録末徐居敬跋，則此本僅古今體詩從宋珏本更其舊第，其餘惟删除十五卷、十九卷内重見之請用韓琦范仲淹奏一篇而已，則與十朋舊本，亦無大異同也。

案提要前以通考作十七卷爲七十卷之譌，而謂初本世不甚傳，此又言十朋所編非初本之舊，其意殆謂十朋得七十卷之本，併兩卷爲一，得三十五卷，又益以奏議之切直舊所不載者，故爲三十六卷也。今案十朋梅溪後集卷十七有傳興化送蔡端明集詩，同卷又有送傳興化自得詩，傳原本俱誤傳，據目録改。與序中所謂移書興化守鍾離君松、傅君自得，訪於故家而得其善本者合，十朋此序亦見梅溪後集卷二十七。然則十朋所據之本乃得之莆田，宋興化軍治莆田，即蔡君謨之故里。當卽襄曾孫洸所刊之三十卷本，十朋校刻時又有所增益，自稱比他集爲最全，故多六卷。襄集在宋時凡數經鋟板，以十七卷者爲最少，當是初刻，蔡洸所刊三十卷本爲再刻，十朋所編三十六卷之本，蓋其第三刻也。至於宋志所著録之文集六十卷，奏議十卷，不知編自何人，刻於何時，十朋亦未必見之矣。

別集類六 總目卷一百五十三

彭城集四十卷 宋劉攽

其没也，曾鞏祭文有曰：「强學博敏，超絶一世。肇自載籍，孔墨百氏，太史所録，俚聞野記，延及荒外，陰陽鬼神，細大萬殊，一載以身。下至律令，老吏所疑，故事舊章，盈廷不知，有問於子，歸如得師。直貫傍穿，水決矢飛，一時書林，衆俊並馳。滿堂賢豪，視子麈揮。」云云。蓋一時廷評士論，莫不共推。

嘉錫案：曾鞏卒於元豐六年，劉攽卒於元祐四年，（錢大昕疑年録作三年，誤，詳見余疑年録稽疑。）距鞏卒時已六年矣，鞏安能爲文祭攽？考宋文鑑目録卷一百三十四有代祭劉貢父文，題姓名爲曾肇，分卷目録亦然，係涉前篇祭彭江州文而誤，其本文題下實作張耒。檢耒右史集卷四十五，具載其文，字句並同，不知提要何以展轉誤爲曾鞏也。

元豐類稾五十卷

宋曾鞏撰。鞏字子固，建昌南豐人，嘉祐二年進士，官至中書舍人，事迹具宋史本傳。鞏所作元豐類稾本五十卷，見於郡齋讀書志。韓維撰鞏神道碑，又載有續稾四十卷，外集十卷，宋史本傳亦同。至南渡後，續稾、外集已散佚不傳。開禧中，建昌郡守趙汝礪始得其本於鞏族孫濰，闕誤頗多，乃同郡丞陳東合續稾、外集校定之，而删其僞者，仍編定爲四十卷以符原數。元季兵燹，其本又亡。今所存者惟此五十卷而已。

嘉錫案：通志藝文略有曾子固集三十卷，（注云曾鞏。）又雜文十五卷；宋史藝文志有曾鞏元豐類稾五十卷，又別集六卷，續稾四十卷；東都事略本傳，但有元豐類稾五十卷，外集十卷，而不言有續藁，皆當引之以證其異同，而提要竟略不之及。直齋書録解題卷十七云：「元豐類藁五十卷，續四十卷，年譜一卷，中書舍人南豐曾鞏子固撰，王震爲之序。年譜，朱熹所輯也。案韓持國爲鞏神道碑，稱類藁五十卷，續四十卷，外集十卷，本傳同之。及朱公爲譜時，類藁之外，但有别集六卷，以爲散逸者五十卷，而别集所存，其什一也。開禧乙丑，建昌守趙汝礪、丞陳東得於其族孫濰者，案朱子晦庵集卷八十三跋曾南豐帖云：「熹未冠而讀南豐先生之文，今乃得於先生之族孫濰，見其親筆，不勝歎息。」末題紹熙甲寅夏，在開禧乙丑之前十一年，朱子既與濰相識，不知何以未見續藁。校而刊之，因碑傳之舊，定著爲四十卷。然所謂外集者又不知何當，則四十卷亦未必合其舊也。」陳氏所謂本傳者，謂宋四朝國史曾鞏傳也，提要襲用其語，未加考究，遂妄以今之宋史當之，不知宋史本傳固不載其文集也，何其鹵莽之甚耶？何焯義門讀書記校元豐類藁後自跋，引何椒邱云：明何喬新有椒邱文集。「南豐續藁、外集，南渡後散軼無傳。開禧間，建昌郡守趙汝礪始得其書於先生族孫濰，缺誤頗多，乃與郡丞陳東合續稿、外集校定而删其僞者，因舊題定爲四十卷，繕寫以傳。元季又亡於兵火。國初惟類稿藏於秘閣，士大夫鮮得見之。正統中，昆夷原注云二字疑作昆陵趙司業琬始得類稿全書，以畀宜興令鄒旦刻之，然字多譌舛，讀者病焉。成化中，南豐令楊參又取宜興本重刻於其縣，踵譌承謬，無能是正。」云云。提要稍稍删改，又襲取之以爲己説。然陳直齋之論續稾但言趙汝礪校而刊之，則第校讐編定其文，爲之鏤版而已，不言有所芟落也。何喬新乃謂汝礪較定而删其僞者，不知何所本而云然？且稱繕寫以傳，是未嘗付刻也，與直齋之言顯有不符，豈復可信耶？考遂初堂書目有曾子固元豐類稿，又續稿，則南渡以後續稿亦未盡散佚，故吳曾、莊綽之徒尚能引用其文，朱子作譜之時，偶未見耳。黄氏日抄卷六十三讀曾南豐文，自詩起至金石録跋尾止，次序悉與類稿合，而無一言及於續稿，是必汝礪之所重編至宋末已不甚顯，以黄震之博學，亦未之見，宜乎日久遂至於亡。此皆何氏所未言，提要亦不能考也，但解作鈔胥而已。

吳曾能改齋漫録所載懷友一首，莊綽雞肋編所載厄臺記一首，高似孫緯略所載實録院謝賜硯紙筆墨表一首，及世所傳書魏鄭公傳後諸佚文，見於宋文鑑、宋文選者，當即外集、續稾之文，故今悉不見集中也。

案何焯跋云：「己卯冬，於保定行臺閲内府所賜大臣古文淵鑑，有在集外者六篇，則書魏鄭公傳、邪正辨、説用、讀賈誼傳、上田正言書、上歐蔡書也。書魏鄭公後既爲公傑出之文，其五篇則皆公之少作。後知立齋相國有建本聖宋文選數册，其中載南豐文二卷，此六篇者皆在焉。」又引何椒邱云：「文鑑載雜識二首，並書魏鄭公傳後，類稿無之，意必續稿所載也。」又云：「南豐有懷友一篇寄介卿，見能改齋漫録第十四卷中；又有厄臺記，見莊綽雞肋編，但似非全文；又云厄臺記亦見聖宋文選中。高似孫緯略有南豐謝實録院賜硯紙筆墨表，疑亦續稿；施武子蘇詩注中尚載有雜識。」提要全用其言而不著其所本，非掠美歟？余嘗考之，元豐續稿之文，除何義門所舉諸篇外，存者蓋尟，然其篇目猶有可知者。元劉壎隱居通議卷十四曰：「元豐類稿，覽之熟矣，近得續稿四十卷，細觀其間，或多少作，不能如類稿之粹。其間如過客論，則仿兩都賦；如詔弟教，則仿客難、僮約、進學解；如襄陽救災記，則仿段太尉逸事。文公謂其多摹擬古作，朱子語類卷百三十九云：「曾喜模擬人文字，擬峴臺記，是倣醉翁亭記，不甚似。」蓋此之類。又有釋疑一篇，亦仿西漢文字，前輩謂此乃公少年慕學，借此以衍習其文耳。觀後聽琴序、題趙充國傳、題魏鄭公傳諸篇，皆其妙者，蓋不可及也。其上李連州書，十五歲所作，前集禿禿記，二十五歲所作。」禿禿記見類稿卷十七。又云：「南豐續稿有喜似一篇，爲介甫作，尊敬甚至。」又云：「續稿有雜識二三兵事，多放史、漢文可觀，宋史備要多采用之。」何焯之評與跋未嘗引用壎語，然二人皆言續稿多少作，可謂智者所見略同，則其不傳也亦宜。

今世所行凡有二本，一爲明成化六年南豐知縣楊參所刊，前有元豐八年王震序，後有大德甲辰東平丁思敬序，又有年譜序二篇，無撰人姓名，而年譜已佚，蓋已非宋本之舊，其中舛謬尤多。

案書録解題明云「年譜，朱熹所輯也」，元本及各本類稾所載年譜、序二篇，其首均有「丹陽朱熹曰」五字，成化本當亦同之。成化本余曾見之，不記有無異同，當俟更考。提要乃謂無撰人姓名，此不可解者也。考朱子語類卷百三十九云：「先生舊喜南豐文，爲作年譜。」是其爲朱子所作，無可復疑。然其序不見於晦菴大全集，蓋編次之時偶未收録，其書亦不見於朱子年譜，王懋竑本。則失考也。隱居通議云：「元豐五年四月，試中書舍人賜紫金魚袋。九月二十八日，母仁壽太君卒，公丁憂。明年癸亥四月丙辰，公卒，年六十五，歸葬南豐。朱文公作年譜，具載其本末如此。」又云：「晦菴先生雅重南豐之文，爲之作年譜，考訂精實，又爲作譜序，其文殊類南豐，豈韓文公效樊、孟意耶？今録於左。」以下卽并録年譜、兩序。序首皆稱「丹陽朱熹曰」，劉壎以爲未詳。余案朱子籍徽州婺源，其地於漢屬丹陽郡，此偶用古地名耳。蓋南宋刊本類稾有附年譜者，其書元初尚存，故劉壎猶及見之，後來不知何時佚去。大德間丁思敬刊本序存而譜亡，當是從通議録入。觀其前序之首，通議本尚有「南豐先生者諱鞏，字子固，姓曾氏，南豐人」十六字，在「丹陽朱熹曰」之前，丁本削去，蓋不知爲朱子原文所有，此其轉録之證也。

一爲國朝康熙中長洲顧崧齡所刊，以宋本參校，補入第七卷中水西亭書事詩一首，第四十七卷中太子賓客陳公神道碑銘中闕文四百六十八字，頗爲清整。然何焯義門讀書記中有校正元豐類稾五卷，其中有如雜詩五首之顛倒次序者，有如會稽絶句之妄增題目者，有如寄鄆州邵資政詩諸篇之脱落原注者，其他字句異同，不可殫舉，顧本尚未一一改正。今以顧本著録而以何本所點勘者補正其譌脱，較諸明刻，差爲完善焉。

案近人葉德輝郋園讀書志卷八顧崧齡刻本元豐類稿跋云：「明萬曆丁酉裔孫敏行等刻本。嘉靖戊申王忬刻本五十一卷，其末一卷附行狀、碑誌、哀輓諸作，此本同，而附崧齡所輯集外文二卷，故較明本多二卷。四庫全書總目著録爲五十卷，蓋除附録一卷，而提要云以顧本著録，是并顧所輯集外文去之矣。夫既以顧本著録而乃去其集外文，不知何所取義，蓋不外草率塞責而已矣。」葉氏又引天禄琳瑯書目續編，宋版集部有南宋建陽刊巾箱本南豐曾子固先生集三十四卷，元版集部有元豐類稿五十卷，大德甲辰丁思敬後序，謂四庫何不以大德本著録，再以南宋巾箱本參校，成一完書，云云。不知天禄琳瑯續編之輯始於嘉慶丁巳十月，越七月而書成，見卷首彭元瑞識語。遠在四庫全書告竣之後，方編總目之時，安所得宋、元版曾集而校之？葉氏乃用以吹瘢索垢，可謂好爲議論而不考事實者。宋刊南豐曾子固先生集，近年自僞滿洲國宫内散出，爲清禮部尚書蒙古榮慶鄂卓爾氏之孫趙元方所得，余嘗借觀，凡收文一百八十七篇，見於元丁思敬所刻類稾者百十七篇，見於顧崧齡所輯集外文者十六篇，其餘五十四篇蓋取之於續稾，爲前人所未見。余勸令亟付之影印而不果，恐其久而亡佚，特從元方假其手寫目録，載之於此，庶使來者有考焉。其目如下：號令辨，時俗辨，論貧，書虜事，書與客言，書唐歐陽詹集，講周禮疏，説學，説官，説宫，説内治，説過下，説夷，太學，議茶，議酒，財用，丘乘，議錢上，議錢下，義倉，廢興，黄河，爲治論，刑賞論，擬制科王平甫策問一道，策問一十四道，十四道共爲一篇。代上皇帝表，謝曆日表，第二首。上歐陽龍圖書，其二。答蔡正言書，上王轉運書，上王刑部書，又上王刑部書，代上知州，答王固别紙，代上張學士啓，喜似，贈黄生序，遊山記，全真庵記，游雙流記，王荆公祖母太夫人謝氏墓銘，王荆公母太夫人吴氏墓銘，案王荆公祖母及王荆公母等字似是元方所加。請文慧和尚住靈巖文，請文慧和尚開堂疏，祭漢徐孺子文，秋祭文，祭王益都官文，祭王元澤文，祭曾太博文，祭吴彦弼文，祭柳子玉文，祭壽陽縣君文。

王魏公集八卷

宋王安禮撰。安禮字和甫，臨川人，安石之弟也，事蹟具宋史本傳。安石兄弟三人，惟安國數以正議見絀，其文集亦湮没不傳。安禮位稍通顯，史稱其以經濟自任。其集本二十卷，見於宋史藝文志、陳振孫書録解題者並同。

嘉錫案：曾鞏元豐類稿卷四十四尚書都官員外郎王公墓誌銘云：「公諱益，字舜良，子男七人，曰安仁，曰安道，曰安石，曰安國，曰安世，曰安禮，曰安上。」然則安石兄弟凡有七人矣。卽安石貴顯之後，亦尚存其四，故王銍默記云嘉祐中，士大夫之語曰，王介甫家，小底不如大底，謂安石、安禮、安國、安上是也。今此乃云安石兄弟三人，似但見宋史列傳第八十六卷三百二十七以安石、安國、安禮三人同卷，遂不暇深考耳。雖提要之意或是專指其文章有盛名者言之，安仁亦有文集十五卷，見臨川集卷九十六亡兄常甫墓誌銘。然文義不明，終是語病，如改爲安石兄弟知名者三人，則無病已。

潞公集四十卷

宋文彥博撰。彥博事蹟具宋史本傳。是集凡賦頌二卷，詩六卷，論一卷，表啓一卷，序一卷，碑記墓誌一卷，雜文一卷，自十四卷以後則皆奏議劄子之文。核其卷數，與陳振孫書録解題同，惟尚闕補遺一卷。考葉夢得序，稱兵興以來，世家大族，多奔走遷徙，於是公之集藏於家者散亡無餘，其少子維申原注云，案維申乃文及甫之字。稍討求追輯，猶得二百八十六篇，以類編次，爲略集二十卷。是葉氏所序者已非原本，陳氏所著録者又非葉氏所序本，今所傳者又較陳氏之本佚其一卷也。

嘉錫案：葉夢得序非全篇，通考卷二百三十四經籍考僅載其略，所序者爲略集，原不爲四十卷本而作，明嘉靖刻本據以録入卷首。序中所言彥博少子維申，提要以爲卽文及甫之字。余考宋史卷三百十三彥博本傳云：「彥博八子皆歷要官，第六子及甫。」并不言其字。東都事略卷六十七彥博傳云：「及甫，字周翰。」然則維申非及甫也。又考名臣碑傳琬琰集卷十三有文潞公彥博傳，係抄自實録，其末云：「子恭祖、貽慶、齊賢、保雍、居中、及甫、維申、宗道。」乃知維申是及甫之弟爾。三朝北盟會編卷六十三云：「粘罕至西京，令人求大臣文集墨跡書籍等，又尋富鄭公、文潞公、司馬温公等子孫。時惟潞公第九子據本傳及琬琰集，彥博有子八人，維申名在第七，而此作第九子者蓋維申尚有兩兄早夭，史傳除去不數耳，否則九爲七之誤。殿撰維申，老年杖屨奔走出城，遺一妾一嬰兒。粘罕既得，撫之良久，復令歸宅。」維申之官職事蹟，可見者如此。作提要者徒憶詩大雅崧高篇「維申及甫」之句，遂不復考究，妄以爲一人而不知其非也。此雖細事無關宏旨，然其下筆之草率可以概見矣。宋史藝文志有文彥博集三十卷，又顯忠集二卷。葉夢得所序者爲略集二十卷，而書録解題卷十七所著録及今本則皆四十卷，是彥博文集凡有三本，卷數多寡皆不同，提要何爲獨置宋志不言耶？

嘉祐集十六卷附録二卷

宋蘇洵撰。洵有謚法，已著録。考曾鞏作洵墓誌稱有集二十卷，晁公武讀書志、陳振孫書録解題俱作十五卷，蓋宋時已有二本。

嘉錫案：蘇洵墓誌爲歐陽修所作，題曰贈文安縣主簿蘇君墓誌銘，見文忠公集卷三十四，至於曾鞏元豐類稾只卷四十一有蘇明允哀詞，非墓誌也。但歐、曾皆言有文集二十卷，故提要誤記耳。又考宋史藝文志有蘇洵集十五卷，別集五卷。通志藝文略有老蘇集五卷，蘇洵。又嘉祐集三十卷，與墓誌及晁、陳書目皆不同。是洵集在宋時且有四本，不止二本矣。

臨川集一百卷

宋王安石撰。安石有周禮新義，已著録。案宋史藝文志載王安石集一百卷，陳振孫書録解題亦同，晁公武讀書志則作一百三十卷，焦竑國史經籍志亦作一百卷，而別出後集八十卷，並與史志參錯不合。今世所行本實止一百卷，乃紹興十年郡守桐廬詹大和校定重刻而豫章黄次山爲之序，次山謂集原有閩、浙二本，殆刊版不一，著録者各據所見，故卷數互異歟？

嘉錫案：通志卷七十藝文略別集五宋朝集内，有臨川集一百卷，王安石，三字係小注。又臨川後集八十卷。此必南北宋間有此別本，鄭樵親見之，故著之於録。國史經籍志本由東塗西抹鈔撮而成，遂載入之以示博，提要捨宋人書不引而轉據焦竑之志以爲出處，何也？蓋提要嘗譏通志藝文略爲荒謬，見總目卷五十別史類通志條下。薄之不觀，故徵引之時極少，此條亦偶未參考耳。然提要之於國史經籍志亦曾詆其叢鈔舊目，無所考核，不論存亡，率爾濫載，古來目録，惟此最不足憑，見總目卷八十七目録類存目國史經籍志條下。何以於此忽加引用，豈以爲亦有可憑者耶？持矛刺盾，何説之辭，荒謬之譏，躬自蹈之矣。黄次山作紹興重刊臨川文集敍云：「近歲諸賢舊集，其鄉郡皆悉刊行，而丞相之文流行閩、浙，此郡獨因循不暇，而詹子所爲奮然成之者也。」其意不過謂安石之文，閩、浙皆有刊版，而臨川獨無，故不得不重刊耳，未嘗言兩郡刊本有何異同也。又敍詹大和之言曰：「讎正之難，自非劉向、楊雄莫勝其任。吾今所校本，仍閩、浙之故耳，先後失次，訛舛尚多。」夫明知其訛舛失次而不爲之改正者，蓋是重刊，非重編，故但取兩本互校，其文字雖有訛舛而無本可據，則不能改，尤不敢移易其先後。其所刊既爲一百卷，則閩、浙兩本必皆一百卷，較然甚明。提要因著録者卷數互異，遂疑閩、浙之刊版不一，此未細讀原序之過也。

案蔡絛西清詩話載安石嘗云：「李漢豈知韓退之，輯其文，不擇美惡，有不可以示子孫者，況垂世乎？」以此語門弟子，意有在焉，而其文迄無善本，如「春殘密葉花枝少」云云，皆王元之詩；金陵獨坐寄劉原甫，皆王君玉詩；「臨津豔豔花千樹」云云，皆王平甫詩。陳善捫蝨新話所載亦大略相同。據二人所言，則安石詩文本出門弟子排比，非所自定，故當時已議其舛錯。而葉夢得石林詩話又稱蔡天啓稱荆公嘗作詩，得「青山捫蝨坐，黄鳥挾書眠」，自謂不減杜詩，然不能舉全篇，薛肇明被旨編公集，徧求之，終莫之得。肇明爲薛昂字，是昂亦曾奉詔編定其集。顧蔡絛與昂同時而並未言及，次山序中亦祇舉閩、浙本而不稱別有敕定之書，其殆爲之而未成歟？

案西清詩話亡佚已久，提要此節乃從苕溪漁隱叢話卷三十四轉引耳。考宋楊仲良續通鑑長編紀事本末卷百三十四云：「六月壬申，重和元年。門下侍郎薛昂奏，承詔編集王安石遺文，乞更不置局，止就臣府編集，差檢閱文字官三員。從之。」昂既承詔編集，又已奏置官屬，時方承平無事，下距靖康之難猶將十年，何至爲之而不成？提要之言，真臆斷也。魏了翁鶴山大全集卷五十一臨川詩集序云：「國朝列局修書，至崇、觀、政、宣而後尤爲詳備，而其書則經史圖此下疑脱一籍字樂書禮制科條詔令記注故實道史内經，臣下之文，鮮得列焉。惟臨川王公遺文，獲與編定，薛肇明諸人，實董其事。然肇明諸人所編者，卒以靖康多難，散落不存，今世俗傳鈔，已非當時善本，故其先後舛差，簡帙間脱，亦有他人之文淆亂其間。」然則昂等所編集，非爲之而未成，乃已成之後，旋復散落耳。提要云云，殆未考此序也。瞿鏞鐵琴銅劍樓藏書目卷二十云：「臨川王先生文集一百卷，宋刊本。前有小序云：『曾大父之文，舊所刻行，率多舛誤。政和中門下侍郎薛公、宣和中先伯父大資，當是指安石嗣孫王棣皆嘗被旨編定。後罹兵火，是書不傳。比年臨川龍舒刊行，尚循舊本。珏家藏不備，復求遺稿於薛公家，是正精確，多以曾大父親筆石刻爲據，其間參用衆本，取捨尤詳。至於斷缺，則以舊本補校足之，凡百卷，庶廣其傳云。紹興辛未孟秋旦日，右朝散大夫、提擧兩浙西路常平茶鹽公事王珏謹題。』書中雖有後來修板，謬誤不少，而原書尚是紹興舊刻，覈之明繙詹大和刻本，卷第皆同。惟輓詞中少蘇少翁輓詞二首，集句中少離昇州作一首，而多移桃花一首『舍南舍北皆種桃』云云，案此詩不似集句，疑當時誤編入也。」近人張鈞衡適園藏書志卷十一記所藏宋刊本，其說與瞿氏同。嘉錫案，黄次山序末題紹興十年，王珏序題辛未，乃紹興二十一年。序中所稱臨川本，正謂詹大和本也。薛昂奉敕編集，搜羅固應完備，所編之本，雖經兵燹散失，珏既訪諸其家而得其遺稿，則其所刻宜與詹本大相逕庭。乃據瞿、張兩氏所言，以詹本與之對覈，僅有詩三首彼此不同，其餘竟無以大相遠，然則珏所謂是正精確者，不過文字校勘而已，而初印本又不傳，究之精確與否，尚未可知也。錢大昕養新録卷十四嘗言：「薛昂，徽宗時以迎合蔡京執政，此小人而無學者，雖出入介甫門下，其編次庸有當乎？」觀於王珏所刻而益信，後之讀是集者可無庸夢想於薛昂所編矣。

又考吳曾能改齋漫録稱荆公嘗題一絶句於夏畋扇，本集不載，見湟川集；又稱荆公嘗任鄞縣令，昔見一士人收公親札詩文一卷，有兩篇今世所刊文集無之，其一馬上，其一書會別亭云云。是當時遺篇逸句，未經搜輯者尚夥，其編訂之不審，有不僅如西清詩話所譏者。

案總目本卷王荆公詩注條下提要，謂以世行臨川集校之，增多七十二首，然則本集之所遺逸者正多，不獨吳曾所舉詩三首而已。吳説見漫録卷十二。且不獨詩也，於文亦然，計其失收者亦數十篇，不知薛昂當日編集時，何以草草如此，蓋亂世君臣，無往而不昏庸也。近人羅振玉嘗以活字印行臨川集拾遺一卷，永豐鄉人稾乙集卷上載其序曰：「宣統紀元，再游海東，觀書于宫内省之圖書寮，見宋本王文公集，每半葉十行，行十七字，『構』字下注御名，蓋刊于南渡之初，尚存七十卷。典書官爲予言，曾以他善本與此比勘，他本往往有佚篇。時以行程忽遽，不及詳究，惟覺其先文後詩，與明代復刻紹興中桐廬本即臨川本，以其爲桐廬詹大和所刻，故有此稱先詩後文者大異。爰記其目次：曰書，卷一至卷八。曰宣詔，卷九。曰制誥，卷十至卷十四。曰表，卷十五至卷二十一。曰啓，卷二十二至卷二十四。曰傳，卷二十五。曰雜著，卷二十六至卷三十三。曰記，卷三十四、三十五。曰序，卷三十六。曰古詩，卷三十七至卷五十一。曰律詩，卷五十二至卷七十。於小册中而歸。及歲辛亥，避地扶桑，今年春念及斯集，計惟東友島田翰氏曾校書祕省，彼或校録，而已墓草宿矣。彼固有增訂本古文舊書考，在武進董氏許。又疑佚文未必備録，姑移書假之，比至展觀，則諸佚篇咸在焉，爲之喜出望外。長夏苦雨，取歸安陸氏所録荆公佚詩佚文載入羣書校補者，案陸心源據宋文鑑、宋文選、播芳大全文粹、能改齋漫録，輯出臨川佚文凡文二十篇，詩五篇，刻入羣書校補卷七十二。合以宋槧本所載不見桐廬本臨川集者，得詩八章，文六十篇。校桐廬本類次，輯爲一卷，寄滬上校印，以償十年未竟之志。」今案羅氏所言宋槧本，已見經籍訪古志卷六，僅言每卷有金澤文庫印而不知其有佚文，其本與王珏所刻大異，未知爲何人所編。珏及魏了翁均言薛昂編集者已散落不傳，則非昂本也。訪古志載小島學古云：「或疑原本七十五卷若八十卷，而今存七十卷者。」余以爲不然。詹本古律詩及挽辭集句歌曲四言古賦樂章上梁文銘贊等凡三十八卷，此本只存詩三十四卷，雖似所闕無幾，而以兩本卷目互較，文之類別，所闕尚多。縱令書疏奏狀劄子可合於書表，內外制卽宣詔制誥二類。論議可合於雜著，而尚闕祭文哀辭神道碑行狀墓表墓誌六類二十五卷，詹本自卷八十五至卷一百。合之所闕之詩，殆近三十卷，則其原本蓋亦一百卷也。惟就其存卷之目觀之，其文自卷一至卷三十六，卽繼之以詩，直至卷七十，皆卷數相連，并無闕佚，豈祭文碑誌本在詩詞之後耶？則其編次殊無倫理。羅氏既言之不詳，此非親見原書，無以決之矣。

四庫提要辨證卷二十二

集部三

別集類七總目卷一百五十四

東坡全集一百十五卷

宋蘇軾撰。軾有易傳，已著録。案蘇轍作軾墓誌，稱軾所著有東坡集四十卷，後集二十卷，奏議十五卷，内制十卷，外制三卷，和陶詩四卷。晁公武讀書志、陳振孫書録解題所載並同，而别增應詔集十卷，合爲一編，即世所稱東坡七集者是也。宋史藝文志則載前後集七十卷，卷數與墓誌不合，而又别出奏議補遺三卷，南征集一卷，詞一卷，南省説書一卷，别集四十六卷，黄州集二卷，續集二卷，北歸集六卷，儋耳手澤一卷，名目頗爲叢碎。

嘉錫案：宋史本傳與墓誌同。藝文志所載除見於提要所引者外，亦尚有奏議十五卷，應詔集十卷，内外制十三卷，和陶詩四卷，提要以其已見於墓誌及晁、陳書目，故删去不全引，然語意不明，使不覆檢宋史，不將疑此數集爲傳志所不收耶？宜云宋史藝文志亦並著於録，惟前後集作七十卷，與墓誌不合，而又别出奏議補遺三卷云云，庶乎粲然明白矣。通志藝文略有蘇軾蘭臺前集一百卷，蘭臺後集七十卷，蘭臺續集四十卷，備成集八十卷，提要亦失於引證。

今考軾集在宋世原非一本，邵博聞見後録稱京師印本東坡集，軾自校其中香醪字誤者，不更見於他書，殆燬於靖康之亂。陳振孫所稱有杭本、蜀本，又有軾曾孫嶠所刊建安本，又有麻沙書坊大全集本，又有張某所刊吉州本。蜀本、建安本無應詔集，麻沙本、吉州本兼載志林、雜説之類，不加考訂。

案邵博語見聞見後録卷十九，乃述蘇仲虎符之言也。直齋書録解題卷十七東坡七集條下云："杭、蜀本同，但杭無應詔集。"提要謂蜀本無應詔集，誤矣。直齋又云："東坡别集四十六卷，坡之曾孫給事嶠季真刊家集於建安，大略與杭本同。蓋杭本當坡公無恙時已行於世矣。麻沙書坊又有大全集，兼載志林、雜説之類，亦雜以潁濱及小坡之文，且間有訛僞勦入者。有張某爲吉州，取建安本所遺盡刊之，而不加考訂，中載應詔、策論，蓋建安本亦無應詔集也。"蘇嶠所刊别集，蓋卽宋志所著録者，故卷數無異。直齋謂其大略與杭本同，則是取前後集及内制、外制、奏議、和陶諸集中詩文編次爲一，以别於六集之各自爲書。别集之名，蓋沿漢魏之舊，非於六集之外更有所謂别集也，宋志不考而重複載之耳。然不收六集以外之詩文及志林、雜説之類，故與大全集不同。容齋五筆卷九云：「東坡在翰林，作擒鬼章奏告永裕陵祝文云：『大獮獲禽，必有指蹤之自；豐年多廩，孰知耘耔之勞。昔漢武命將出師，而呼韓來庭，效于甘露；憲宗厲精講武，而河湟恢復，見于大中。』其意蓋以神宗有平唃氏之意，至于元祐，乃克有成，故告陵歸功，謂武帝、憲宗亦經營於初而績効在於二宣之世，其用事精切如此。今蘇氏眉山功德寺所刻大小二本，及季真給事在臨安所刊，并江州本、麻沙書坊大全集，皆只自『耘耔』句下，便接『憬彼西戎，古稱右臂』，正是好處，却芟去之，豈不可惜。案既各本皆如此，恐是東坡所自芟，以去此四句，文氣更道健也。唯成都石本法帖真跡獨得其全。坡集奏議中登州上殿三劄皆非是。今七集本奏議無此三劄。集出本家子孫而爲妄人所誤，季真不能察耳。」是蘇嶠所編別集，自建安本外，又嘗刻於臨安，至於所謂江州本，不知爲何種，亦不知何人所刻也。據洪邁之言，則臨安本亦不免有訛僞勦入之處，建安本當亦相同，均不得爲善本矣。趙希弁讀書附志卷下云：「東坡別集三十二卷，續別集八卷，乃蘇嶠刊置建安而刪略者，淳祐甲辰廬陵郡庠刻。」刪略云者，蘇嶠刊集時刪去略去之文，此卽陳振孫所謂張某爲吉州，吉州卽廬陵郡。取建安本所遺盡刊之者也，雖仍名別集，實則別集之補遺耳。提要此節，意在考坡集宋時版本，惜其語意不瞭，今爲分析指出之。

而陳鵠耆舊續聞則稱姑胥居世英刊東坡全集殊有序，又少舛謬，極可賞。是當時以蘇州本爲最善，而今亦無存。葉盛水東日記又云邵復孺家有細字小本東坡大全文集，松江東日和尚所藏有大本東坡集，又有小字大本東坡集。盛所見皆宋代舊刻，而其錯互已如此。

案：居世英姓名見何薳春渚紀聞卷三，稱爲密院編修，其人蓋在北宋之末，以士大夫爲人刊集，自非後來書賈所能及。水東日記卷二十七云：「邵復孺先生家藏東坡大全文集：東坡集四十卷、東坡後集一十卷、案下言内制集及應詔集皆十卷，不言一十卷，則此一十字必是二十之誤。東坡奏議十五卷、東坡内制集十卷、樂語附外制集上中下卷、東坡和陶淵明詩四卷、東坡應詔集十卷，此是細字小本。松江啓東白和尚所藏大本東坡集四十卷，又二十卷，奏議十五卷，内制十卷，外制十五卷，前有御製賜蘇嶠序；又有小字大本，前有誥詞並嶠謝表，及黄門所爲乃兄誌銘云。」東坡大全文集者，一書之大名，東坡集以下則其子目也。名雖爲大全而其書仍是分編之七集，非麻沙書坊之大全集也。邵復孺名亨貞，宋末進士桂子之孫，洪武間官訓導，所著有蛾術集。其所藏細字小本，乾隆間已入内府。天禄琳琅書目卷五元版集部曰：「東坡集十二册，共一百二卷，密行細書，仿宋巾箱本式，當屬元初人所爲，惜紙質鬆脆耳。」後摹藏書諸印，有「亨貞邵氏復孺」各一方，而桂子所鈐名號印及閒章尤纍纍，似爲其所甚珍愛者。桂子以遺老入元不仕，此書恐仍是宋刻本，以印於兵難之時，故紙不能佳耳。葉氏言松江啓東白和尚藏大本東坡集，考明何良俊四友齋叢説卷十六云：「郡中有一僧，謂松江府。名善啓，字東白，號曉庵，亦有詩名，能書。永樂中召至京修永樂大典。初居延慶寺，後爲僧官，住持南禪。周文襄公爲巡撫，甚重之。」明詩綜卷九十一有善啓一首，其小傳略同。又明張萱西園聞見録卷一百五記善啓生平甚詳，稱善啓長洲人，有江行倡和詩一卷，正統八年十一月八日卒，其動止毅然一儒者。提要作「東日和尚」，大誤。其所藏當亦是宋本，惟其外制作十五卷，與各本皆不合，不知何時所刻。觀捫蝨新話稱「葉嘉傳乃其邑人陳元規作，和賀方回青玉案詞乃華亭姚晉作；集中如睡鄉、醉鄉記，鄙俚淺近，決非坡作，今書肆往往增添改換以求速售，而官不之禁」云云。則軾集風行海内，傳刻日多，而紊亂愈甚，固其所矣。

案陳善捫蝨新話卷六云：「東坡集有葉嘉傳，此吾邑陳表民作也。表民名元規，不及見其人，蓋名士也。予在中江見朱漕説，坡集和賀方回青玉案，卒章有『曾溼西湖雨』之句，人以爲坡詞，此乃華亭姚晉道作也。坡嘗言曾子固編李白集，而有贈懷素草書及『笑矣乎』數首，皆貫休以下格調悲弱。子固號有智識者，故深可怪，此亦坡以自見也。予觀坡集中如醉鄉、睡鄉記之類，均在續集卷十二。其明刻大字本全集卷十一則有睡鄉記而無醉鄉記。鄙俚淺近，決非坡作。或云坡只有江瑶柱傳，此傳與葉嘉諸傳均在續集卷十二，全集卷十三。它皆非是，今市書肆往往增添改换以求速售，而官不之禁也。」作和賀方回青玉案詞者，其人蓋姚姓而字晉道，提要脱一「道」字。陳善所謂坡只有江瑶柱傳，它皆非是者，謂東坡集中仿毛穎傳體游戲之作，惟江瑶柱傳爲真，餘若杜處士、謂藥中之杜仲。萬石君羅文、謂羅紋石硯。黄甘陸吉、謂黄柑緑橘。温陶麪食之名。諸傳，皆非其所作，不獨葉嘉傳謂茶也。出於陳元規託名而已也。提要所引不全，何足以見其紊亂之甚乎。又案葉夢得避暑録話卷四項氏本。云：「韓退之作毛穎傳，此本南朝俳諧文驢九錫、雞九錫之類而小變之。文章最忌祖襲，此體但可一試耳。下邳侯傳，世已疑非退之作，而後世乃因緣規仿不已。近歲温陶君、黄甘緑吉、江瑶柱、萬石君傳，紛紛不勝其多，至有託之蘇子瞻者，子瞻豈若是陋耶？惟杜仲一傳，其制差異，或以爲子瞻，余嘗問蘇氏諸子，亦以爲非是。」夢得在陳善之前，雖其是非微有不同，然其以坡集爲後人所紊亂則一也。容齋随筆卷七七發一條，立論與夢得同，亦并以江瑶等傳爲紛紜雜沓，託爲東坡。

然傳本雖夥，其體例大要有二。一爲分集編訂者，乃因軾原本原目而後人稍增益之，即陳振孫所云杭本，當軾無恙之時已行於世者，至明代江西刻本猶然，而重刻久絶；其一爲分類合編者，疑即始於居世英本，宋時所謂大全集者類用此例。

案宋時杭本雖分集編訂，然只有六集，蜀本益以應詔集而七集始完，至明成化四年江西吉安府刻本，始取前後集所無之詩文并和陶詩合編爲續集十二卷，雖仍爲七集，然已與宋本不同矣。郡人李紹紹事蹟附見明史卷一百六十三邢讓傳序之曰：「大蘇文全集，宋時刻本雖存，而藏于内閣，仁廟亦嘗命工翻刻，工未畢而上已升遐矣。海虞程侯自刑部郎來守吉，得宋時曹訓所刻舊本，案曹訓字子序，紹熙後自章貢移知袁州，見天禄琳琅書目卷十引西江志。及仁廟所刻未完新本，重加校閲，仍依舊本卷帙，舊本無而新本有者，則爲續集并刻之。」云云。其後嘉靖十三年江西布政司復重刻焉。然其續集中較成化本少詩文九十三首，見宣統本校勘記及繆荃孫跋。此後未有新刻本。至光、宣之間，端方督兩江，始取成化本覆刻，而倩繆荃孫校以嘉靖本及錢求赤校宋本，作校勘記二卷附於其後。耳食者流因其源出宋刻，以爲蘇集莫完善於此，故風行一時，而從來通行之大全集幾廢。余嘗取明刻七十五卷全集本，與續集略一對勘，則全集中詩文續集未收者甚多，卽如全集卷五十四有與程正輔尺牘七十首，續集卷七内只有二十四首，則其遺漏者多矣。提要謂分類合編者疑始於居世英本，其實不然。苕溪漁隱叢話後集卷二十八曰：「東坡云：世之蓄某詩文多矣，率眞僞相半，又多爲俗子所改竄，讀之使人不平；然亦不足怪，識眞者少，蓋從古所病，李太白、韓退之、白樂天詩文皆爲庸俗所亂，可爲太息。苕溪漁隱曰：東坡文集行於世者其名不一，惟大全、備成二集詩文最多，誠如所言眞僞相半。其後居世英家刊大字東坡前後集，最爲善本。世傳前集乃東坡手自編者，由是可見陳振孫所謂杭本當坡本無恙時已行於世，邵博所謂京師印本東坡集者，皆指前集言之，非謂後集以下均爲東坡生前所刻也。隨其出處，古律詩相間，謬誤絶少，如御史府諸詩，不欲傳之於世，老人行、題申王畫馬圖非其所作，故皆無之。後集乃後人所編，惜乎不載和陶諸詩，大爲闕文也。」就漁隱所言惟大全、備成二集云云觀之，則居世英刊本尚在大全集之後，且其所刊祇有前後集，陳鵠雖稱爲東坡全集而實不全。宋時所謂大全集者，乃麻沙書坊所刻，陳振孫已言之甚明。提要以世英所刻爲分類合編本之所自始，可謂大誤。

迄明而傳刻尤多，有七十五卷者，號東坡先生全集，載文不載詩，漏略尤甚。有一百十四卷者，號蘇文忠全集，版稍工而編輯無法。此本乃國朝蔡士英所刊，蓋亦據舊刻重訂，世所通行，今故用以著録。集首舊有年譜一卷，乃宋南海王宗稷所編，邵長蘅、查慎行補注軾詩，稱其於作詩歲月編次多誤，以原本所有，今亦並存焉。

案明刻東坡先生全集七十五卷者，有陳仁錫、茅坤兩刊本；又别有大字本，不知何人所刊，均有文無詩。其一百十四卷之蘇文忠全集，今未之見。吴焯繡谷亭薰習録集部一云：「東坡全集一百一十五卷，目録七卷，年譜一卷，此後人總彙舊本七集分類編次。麻沙書坊亦曾刻大全集，此本頗有增補，而源流不清，明季勘書家率率類是。」其書與蔡士英本體製卷數皆相同，則士英所據舊刻必此本也。薰習録又曰：「東坡外集八十六卷，此編坡公前後二集未録之文，萬曆戊申濟南康丕揚視鹺兩淮日所刻。有序，瑯琊焦竑、晉興毛九苞並序。序中只言向有外集一書而已，不詳編自何人。其卷首載坡公集名，如南行集、坡梁集、錢唐集、超然集、黄樓集、眉山集、武功集、雪堂集、黄岡小集、仇池集、毗陵集、蘭臺集、真一集、岷精集、掞庭集、疑當作掖庭集。百斛明珠集、玉局集、海上老人集、東坡前集、後集、東坡備成集、類聚東坡集、東坡大全集、東坡遺編。并有跋云：『如上諸集，詳加校定，輒以類附，合爲一編，目曰外集。親蹟出于先生孫子與，凡當時故家者皆在，庶幾覩是集者，并前後二集，則先生之文，無復逸遺之憾。』據跋語似出舊人所編。且諸集在當時各有單行，後人又不可不知也。」余案此書所載諸集之名，除東坡前後集、大全集爲學者所盡知外，惟百斛明珠及玉局文，詩話總龜中引用頗多，尚可考見，東坡備成集其名見於宋史藝文志、通志藝文略，蘭臺集亦見通志，其餘不惟遺文無可考，並書名亦不經見。南行集似卽宋志之蘇軾南征集，錢唐集似卽宋志總集類著録之薛傳正錢唐詩前後集。三十卷。由此推之，則如超然、黄樓、眉山、武功、雪堂、黄岡、仇池、毗陵等集，恐皆是總集，非東坡一人之作也。類聚東坡集當與備成、大全相類，皆分體編次之全集。至於坡梁、真一、岷精、掞庭、海上老人諸集，體例若何，與前後集及大全集異同安在，不可知矣。外集之編纂，當出南宋人之手，否則凡此諸集何以元、明間無一人道及，況見其書乎？此亦讀東坡集者所當知，故備論之如此，使方來者有考焉。

施注蘇詩四十二卷

宋施元之注。元之字德初，吳興人。陸游作是書序，但稱其官曰司諫，其始末則無可考矣。

嘉錫案：查愼行、翁方綱蘇詩補注，馮應榴蘇詩合注各附録，及張道蘇亭詩話卷六，於元之仕履皆有所引證，然猶不能詳。今先録諸氏之説於前，而後旁引他書以補之。查氏曰：「周密癸辛雜識：施宿字武子，湖州長興人。父元之，紹興張孝祥榜，案雜識別集卷上但作紹興張榜，此孝祥二字蓋查氏所補。乾道間爲左司諫。」翁氏曰：「湖州府志：施元之字德初，長興人。乾道二年除祕書省正字，累遷左司諫。注東坡詩四十卷。長興縣志：元之以文章著聲，試館職，除起居舍人，遷左司諫。南宋百官題名：施元之，乾道五年五月爲祕書省著作佐郎；十月，除起居舍人；十一月，兼國史編修官，是月除左司諫。案此宋中興百官題名佚文，蓋翁氏自永樂大典内引出。五代會要卷尾跋：乾道七年三月旦日，左宣教郎權發遣衢州軍州主管學事兼管内勸農事施元之書。」馮氏曰：「吳興備志採衢州府志云：元之，左宣教郎，衢州刺史，於郡立□風亭及超覽堂，洪邁、毛幵爲之記。又引劉後村杜郎中潁志云：元之任贛州太守。」張氏曰：「驂鸞録：乾道癸巳正月十七日，將發衢州，暫游郡圃，登超覽堂，前守施元之德初所作。據此，知馮氏所引作『超覽堂』者非。」余考嘉泰吳興志卷十七已云：「施元之字德初，官至左司諫。」又進士題名，紹興二十四年張孝祥榜有施元之，蓋爲後來府縣志所本。洪适盤洲集卷五十舉自代狀云：「臣伏覩左文林郎主管尚書户部架閣文字施元之，學問該洽，文采清新，使居英俊之躔，可備翰墨之選。」宋會要百十九册選舉第三十一云：「乾道二年二月，詔左文林郎施元之召試館職。」又百一册職官第七十一云：「乾道二年三月，秘書省正字施元之放罷，以言者論其宰臣洪适親黨故也。」中興館閣録云：「施元之字德初，吳興人，張孝祥榜同進士出身，治詩賦。見卷七。乾道二年二月除正字，三月罷。」見卷八。其餘官職年月並與南宋百官題名同。宋會要百二十册選舉第三十四云：「乾道八年八月，詔權發遣衢州施元之除直秘閣，權發遣兩浙西路提點刑獄公事。」李心傳建炎以來朝野雜記甲集卷十三云：「自復制科七十年，但得李仲信垕一人而已。乾道三年，虞雍公撫蜀，猶薦仲信於朝，不報。五年春，汪聖錫爲吏部尚書，復以應制，有旨特令來年三月依格召試。命下，左正言施德初元之方候對，因爲起居郎兼權中書舍人林景度機言，故事無獨試者，當繳之。景度卽奏垕詞業未經參考，而又獨試一名，恐非典故，今所有録黄，未敢書行。德初亦奏李垕詞業雖付後省，未有許令參考繳奏指揮，遽有召試中書之令，卽是未應前後典故；況將來閣試六論，本朝典故亦須三四人以上糊名考校，無一名獨試者，乞重此非常之科；且以垕詞業令有司公共參考來上，俟相繼有一二人，然後俾之就試。既而上聞二人握手私語，乃大怒之。左相陳應求奏，元祐中有獨試故事，機爲人所使，因極論二人之姦。詔林機、施元之身居出納言責之地，朋比相通，可並放罷。」自注云：「虞公案謂虞允文數論林、施不當罪，復以郡處之。」宋會要百一册職官第七十一云：「乾道五年十二月，詔左宣教郎守左正言施元之、朝請郎守起居郎林機並放罷。以二人身居出納言責之地，朋比相通，故有是命。」朱子晦庵集卷九十六正獻陳公俊卿行狀云：「吏部尚書汪應辰舉李垕應制科，有旨召試。權中書舍人林機言垕詞業未經後省平奏，且獨試非故事，公奏，元祐中謝悰亦獨試，機蓋爲人所使耳。上喻公詰之，乃機與諫官施元之密謀，以是沮應辰，而對上又不以實，公因極論其姦，遂詔暴二人朋比交通之狀而罷之，中外稱快。然應辰竟以與右相虞允文也議事不合求去，竟出應辰守平江，自是上意益向允文而公亦數求去矣。」又語類卷百三十二云：「祝懷汝昭嘗論張說。一日祝有一婢溺死，衢守施元之謂張曰：『祝婢乃其父婢，祝汙之，恐事泄，抑令其死。』張遂言之於上。上遂陰遣一兵士之類來衢探其事，往來月餘日，得其實矣，遂糾集鄰里作保明狀去，事方已。」劉克莊後村大全集卷一百五十杜郎中穎墓誌銘云：「歷贛州觀察推官。太守施司諫元之繩吏急，一日出片紙來云：『某吏方游飲，亟簿録其家。』公袖還之曰：『罪由邏發，懼者衆矣。』施公矍然，爲罷邏卒。」由此觀之，元之蓋傾危之士，雖頗有文采而用心邪僻，務與君子爲仇，其爲治以嚴刻爲能，近於酷吏，不得以其能注東坡詩爲之末減也。

其同注者爲吳郡顧禧，游序所謂助以顧君景繁之賅洽也。元之子宿又爲補綴，書録解題所謂其子宿從而推廣，且爲年譜以傳於世也。吳興掌故但言宿推廣爲年譜，不言補注，與書録解題不同。今考書中實有宿注，則吳興掌故爲漏矣。

案提要不著顧禧仕履，邵長蘅注引蘇州府志隱逸傳，不知宋范成大吳郡志已載之，其卷十四云：「漫莊，在毗村，處士顧禧所居。禧棄官高隱，讀書以老，鄉人貴重之，後其居有名。」又卷二十二云：「顧禧字景繁。祖沂字歸聖，知襲州；父彦成字子英，兩浙運使，皆有賢名。禧雖受世賞，不仕，居光福山，閉户讀誦，博極墳典。所著書甚富，注蘇文忠公詩尤詳。紹興間，郡以遺逸薦，閑居五十年不出，名重鄉里。」翁方綱補注引顧景蕃志道集序云：「從伯父景蕃公，少任俠，既壯，折節讀書，爲文輒千萬言，聲名籍盛遠近。于是里中同學者多忌公，口舌攻搏，難端叢起。公與鄞縣林庇民保、高安譚子欽惟交善，主兩先生家數年，而忌者愈謀所以中之，指作周世宗宫詞爲蘖，禍幾不解，會以遺逸薦得白。歸乃具杯酒釋奠，盡焚平生所著述，凡百餘卷。病革之日，惟枕書長嘯，略屬後事數端而已。嗣弟宏聞，從江浙提刑轉運任公處抄得遺稿若干首，顔曰志道集，蓋本魯論隱居行義之意。予少侍伯父，稔知顛末，因援筆述之。至元壬辰泉州石井書院山長福州路教授姪長卿子元氏拜書。」王文誥蘇詩編注集成卷首以爲此非注蘇詩之顧禧，謂自紹興末乙亥案紹興之末乃三十二年壬午，非乙亥。下推至元壬辰，凡一百三十八年，案自紹興壬午至至元壬辰，實止一百三十一年。安有嗣子求稿、姪作序事。余案序中所言隱居不仕及以遺逸薦，均與吳郡志合，實係一人，惟年代不合。明以後刻宋人書，「紹興」、「紹熙」往往互譌，顧禧之以遺逸被薦，疑是紹熙五年寧宗即位時事，由此下數至至元壬辰，凡九十八年。禧注蘇詩，蓋與施宿同時，宿卒於嘉定六年。說詳會稽志條下。皕宋樓藏書志卷八十一謂禧嘉定中當尚在，其説近之。禧卒時距至元壬辰最多不過七十餘年，則其子姪固宜尚在也。施宿仕履詳見地理類一嘉泰會稽志條下辯證。陸游爲施注作序，見渭南文集卷十五。先言嘗與范至能成大共論注東坡詩之難，其末乃曰：「後二十五六年，某告老居山陰澤中，吳興施宿武子出其先人司諫公所注數十大編，屬某作序。司諫公以絶識博學名天下，且用功深，歷歲久，又助之以顧君景蕃之該洽，則於東坡之意，亦幾可以無憾矣。」此序第言二人同注一書，不言何者出於施氏，何者出於顧氏也。書録解題卷二十曰：「注東坡集四十二卷，年譜、目録各一卷，司諫吳興施元之德初與吳郡顧景蕃共爲之。元之子宿從而推廣，且爲年譜以傳於世。陸放翁爲作序，頗言注之難，蓋其一時事實，既非親見，又無故老傳聞，有不能盡知者。」據此知施宿於其父書又有所推廣，然不言所推廣者爲何等語，故提要雖知書中實有宿注，而於三人分注體例之異同，不能明白言之也。翁方綱補注引鄭元慶湖録曰：「施元之注東坡詩，傳是樓有宋刊本，殘闕不全。予細閲書中句解是元之筆，詩題下小傳低數字乃武子補注。文獻通考所謂從而推廣者此也。按通考所引即書録解題。今吴中新刻本謂宋犖刻本盡削去之，殊可惜耳。原文見湖録經籍考卷六。馮應榴合注曰：榴案詩題下似亦有元之注，至删補施注本，亦謂宋氏刻本。特不全採，非盡削也。」王文誥編注集成卷首注家姓氏注駁之曰：「誥案最要是題下注事，故序曰司諫絶識，次謂句下徵典故，序曰助以顧君該洽，其中容有互爲參酌之處，施、顧各有所掌也。所謂武子從而推廣者，乃題注末補載墨跡石刻及較改同異之字，間有引證及增輯年譜所無。父作子述，前人多有此例，參入一處，其德初原文，非武子所敢損益也。若如鄭説，則景繁無處著一字，重句解而輕題注，亦非知詩者之言也。施注體例雖闕，規模具在，惜無能者發之。翁注寡識，摭拾謬論，亂其全體。合注從誤，謂馮氏合注誤從之。且云題下小傳似亦有元之注，其説模棱，而不知冠履倒置。」阮元爲文誥書作序，見本書及揅經室三集卷五。亦曰：「據陸游原序，概論作詩事實，而下云德初絶識博學，係指題下施注紀事，又謂助以顧禧該洽，係指句下顧注徵典，紀事引本集、欒城史傳不載出處，徵典引經史子集外藏悉載出處，顯屬二手。卷端施氏、顧氏以次標列，亦可與序參證。」今推勘全書體例，證以陸序，實如王氏、阮氏之言，故具録之，以補提要所未備云。

山谷内集注二十卷外集注十七卷别集注二卷

宋任淵、史容、史季温所注黄庭堅詩也。任淵所注者内集，史容所注者外集，其别集則容之孫季温所補以成完書。淵字子淵，蜀之新津人，紹興元年乙丑以文藝類試有司第一，仕至潼川憲；其稱天社者，新津山名也。容字公儀，號薌室居士，青衣人，仕至太中大夫。其孫季温字子威，舉進士，寶祐中官祕書少監。

嘉錫案：宋會要第一百三册職官七十四云：「嘉泰元年正月十九日，知彭州史容特降一官，以容守彭州，用親隨冒請軍糧，交通關節，夾造私醖貨賣，爲四川制置劉德秀奏故也。」南宋館閣續録卷八云：「史季温字子威，眉州人。習詩賦。壬辰紹定五年徐榜進士出身，嘉熙四年十一月以太府丞除祕書郎。淳祐元年五月，爲著作佐郎；二年四月，除著作郎，六月罷。」又卷七云：「史季温，寶祐二年以直寶謨閣主管佑神觀，兼國史館編修官，實録院檢討官，除秘書少監。」下闕。癸辛雜識别集卷下云：「王蓋縣丞，嘉定初宦游京湖。時方經虜患，殺人至多，夜見炳燭呵殿而來，聞有言云：『此人二十年後，當於辰州伏法。』既得免，投僧舍爲行者，適郡倅家坤翁來游寺中，喜其淳厚而文，家有女適史植齋季温之子，季温，學津本誤作「李温」使從之以往。既而史得辰州，欲以自隨，勉從之。史幼女戲後圃，爲蛇繞，王因擊蛇，併女斃焉。史怒，竟致之法，距前神言恰二十年。」知季温别號植齋，嘗知辰州，可補館閣録之闕。雖然，有可疑者，自嘉定元年下推二十年，當是寶慶二年，季温尚未登第，安得便知州郡，雜識所記，必有譌誤，姑録之於此，以俟再考。

后山詩注十二卷宋陳師道 任淵注

魏衍作師道集記，稱其詩未嘗無謂而作，故其言外寄託，亦難以臆揣，非淵一一詳其本事，有茫不知爲何語者，即鉅野詩之「蒲港」對「蓮塘」，儷偶相配，似乎不誤，非淵親見其地，亦不知「港」字當爲「巷」也。

嘉錫案：本集卷二巨野詩第二首云：「蒲港侵衣緑，蓮塘亂眼紅。」注云：「宋莒公集，梁山泊水無岸，行舟多穿菰蒲爲道，州人謂之蒲巷。此港字恐當作巷。」宋元憲集卷十坐舊州驛亭上作云：「巷蒲明滅百帆通。」下有自注，與任淵所引者正同。據此則淵所以知梁山泊之有蒲巷，特依據宋庠集耳，何嘗自言曾親見其地乎？又考後山集卷十外集鉅野泊觸事詩云：「蒲港牽絲直，平湖墜鏡清。」亦作港，蓋大道而有徑路者謂之巷，周易集解卷八睽卦引虞翻説。水中之港猶巷也，義本相通，不必便是誤字。

次韻春懷詩「塵生鳥跡多」，「鳥跡」當爲「馬跡」之譌，而引晉簡文牀塵鼠跡附會之；謁龐籍墓詩「叢篁侵道更須東」，「東」字必誤，而引齊民要術東家種竹附會之，是皆不免於微瑕。

案卷二次韻春懷云：「欲作歸田計，無如二頃何。折腰方賴禄，拭面未傷和。日下烏聲樂，塵生鳥跡多。渡頭留小楫，乘興得相過。」任淵於第六句下注曰：「世說：晉簡文帝爲撫軍時，牀上塵不聽拂，見鼠行跡，視以爲佳。后山蓋用此意。」詩本鳥跡而以鼠跡注之，强坐后山以是用此事，其説誠不免附會，提要譏之是也；但必改「鳥跡」爲「馬跡」，則殊無以見其必然。此詩前四句言情，五六寫景，結句歸到次韻，本是五律常法。若論其用意，則此詩作於元祐五年。任淵年譜注曰：「是歲后山移潁州教授，其冬往赴。」魏衍集記曰：「元祐初，翰林學士蘇公軾與侍從列薦，乃官之，俾教授其鄉。未幾，除太學博士。言事者謂先生嘗謁告，詣南都見蘇公爲私，遂罷，移潁州教授。」宋史本傳卷四百四十四文苑傳略同。是詩之作蓋在罷博士之後，未移潁州之前，故言欲歸而無田可耕，不能不忍辱以干升斗之禄。五句用左傳鳥烏之聲樂，以譏臺諫之多言，六句用孟子獸蹄鳥跡之道交於中國，以刺小人也，皆因所見之景以起興耳。若作「馬跡」，則膚泛無當，而比興之意全失矣。卷五東山謁外大父墓云：「土山宛轉屈蒼龍，下有槃槃蓋世翁。萬木刺天元自直，叢篁侵道更須東。百年富貴今誰見？一代功名託至公。少日拊頭期類我，莫年垂淚向西風。」任淵於第四句下注云：「齊民要術曰：竹性愛西南引，諺云：『東家種竹，西家治地。』此言更須東，謂自己侵道，不須復東引也。」案注説迂曲難通。此詩篇首二句只是東山外大父墓，次聯方正寫謁墓，蓋墓在東山，謁墓須向東行，故首句以蒼龍暗點東字，言其已到東山。四句明點東字，言山中樹木雖繁，然皆干霄直上，元自不妨通行，但以叢篁侵路，欲往墓次，更須繞道向東耳。此二語雖似寫山中之景，而其實則因俯仰憑弔，感懷今昔，乃託於物以寄興焉，故必明乎龐籍平生得失之迹，以意逆志，然後其辭可得而説也。宋史卷三百十一龐籍傳云：「召拜殿中侍御史。孔道輔謂人曰：『言事官多觀望宰相意，獨龐醇之，天子御史也。』拜同中書門下平章事。齊州學究皇甫淵，以捕賊功，法當賞錢，數上書求用。道士趙清貺，與籍姊家親，紿爲淵白籍，迺與堂吏共受淵賂。小吏訴之，下開封府捕清貺，刺配遠州，道死。韓絳言籍陰諷府杖殺清貺以滅口，覆之無狀，言不已，乃罷知鄆州。」續通鑑長編卷一百八十五云：「嘉祐二年五月庚辰，崇儀使并代鈐轄管勾麟府軍馬郭恩與夏人戰于斷道塢，死之，走馬承受入內東頭供奉官黃道元、府州寧府寨監押劉慶被執。」又卷一百八十六云：「十一月戊戌，昭德軍節度使知并州龐籍爲觀文殿大學士、知青州。初，司馬光建議築堡，籍檄麟州如光議，及郭恩等敗没，詔侍御史張伯玉按鞫，籍匿光初所陳事，故光得以去官免責，而籍爲御史劾奏，由是罷節度使。」李燾自注曰：「李師中上籍詩注云，言事者怨執政日，執，浙局本誤作報，今爲改正。曾罷彼風憲職，于是奏收籍節鉞，不知言事者姓名，當考。」按司馬光所撰太子太保龐公墓誌銘，見温國文正公集卷七十六，敍事與宋史及長編皆合，而於麟州築堡事紀述尤詳，今删取其要，載之於此云：「麟州屈野水西，有田與夏虜相接，疆場不明，數十年虜盜耕之，麟人不能正也，至是詔邊吏禁止之。會管勾麟府軍馬事郭恩恃其勇果，與知麟州事武戡、走馬承受公事黄道元率兵不滿千人，涉屈野之西，至忽里堆，不爲戰備，虜發伏兵以擊恩等，恩、道元皆没於虜，戡脱走得歸。先是公命通判并州事司馬光之麟州與戡議邊事，戡請築二堡於屈野之西以禁耕者，且爲州耳目，光還以告，公從之。比往而虜兵已復聚，戡不敢興役。及敗，乃言其日行視堡地，爲虜所掩以致敗亡。會虜遣道元歸，朝廷命御史按之，御史新拜官，欲排擊大臣以爲名，移幕府取文書。公以築堡之議，光實與焉，恐并獲罪，乃留徼光之書，以其餘與之。御史遂劾奏公擅築堡於邊以敗師徒，又匿制獄所取文書，坐是解節鉞，復以觀文殿大學士、户部侍郎知青州事。」以此考之，劾籍者卽按鞫之御史，其人蓋張伯玉也。李燾誤以爲别一不知姓名之言事者，殆未參考墓誌耳。籍凡兩次被黜，其罷相由於韓絳之誣奏，罷節鉞則因伯玉之按劾。絳言吕公綽前知開封府，受籍旨，決趙清貺，杖近脊下，故清貺不至配所死。長編謂諫官御史言公綽受籍旨，諫官卽韓絳，其不出絳姓名，蓋與劾籍事互文以見意。詔知開封府楊察按其事，具言杖清貺實在判官廳，非公綽所臨。上察其情，公綽及籍皆復舊職。籍復觀文殿大學士。絳力争，上遂罷絳知諫院。均見長編卷一百七十五。則籍之被誣甚明。絳又嘗誣劾富弼，見本傳。後來附會王安石以取宰相，守新法不變，號爲「傳法沙門」，見長編卷二百五十二。爲當世所笑，其人本非君子。龐籍殺趙清貺滅口事，既已辨明無實，長編卷一百七十五云：「韓絳謂籍陰諷開封，覆之無實。」而絳猶力争不已，則其劾籍蓋必出於觀望報復之所爲，非徒誤采風聞而已。至麟州築堡事，乃是司馬光采用麟州當職官吏所建議，以告經略司，而籍從之，當時曾經奏聞，見文正公集卷十七論屈野河西修堡狀。本非擅自興築，及御史按鞫，籍匿光文書不繳，蓋爲國家愛惜人才，卓然有古大臣風，而張伯玉嚴劾之，籍遂不免爲法受惡。伯玉之爲人雖不知如何，中吳紀聞卷二「張伯玉郎中」條云：「伯玉字公達，嘗爲郡從事，剛介有守，文藝甚高。范文正公深愛之，嘗舉以應制科。」然司馬光言其欲排擊大臣以爲名，長編引李師中所上籍詩注，謂言事者怨執政日，曾罷彼風憲職，與光説不同，但不知可信否，故今只用光語。則亦非能執法無私，爲朝廷辨别是非者也。后山傷籍之賢而爲讒慝所中，致屢被譴謫，陷於悠悠之口，故於詩中用比興之體，以直木比籍，言其位兼將相，如千尋之木，昂霄聳壑，然其初元以直臣進用，自不至有受賄殺人之事如諫官所言者，以叢篁比韓絳等，言小人當道，結黨排陷，如蔓草之難除，使籍不能行其志，不得不避位以去也。籍以人言先知鄆州，後知青州，其地皆屬京東路，并「更須東」三字皆有着落，殆無一字虛設，非徒泛然趁韻而已。五六兩句卽就上文轉下，一氣呵成，言縱令籍長保富貴，終身不衰，亦不過一時之榮，不足爲籍重，所幸平生事業，有司馬公之墓誌在，賢人君子之言，乃天下後世之所以取信者，故曰「一代功名託至公」也。或謂第五句兼諷韓絳，亦自可通。結處就自己收到外大父，可謂神完理密。竊謂必當如此解，方能得詩人言外之旨。任淵注所引齊民要術東家種竹云云，與詩意全不相干。且詩明言更須東，而注謂竹已侵道，不須復東引，尤爲乖剌。淵嘗言讀后山詩大似參曹洞禪，不犯正位，切忌死語，非冥搜旁引，莫窺其用意深處。見淵自序。其論可謂入微，然若此篇之解「叢篁」句，正是將活句參作死語矣。提要知注説之爲附會，而必謂「東」字爲誤，則亦未達后山之意也。方回瀛奎律髓選此詩入卷二十八陵廟類，紀文達刊誤改「東」字爲「通」，批曰：「更須東三字欠通，任淵注亦附會無理。余定爲通字，蓋此詩三句比龐之孤直，四句比小人之黨尚在。」余謂作東山謁墓之詩而謂道路難行，更須向東，語意自然明白，不知何以謂之不通。若如所改，作「叢篁侵道更須通」，則更字既無根，通字尤生湊不穩，恐所謂欠通者，在此而不在彼也。至謂三句爲比龐之孤直，固是，而以第四句爲小人之黨尚在，亦非也。龐籍卒於嘉祐八年癸卯，見墓誌及長編卷一百九十八。后山此詩作於紹聖三年丙子，見本集目録。相去凡三十三年，上距皇祐五年癸巳籍罷相之歲已四十三年，即距嘉祐二年丁酉罷節鉞之時，亦三十九年矣。韓絳已死於元祐三年戊辰，在后山賦詩之前八年。張伯玉存亡不可考，疑亦老且死矣，所謂小人之黨尚在者，不知其何所指也。紹聖時之小人莫過於惇、布、京、卞之徒，然皆起於熙、豐以後，與龐籍渺不相涉，后山雖深惡此輩，何爲發之於籍墓道上乎？凡讀古人詩文，欲知其用意之所在，不考當時之事，而徒執文字以爲揣摩，固未有能密合者也。以文達之說，似與提要此篇轉相發明，故附糾之於此。

據淵自序，其編次先後亦如所注山谷集例，寓年譜於目録。今考和豫章公黄梅二首注曰：「此篇編次不倫，姑仍其舊。」又於紹聖三年下注曰：「是歲春初，后山當罷潁學，而離潁等詩反在卷終，又有未離潁時所作。魏本如此，不欲深加改正。」而於示三子注曰：「此篇原在晁張見過詩後，今遷於此。」於雪後黄樓寄負山居士詩則注曰：「此詩原在秋懷前，今遷於此。」於再次韻蘇公示兩歐陽五詩則注曰：「以東坡集考之，原在涉潁詩後，今遷於此。」則亦有所竄定，非衍之舊。

案魏衍所編后山集，其原本今不可見。近人張鈞衡適園叢書所刻何焯校本，係用嘉靖以前舊鈔本校弘治本，淵源最古，考其内集次第，與任淵注本全同，每卷有「茶陵陳仁子同備編校」一行，蓋即仁子所改編，已失魏本真面目。然考任淵自序云：「近時刊本，參錯繆誤。政和中王雲子飛得后山門人魏衍親授本，編次有序，歲月可考，今悉據依，略加緒正。」然則魏衍原本本以歲月爲序，淵即據之以次年譜，僅於示三子等數篇有所緒正，已注明於目録之下，未嘗取其全書竄亂而更張之也。且提要所引目録及注亦有誤，所謂「是歲春初后山當罷潁學」云云，乃紹聖元年甲戌條下之注，而以爲三年，考原本提要亦作三年，知非傳刻之誤。一誤也。卷三次韻蘇公涉潁詩後，東坡原作見施注蘇詩卷三十，題作泛潁，在簡歐陽叔弼兄弟之後，勸履常飲之前。有詩五首，題爲再次韻蘇公示兩歐陽，蘇詩卷三十作復次韻謝景貺陳履常見和兼簡歐陽叔弼兄弟。次韻蘇公勸酒與詩，蘇詩同卷作叔弼云履常不飲故不作詩勸履常飲。次韻蘇公督兩歐陽詩，蘇詩同卷作景貺履常屢有詩督叔弼季默倡和已許諾矣復以此句挑之。次韻蘇公題歐陽叔弼息齋，蘇詩卷三十一作與趙陳同過歐陽叔弼新治小齋戲作。次韻蘇公竹間亭絶句，蘇詩同卷作西湖戲作。五詩不盡關兩歐陽，而竹間亭一首尤未涉及歐陽一字，惟東坡原作云「我從陳趙兩歐陽」。提要乃混稱之曰次韻蘇公示兩歐陽五詩，引古人詩文，可爲之代改題目乎？二誤也。任注所謂元在涉潁詩後者，獨指竹間亭一首，魏本在涉潁詩之後，示兩歐陽詩之前耳。今提要引爲示兩歐陽五詩之注，似此五首皆爲任淵所改編也者，不知今本示兩歐陽等篇仍在涉潁詩之後，又何説耶？三誤也。任淵於竹間亭絶句下注曰：「以東坡集考之，歲晚所作，元在涉潁詩後，今遷于此。」提要删去「歲晚所作」一句，似此詩在東坡集中元編於涉潁詩之後者，與任淵之意適得其反，四誤也。區區引一目録，而數行之内謬誤疊出如此，真所謂率爾操觚者矣。淵所疑魏衍編次不倫，及自以意改定其次第者，雖不過五篇，然其説實不能無誤，如謂「紹聖元年春初后山當罷潁學，離潁等詩不應反在卷終。」謂離潁、湖上、舟中等詩，在卷四之末也。今案後山集卷十四與魯直書云：「紹元夏末，以例罷官，遂赴部，得監海陵酒。明年之春，復遭家禍。」家禍謂丁母憂。後山集卷二十先夫人行狀云：「從其不肖子就食河北，舟及鄆之東阿而卒，紹聖二年三月二十九日也。」則后山之罷潁學，當在元年六月之末，而非春初。且於罷任之後，嘗赴吏部注官，及得監海陵縣酒稅差遣，始復歸潁摒擋行李。任注本卷四有項城道中寄劉令使修溪橋注云：「項城，屬陳州。」及確磨寨詩注云：「唐書，黄巢圍陳州，人大飢，倚死牆塹，賊俘以食，日數十人，乃列百巨碓，糜皮骨於臼，并啖之。」各一首，蓋卽是時往返京、潁間途中所作，可以爲證。計其離潁當在秋冬之際矣。至次年春而后山已奉母就食河北，則其曾到海陵監酒任以否，未可知也。淵又移示三子詩於元祐二年之末，注曰：「將至徐州作，此詩元在晁張見過詩後，今遷於此。」卷二本詩題下復注曰：「時三子已歸自外家。」然考其詩中，殊不見有將至徐州之意，按之全集，亦無三子歸家年月，淵説實毫無所本，而竟意爲移掇者，豈不以后山於元豐七年方遣妻子隨郭概入蜀，而晁張見過詩作於元祐元年，是時后山方在貧困之中，不應遽迎妻子以自累歟？若移至次年，則后山已除徐州教授，有禄以事畜，宜可挈家赴任矣。淵之用意，必出於此。余嘗考之於史，乃大謬不然。續長編卷三百六十九云：「元祐元年閏二月丙午，右司諫蘇轍言：臣竊見朝廷近日察知蜀中賣鹽榷茶及市易，比較收息，爲遠人所苦，委成都提點刑獄郭槩體量事實。槩觀望阿附，公行欺罔，其所奏聞，並不指言實弊，附下罔上，肆行胸臆，情理難恕，乞降聖旨，先行罷黜郭槩。詔郭槩特差替。」則郭槩於是年之春已被劾去任。后山妻子之歸自外家，蓋於罷官後遣之入都，雖欲不歸而不可得也。淵乃編其詩於二年之末，不知槩既去蜀，后山妻子無所依倚，安能旅居年餘之久而後歸乎？由斯以談，知魏衍所編彭城陳先生集實本之后山親筆，其年月先後皆與事實相輔，未可輕爲移易。淵嘗受業於黄庭堅，見山谷內集淵自序。與后山正同時之人，爲之作注，而考證稍不詳慎，一肆胸臆，便不免顛倒錯亂，失其本真。然則後人之於古書，動輒師心自用，妄行竄亂，其弊可勝言哉。

又衍記稱師道卒於建中靖國元年，年四十九，此集託始於元豐六年，則師道年已三十一，不應三十歲前都無一詩。觀城南寓居二首，列於元豐七年，而注曰或云熙寧間作，則淵亦自疑之。題趙士暕高軒過圖一首，淵引王立之詩話，稱作此詩後數月間遂卒，故其後更列送歐陽棐、晁端仁、王鞏三詩。今考王立之詩話實作數日無己卒，士暕贈以百縑，校其所録情事，作數日爲是，則小誤亦所不免。然援證古今，具有條理，其所得者實多。莊綽雞肋編嘗摭師道詩採用俚語者十八條，大致爲淵注所已及，可知其用意之密，固與所注山谷集均可並傳不朽也。

案魏衍集記曰：「先生既歿，其子豐登以全藁授衍曰：先實知子，先下疑脱君字。子爲編次而狀其行。衍既狀其行矣，今又受其所遺甲乙丙藁，皆先生親筆，合而校之，得古律詩四百六十五篇，文一百四十篇，詩曰五七，雜以古律，文曰千百，案文曰千百，或是以字數多寡分編。不分類。衍今離詩爲六卷，類文爲十四卷，次皆從舊，合二十卷，目録一卷，又手書之。竊惟先生之文，簡重典雅，法度謹嚴，詩語精妙，未嘗無謂而作。其志意行事，班班見於其中，小不逮意，則棄去，故家之所留者止此。」然則后山親筆詩文，藁存於家者，祇此六百五篇，衍聚而編之，皆在二十卷中，未嘗有所删落也。惟是后山詩藁本以五七言分編，衍則合併編年，不免少有改易。然衍自言次皆從舊，則其先後次第仍是依據手藁，使其中果有三十歲以前之詩，衍何爲顛倒歲月，置於元豐六年之後乎？詩集壓卷爲妾薄命二首，后山自注曰「爲曾南豐作」。南豐卒於元豐六年，詩中有「起舞爲主壽，相送南陽阡」，及「死者如有知，殺身以相從」等句，皆傷慟之語。任淵定爲此年所作，確不可易。任淵即用魏本作注，自序言之甚明，其或有所緒正，並已注於目録之下。提要誤以爲全集皆經淵竄定，故一則曰「淵亦自疑之」，再則曰「小誤亦所不免」，是於魏、任兩序皆未細讀也。魏衍言先生詩文，小不逮意則棄去，宋史卷四百四十四文苑本傳亦云：「喜作詩，自云學黄庭堅，至其高處，或謂過之。然小不中意輒焚去，今存者財十一。」施元之蘇詩注卷三十亦云：「履常名師道，喜作詩，小不中意輒去，存者才十一。」蓋本宋國史之語。魏衍所受之藁並無三十歲以前之詩，必已爲后山所自棄去矣。然后山詩之存者，不止任淵所注之十二卷已也。任注十二卷卽魏本之六卷，每卷釐爲上下。直齋書録解題卷十七有劉孝韙臨川刊本后山集，已併詩文爲十四卷，又有外集六卷，陳振孫云：「外集詩二百餘篇，今張氏重刻弘治本，自卷七至卷十二題爲外集，凡詩二百一十九首，蓋與宋臨川本不甚相遠。文三篇，今張氏本外集無文，蓋已併入正集，然較魏本多二十餘篇，不止三篇也。皆正集所無。」提要竟未之引。然四庫著録松江趙鴻烈刊本，凡詩七百六十五篇，較魏編、任注本多三百篇，蓋皆后山已棄之藁，後人收拾得之者。方回瀛奎律髓卷十五選外集中晚遊九曲院、湖上晚歸二首，皆注爲三十歲以前之作，卷二十選和和叟梅花一首，亦疑爲少作。然則后山三十歲以前非無詩也，特不收入正集耳。提要亦既著明魏衍所編與趙鴻烈所刻篇數異同於後山集條下，何猶不之悟，必欲求之任注本耶？古人詩集，不收少作者多矣。卽以后山同時師友言之，東坡前集詩，始於辛丑十一月馬上寄子由，是歲爲嘉祐六年，東坡年二十有六；山谷内集詩，始於古詩二首上蘇子瞻，是歲爲元豐元年，山谷年三十有四；使不考其全集，但執施元之、任淵注本以爲説，便可謂二人自此以前都無一詩耶？后山詩亦自有全集在，今不肯一考，而徒怪任淵所注何以無少年之詩，亦見其惑焉而已。方回平生服膺黄、陳，於其詩用功頗深，其論后山集語，雖有得有失，然有可以解提要之惑者。回所著桐江集卷四跋許萬松詩曰：「陳后山生於皇祐五年癸巳，少東坡十七歲，少山谷八歲。朱文公謂后山初見東坡，詩未甚好。案見朱子語類卷百四十。東坡四十二歲知徐州，子由來會，后山時年二十五歲，有詩贈二蘇公云：『一洗十年新學腸。』實歲在丁巳。王荆公得君，改熙寧已十年也。其見山谷於潁昌，詩律一變，不知的在何年？今后山詩任氏注本，自元豐六年癸亥始，皆三十一歲以後詩。獨有贈二蘇公一篇爲少作，蜀本不注。及眉山史氏續注外集，案據此則后山外集有史容注，與山谷外集同，其書從不見著録，不知亡於何時，此昔人所未知者。尚有少作可考。予細觀之，輕重縣絶，使不遇山谷，則安得黄、陳並稱乎？」又桐江續集卷三十二唐師善月心詩集序曰：「陳后山生於皇祐五年癸巳，其門人魏衍所編及任淵所注詩，始於元豐六年癸亥，皆后山三十一歲以後詩也。后山年十六已見知於曾南豐。熙寧十年丁巳，蘇長公守彭城，明年，后山爲銘黄樓，筆度越秦漢，朱文公亟稱之，案見語類卷百三十九。時則年二十六。至如金山忘歸亭記。作於熙寧七年甲寅，則年二十二耳。案忘歸亭記見后山集卷十五，黄樓銘見卷十九。今之人讀之，或不知其爲少作也。夫后山之文，雖少作已足不朽，而編其詩與注其詩者乃斷自三十一歲以後，此何爲者哉？后山答秦少章書，謂於詩初無師法，少好之，老而不厭，以千計；及一見黄豫章，盡焚其藁而學焉。案見后山集卷十四答秦觀書。然則未見豫章，其詩一時，既見豫章，其詩百世。詩視文爲尤難，愈參則愈悟，愈變則愈進，凡魏編任注后山之詩，參之極悟之極歟？進之極變之極歟？予嘗細閲后山集，城南韋杜村一詩，此從其父令汧陽關中所作，最爲年少。贈二蘇公有云『一洗十年新學腸』，卽王安石得政之十稔，熙寧十年彭城所作，年二十五。如謝克家、向季仲所增別本，案謝克家有后山文集序，見三朝名臣言行録卷十四引，所增別本，卽外集也。有寓錢塘諸詩，皆后山所自削而不收者，乃元豐四年遊吳所作，案元豐四年遊吳，見后山集卷十五思白堂記。年二十九。當是時也，其已見豫章歟？其未見豫章歟？二公相遇之年，謂在潁昌，案黄㽦山谷年譜卷十九云：㽦淳熙初客富川，與王景文賓論詩，景文云，嘗聞榮茂世云，得之前輩言，山谷與后山相遇於潁昌。前輩亦莫能深考。豫章初爲后山字序，首明觀已無已之意，末言其嬪息集於外舅，案見豫章集卷十五陳師道字序。嬪息，謂妻子也。本集卷一有寄外舅郭大夫詩云：「巴蜀通歸使，妻孥且舊居。」乃元豐七年甲子郭槩入蜀時事，是年豫章移官河北德平，豈后山送内而相遇於途耶？不然，則是豫章未令太和已前，元豐初已嘗相遇也。按后山與山谷相遇之始，方回考之，迄不能定在何時。今考后山全集卷十贈魯直詩曰：「相逢不用早，論交宜晚歲。平生易諸公，斯人真可畏。見之三伏中，凜凜有寒意。名下今有人，胸中本無事。」又曰：「陳詩傳筆意，願爲弟子行。何以報嘉惠，江湖永相忘。」觀其語意，確是初締交後投贈之作。詩中雖不言年月，然有見之三伏中之語，考晁説之嵩山集卷十九邢惇夫墓表曰：「黄魯直自吉州太和縣移德州德平鎮，過京，魯直有書稱晁以道論士三人，其書今行於世。所謂三人，則惇夫、陳無己、江子我是已。」任淵山谷内集目録云：「元豐七年甲子，是歲山谷監德州德平鎮，有發願文，蓋七年三月過泗州僧伽塔所作，到官當在夏秋也。」以此互相參證，知山谷於元豐七年赴官過京之時，已與后山相見，其時正在夏日。后山贈詩，必作於是時。潁昌距東京不過一日程，故有見之三伏中之句。惟后山不知以何事至潁昌耳。后山實未嘗送内，辯詳於後。謂元豐初已相遇，則存藁又何爲斷自六年癸亥耶？」回引后山答秦少章書，明其既見黄山谷以後嘗盡焚其舊藁，又謂外集中少作皆后山所自削而不收，其説皆有據依，可以解提要三十歲前無詩之惑矣。惟謂城南韋杜村一詩爲從其父令泝陽關中所作，贈二蘇公詩爲熙寧十年二十五歲時之作，則皆非是。無論后山已盡焚棄其舊藁，不應獨存此少作，據后山集卷二十先君事狀，其父以治平二年知泝陽縣，后山纔十三歲，其罷泝陽，在熙寧初，后山甫成童耳。卽就詩語考之，亦可得其歲月，知回説之不足據也。本集卷一有城南寓居二首，任淵撰年譜，編次於元豐七年，注云：「詩有『韋杜城南村』之句，韋曲、杜曲屬長安，當是后山送其妻子入蜀後，遂客寄關中。或云熙寧間作。」后山此年之客關中，乃是任淵意擬之詞，以羌無故實，不敢自信，故又疑在熙寧間，方回遂從而實之，以爲從其父令泝陽時所作。余謂此不但方回之説誤，卽任淵之注亦大誤也。后山送内詩曰:「關河萬里道,子去何當歸。」別三子詩曰:「母前三子後,熟視不得追。」二詩卽在城南寓居詩之前。夫旣熟視其去行萬里道,恨不得追隨以去,則后山固未嘗身送妻子入蜀也。后山集卷十一有初到錦城詩,疑后山嘗人蜀省其妻子,雖未知定在何時,但決非元豐七年也。蜀且未入,何從遂客關中耶?今欲知城南寓居之果在何時何地,當以本詩與他詩互證之。其詩曰:「游子莫何歸,韋杜城南村。注云:韋曲、杜曲,皆在長安之南,老杜所謂城南韋杜,去天尺五者也。秋水深可測,挽衣踏行雲。道暗失歸處,棲鳥故不喧。牛羊閉籬落,稚子猶在門。」又曰:「潭潭光明殿,稽首西方僊。平生修何行,步有黄金蓮。我豈昔好徑,報以履下穿。洗足坐道場,卒卒此何緣。」此二篇後有憶少子一篇,卽次以絶句一首云:「翼翼陳州門,萬里遷人道。昔人死别處,一笑欲絶倒。」任淵注曰:「此篇與前篇蓮字韻,按舊本乃秋懷十首之二,其後删去而僅存耳。此篇全章云:『翼翼陳州門,萬里遷人道。雨淚落成血,著木木立槁。今年蘇禮部,馬迹猶未掃。昔人死别處,一笑欲絶倒。』元祐初,年譜以此篇爲元祐元年作。后山來京師,寓居陳州門,故秋懷詩又有『朝暮陳州門,悠悠此何爲』之句。時東坡新自登州召爲禮部郎中,復入帝城,此后山所喜也。」今以其言考之,后山集卷九外集第三卷有秋懷十首,以「雨荒深院菊,霜倒半池蓮」爲韻,其倒字韻卽「翼翼陳州門」,爲第七首,蓮字韻卽「潭潭光明殿」,乃其第十首也。蓋城南寓居元止一篇，與秋懷十首本同時所作，故秋懷第一首云：「昨日山中雲，今朝山下雨。牛羊没禾黍，蟋蟀促機杼。」第六首云：「昔作九日期，一覽知四方。夜雨秋水深，烈風畏褰裳。」而城南寓居詩亦有「秋水深可測，挽衣踏行雲」之句，皆寫深秋苦雨之景。尤以蓮字韻一首爲與城南篇語意相應和，蓋言欲歸城南而日莫水深，故卒卒然挽衣蹤破履，踏水急走，因昏暗不辨道路，致兩脚泥塗皆滿，既至所居，乃坐而洗足耳。步有黄金蓮者，兼用佛行時蓮花捧足，詳見任注。及潘妃步步生蓮花故事，見南史東昏侯紀。以喻足下黄泥踏地成印也。及后山自定詩藁，删秋懷之八而存其二，以蓮字韻與城南篇所寫本是一事，故以爲第二首，倒字韻乃别一事，嫌其中間四語未工，遂删去之，改爲絶句，欲令含蓄不盡，俾觀者得之於言外，此后山晚年詩法也。以此參互考之，知城南寓居之作，其時爲元豐八年乙丑九月，后山年三十有三，秋懷詩作於是年，而其第二首有「四十尚無君」之句，蓋后山喜自言其老，故舉成數耳。其地則汴京東南門外佛寺也。奚以明其然耶？秋懷詩霜字韻有九日字，見前。知必作於重陽之後，而倒字韻又有「今年蘇禮部」之句，案續通鑑長編卷三百五十九，是年九月己酉。十八日朝奉郎蘇軾爲禮部郎中，后山詩正作於此詩。蓋甫聞命下，驚喜出於望外，遂欣然成詠，故言陳州門爲自來遷客去國之路，往往生死不可復保，獨今之蘇禮部雖亦由此貶黄州，然馬跡尚存而已被召命，行當於昔人死别之處，見其生還握手一笑也。時甫聞召命，不過數日，而謂之今年蘇禮部，東坡自貶黃州至此時已四年餘，而言馬跡猶未掃，皆不妥，宜其後來删去此數句。此其年月確然可知，而任淵年譜乃編入元祐元年丙寅，注云：「詩有陳州門及蘇禮部之句，陳州門在汴京，時后山旅寓於此，其春東坡爲禮部郎中。」不知東坡於元豐八年十二月已到禮部任，東坡前集卷二十五辭免中書舍人狀云：「到省半月而擢爲右史。」以除起居舍人日逆推，則到省當在十二月初。是月十八日卽除起居舍人。續通鑑長編卷三百六十三云：「元豐八年十二月戊寅，禮部郎中蘇軾爲起居舍人。」案是月辛酉朔。元祐元年三月又遷中書舍人。續長編卷三百七十一云：「元祐元年三月辛未，起居舍人蘇軾免試爲中書舍人，仍賜金紫。」案王文誥蘇詩總案卷二十六卷二十七，於東坡仕履考證頗精，而失引長編，故終不能定爲何日。使后山詩作於改元之後，尚安得稱爲蘇禮部乎？淵注年譜，屢引實録，獨於東坡之由尚書省入起居院不肯一考，臆定爲元年之春始官禮部，深足怪也。凡古人詩文，一題分爲數首者，必係同時所作，今城南寓居詩第一首言踏水到門而以秋懷蓮字韻爲第二首，言入廟洗足，首尾相應，層次井然，則必同作於乙丑九月無疑。年譜以爲元豐七年或熙寧間作者皆非也。年譜於元豐六七兩年不言后山所在，至元祐元二年始注后山在京師，蓋以爲元祐以前未嘗入都也。以此之故，遂以城南爲在長安，造爲后山送妻子客關中之説。於秋懷詩明明作於元豐八年者，因有陳州門字，强移入元祐元年，不知后山之客汴京舊矣。其全集卷十三顔長道詩序曰：「元豐四年，邑子陳師道西遊京師，遂見夫子於北門。」此蓋后山入都之始。其卷八外集有九月十二日出善利門詩。案宋史卷八十五地理志，廣濟河下水門曰善利。原無水門二字，今增之。又卷九十四河渠志云：「廣濟河，自開封歷陳留、曹、濟、鄆。景德三年，内侍趙守倫建議，自京東分廣濟河，由定陶至徐州，入清河，以達江湖漕路。」然則出善利門，沿廣濟河，乃由東京往徐州舟行之路。當是元祐二年丁卯赴徐州教授任時所作。其詩有曰：「十載都城客，孤身冒百艱。去國吾何意，歸田病不關。」徐州，后山故鄉，教授冷官，可以躬耕，故云歸田。此後惟紹聖元年嘗一至京，赴部注官，見卷十四與魯直書。然必不甚久，暮年入都官正字，亦僅一年而卒。而此詩言十載都城客，故知必是元祐二年所作。自元豐四年至此纔七年，稱十載者，欲言其久客，故取盈數也。此七年之中，亦曾他去客游，並非一住七年也。故卷十五思白堂記曰：「元豐四年，余遊吳，其秋八月，就舍錢塘，明年而余北歸。」則四年之留京，不過數月耳。北歸之後，蹤跡不明，不知是否入都。惟自六年以後皆在京師，直至元祐二年而後去，則有明文可考。全集卷十三秦少游字序曰：「元豐之末，余客東都，秦子從東來，别數歲矣。」蓋秦觀以元豐八年登進士第，見秦瀛淮南年譜。故得相見於東都。然此特后山自紀其與少游久别重逢之時耳，非謂是年始客東都也。全集卷十三送邢居實序曰：「始吾來京師，得邢生，於時吾不爲今學，隱約俗間游居，解散族黨，不親生計，不顧世所好惡。如是者數歲，士之從吾游者去來紛然，生固自若也。元祐元年春，生從其親出守漢東，山谷内集目録次韻荅邢惇夫下注云：按實録，元祐元年正月起居舍人邢恕權發遣隨州。惇夫，恕之子也，侍親以行。於其別，請以言贈。」此文作於元祐元年，而言來京師已數歲，則其客東都必不始於元豐八年矣。序又曰：「始吾得生，年十五六，識度氣質，已如成人。」案宋史邢恕傳卷四百七十一姦臣傳云：「子居實，卒時年十九。」不言年月。晁説之嵩山集卷十九邢惇夫墓表云：「惇夫名居實，甫年二十而病不起，卒於元祐二年二月八日。」兩者不同，當以墓表爲正。案晁補之雞肋集卷三十三書邢惇夫遺藁云：「吾惇夫年未二十，文章便欲追逐古人。」説之亦載其語於墓表，不嫌其矛盾，蓋居實年雖及冠，而較其月日實未滿二十，故補之之詞如此，所以深痛之，與墓表言年甫二十本無不同，宋史未深考，遂以爲十九。任淵注山谷内集卷十四云「居實死時纔二十七」，尤不知其何所據也。以此推之，居實年十六歲，是爲元豐六年，后山已來京師，此其確實可信者也。黄庭堅豫章文集卷二十五陳師道字序乾隆乙酉宋調元刻本黄文節公集卷二十四題作字説曰：「噫！來，陳子，在汝後之人，則不我敢知，我觀萬世，未有困於母而食於舅，嬪息巢於外舅，無以昏晝，文章滿匝，士之號窮，屋瓦無牡，造物者報而天，無璧以爲牖，不病其傾，惟有德者能之。」本集卷一送外舅郭大夫槩西川提刑詩，係元豐七年所作，任淵目録注云：按實録，元豐七年五月，朝請郎郭槩提點成都府路刑獄。其辭曰：「丈人東南來，復作西南去。連年萬里別，更覺貧賤苦。王事有期程，親年當喜懼。注云：上句謂郭以之官不得留，下句自謂母老不得去也。畏與妻子別，已復迫曛暮。注云：「時后山妻子皆隨郭行，迫曛暮，謂明日遂當作別。」案讀此，知后山未嘗送妻子入蜀，年譜之說，出於杜撰。嫁女不離家，生男已當户。曲逆老不侯，知人公豈誤。」注云：后山以貧故，妻子常寄食槩家，異乎張負所以期陳平者，故有曲逆不侯之歎。案續長編卷三百三十四於元豐六年四月書詔差大理寺丞郭槩乘驛赴廣州勘轉運副使孫迥之獄，卷三百四十四元豐七年三月又書大理寺丞郭槩就江寧府劾陳繹罪狀，繹時知江寧府。槩兩年之間再奉使命，還朝未幾，復出官西川，故有首四句。至於曛暮之間，別其妻子，可見槩赴官之時，后山實身在京師，親送其行矣。蓋后山游吳歸後，家貧無以爲養，會其母舅龐元英官主客郎中，元英以元豐五年除主客郎中，八年八月罷，見所著文昌雜録自跋。妻父郭槩官大理寺丞，皆寓東京，遂於元豐六年挈家往依焉，且教授生徒以自給。外集全集卷八有寄邢和叔詩曰：「昔作梁宋遊，幽憂廢朝昏。閉門無往還，不厭兒女喧。」則其初猶與家人同居也。及七年槩出爲成都提刑，后山以母老不能從，乃使妻子隨槩入蜀，而奉其母寄食於舅家，身僦破屋以居，此山谷字序所以云云。后山亦自言解散族黨不親生計也，特未知所居卽城南否耳。至八年九月作秋懷詩，始屢言陳州門。太平寰宇陳州門者，汴京之東南門也。夢華録卷一云：「東都外城，東南則陳州門。」此門爲通陳州之大道。

記卷一云：「開封府，東南至陳州三百一十里。其城外村莊即謂之城南，非長安之城南也。」宋文鑑卷二十邢居實寄陳履常詩云：「昨日同袍友，今朝異鄉客。來時城南陌，始見梅花白。」此后山居城南之證。秋懷詩第四首云：「翩翩王公孫，館我翠微院。翠微院不可考，案長安志卷十二云：「縣南六十里翠微宮，元和中改爲翠微寺。」又云：「嚴福寺本翠微下院。」亦見宋張禮遊城南記續注中。疑后山因所寓佛寺在城南，故借用唐長安城南故事耳。到飯隨鐘魚，朝昏度黃卷。」則后山所居乃佛寺，故又有「潭潭光明殿」之句。王公孫，蓋指王直方。后山集卷十四與魯直書曰：「王立之遺人來相賙。」嵩山集卷十九王立之墓誌銘曰：「城南王立之直方，處城隅一小園中，上文有云：「立之雖有先人之園以居，衣食才自給耳。」視朋友疾病死喪，力竭勢窮而無厭倦意。彭城陳無己卒於京師，立之賻弔而割田十頃，宋詩紀事卷三十三引作十畝。以周其孤，多此類者。」當后山與山谷書時，方在徐州，書云：「紹元夏末，以例罷官，六年內無一錢之入。」又云：「無咎向過此，服闋赴貶所，相從數日。」故知爲元符二年家居時所作。直方不遠千里遣使往周其急，及后山卒，又割田以贍其妻子，其於后山，生死交情如此，故知元豐之末爲后山假館者必直方也。以其年少，元豐八年直方年十七家世貴顯，故稱爲王公孫。墓誌云：「立之高祖顯，祖仁，皆國史有傳。曾祖希逸，故任尚書祠部員外郎，直史館，贈司空。父棫，故任供備庫副使，贈金吾大將軍。」案顯官至樞密使，有列傳，在宋史卷二百六十八。仁無傳，不知何官，觀其贈父至司空，則官亦甚顯，俟再考。蓋直方有園在城南，憐后山無屋可居，故移以自近，以便隨時周給之耳。續長編卷四百八十六引邵伯温辨誣曰：「王棫，京師人，子直方。」山谷内集卷九有王才元惠梅花三種戲答詩云：「城南名士送春來。」才元，王棫字也。晁説之爲直方作墓誌，不言何處人，第稱城南王立之。后山謝王立之送花曰：「城南居士風流在，時送名花與報春。」見后山集卷十二。晁沖之具茨詩集每及立之，必稱城南，見和集津兄謝王立之、紅絲花寄王立之、感梅憶王立之、懷王立之。可見其地在當時甚有名。任淵於目録寄答王直方下亦注曰：「直方有園亭，在汴京城南。」是淵於城南之所在，非不知也，而獨於后山之城南寓居指爲長安，然則王直方父子之園亭亦在長安乎？晁補之雞肋集卷二十酬王立之送蠟梅詩曰：「水村映竹家家有，天漢橋邊絶可憐。」天漢橋，亦在城東南，夢華録卷一曰：「州橋，正名大漢橋。」大漢，乃天漢之誤。乾隆一統志卷百五十開封府下云：「天漢橋在府治東南，唐建州橋，宋改名。」王直方園蓋在其側。王鞏甲申雜記曰：「武臣王棫，居東京九龍廟側。」案文獻通考卷九十曰：「宋京城西南隅有九龍堂。」則直方似不住城東南。然九龍堂不知即九龍廟否？若令果是一地，則王氏園亭蓋在九龍廟與天漢橋之間也。夢華録卷六云：「陳州門外園館尤多。」楓窗小牘卷下同。以故家家有水竹。晁補之亦嘗寓城南，山谷内集卷六卧陶軒詩稱爲「城南晁正字」。后山以其地爲士大夫之所游處，而王氏居其間，尤爲閥閲世家，故以唐之城南韋、杜比之，任淵遂以爲客游關中之所作。其注卷二送張支使詩「憑將衰老事，一一報長安」，亦云：「長安，蓋后山舊游之地。」不知后山此詩乃在徐州送張支使回都之作，故欲張將己之近狀報知東京故人耳，而又以爲真指長安。夫詩人用典，豈可如此刻舟求劍。信如其説，則張舜民題岳陽樓詞之「回首夕陽紅盡處，應是長安」，見畫墁集卷四。亦指唐之長安耶？舜民又有賞心亭詞云：「千古斜陽，無處認長安。」以任淵之穿穴后山全集，用力甚勤，謬誤尚不免如此，況方回之於考證元非當行，提要亦往往信手繙閲，敷衍成篇，則其不能辨任注之是非，更從而附和之，固亦無足怪焉爾。至於贈二蘇公詩，任淵年譜以爲元祐元年作，方回以爲熙寧十年作，今考其辭有曰：「後生不作諸老亡，文體變化不可量。注云：謂熙寧間新學之弊。萬口一律如吃羌，妖狐幻人大陸梁。」又曰：「士如稻苗待公秧，臨流不度公爲航。如大醫王治膏肓，外證已解中尚强。探囊一試黄昏湯，一洗十年新學腸。」注云：「新學，謂王介甫經學也。」味其語意，確是元祐元年之作。蓋新學與新法不同，后山此詩先言文體變化，萬口一律，乃詆其學，非詆其法也。新法雖不合人情，然后山方爲處士，非所宜言；且自宣仁訓政以來，已次第更張之矣，無取乎草澤私議。惟新學之行，始於熙寧八年之頒三經新義，至是已十年有餘，朝廷猶用以取士，一時文體務爲剽竊穿鑿，后山之所甚惡也，故爲二蘇言之。宋史本傳曰：「熙寧中，王氏經學盛行，師道心非其説，遂絶意進取。」后山集卷十三送邢居實序曰：「士之不能自成，其患在於俗學。俗學之患，枉人之材，窒人之耳目。誦其師傳造字之説，從俗之文，才數萬言，其爲士之業盡矣。」又曰：「王氏之學，如脱墼耳，案其形模而出之，不待修飾而成器矣；求爲桓璧彝鼎，其可得乎？」此序作於元祐元年，序有云：「元祐元年春，生從其親出守漢東，於其別，請以言贈。」與贈二蘇公詩同時。觀其爲説若合符契，則其所以語二蘇者，論新學不論新法，斷可識矣。任注於「一洗十年新學腸」句略而不詳，蓋因已注於黄庭堅詩中也。山谷内集卷四有奉和文潛贈無咎篇末多見及詩，凡八首，任淵以爲元祐元年秋所作，見目録注。正與后山之詩相先後。其第二首略云：「解經用燕説，束棄諸儒傳。濫觴雖有罪，末派瀰九縣。」又第九首略云：「荆公六藝學，妙處端不朽。諸生用其短，頗復鑿户牖。」注曰：「初，熙寧六年三月，命知制誥吕惠卿修撰經義，以安石提舉，子雱同修撰。八年，所撰詩、書、周禮義成，送國子監鏤板頒行之。元豐三年八月，安石又上改定誤字焉。」案自熙寧二年罷詩賦及明經諸科，以經義及論策試進士，見宋史卷十五神宗紀。至八年，始頒行三經新義，其事不獨書於宋史，神宗紀：「熙寧八年六月己酉，頒王安石詩、書、周禮義於學官。」著於長編，卷二百六十五，同月日，中書言詩、書、周禮義欲以副本送國子監鏤版頒行，從之。卽王安石亦自言之。臨川集卷八十四書義序云：「熙寧二年，臣某以尚書入侍，遂與政，而子雱實嗣講事，有旨爲之説以獻。八年，下其説太學班焉。」其書既頒於學官，用以取士，或少違異，輒不中程，晁公武語，見郡齋讀書志卷一。士莫得自名一說，先儒傳注，一切廢不用，見宋史卷三百二十七王安石傳。學者至不能修詞屬文，或竊寫他人之書以干進，見續長編卷三百九十四。文體大壞。后山深所憤疾，故爲兩蘇誦言之，望以挽回風氣。方回不考其詞意，誤以爲論新法，是並文義尚未能解也。此雖提要所未言，然其說亦足以誤人，故不可以不辯。任淵於目録卷十二題明發高軒過圖下引王立之詩話云：「宗室士暕，字明發。后山作此詩，數月間遂卒。」提要據詩話實作數日無己卒以駁之。案王立之詩話卽王直方詩話，宋人書中引用甚多，當時必有刻本行世，然不見於明以來各家書目，四庫總目亦不著於録，則其書亡佚已久，修提要者安得見之。考宋詩紀事卷三十三引王直方詩話云：「無己謂余曰：『近宗子節使使余作一詩，挂名其間，得百千以爲女子嫁資，可乎？』余曰：『詩未成，則錢不可緩；詩既成，則錢不可來。』數日，無己卒，士暕贈以百縑。」提要蓋從此販稗得之而没其所出。又考詩話總龜卷十九引直方詩話，與紀事全同，惟「掛名」上有「皆」字，此衍文也。「緩」作「授」，「百縑」作「十縑」，此二字皆當從總龜。疑厲氏所據又出於此，但傳寫不能無脱誤耳。朱子語類卷百三十九曰：「陳后山題太白像、高軒過古詩，是晚年做到平易處，高軒過恐是絶筆。」蓋南宋所刻直方詩話實作數日無己卒，故朱子有絶筆之說。以余觀之，則作數月間卒爲是，而作數日卒者非也。無論魏衍所編次第係據后山親筆，若題高軒過圖後數日遂卒，不應更有送歐陽棐、晁端仁、王鞏三詩。卽就王直方所記者推之，亦可知其本作數月也。直方之意，以爲后山詩未成，士暕必不肯遽授以錢，若詩既成，則彼所求已得，勢將食言背信，錢亦不可得矣；既而詩成數月，錢竟不來，及后山病卒，士暕僅贈以十縑，所以傷后山之窮而歎人情之薄，己之所言，竟不幸而中也。若果如紀事所引，詩成纔數日而后山遽卒，士暕遂能慨然贈以百縑，則直方之言爲不驗，不免以小人之腹度君子之心矣，何爲筆之於書乎？提要不能尋繹其語意，翻謂校直方所録情事作數日爲是，其殆未之思乎？

別集類八 總目卷一百五十五

潏水集十六卷

宋李復撰。復字履中。先世家開封祥符，以其父官關右，遂爲長安人。登元豐二年進士，歷官熙河轉運使，終於中大夫、集賢殿修撰。其事蹟不見於宋史。洪邁容齋隨筆載其於蔡京、邢恕謀用戰車戰艦一事，上書排詆甚爲切直，而恨史傳之不能詳盡。

嘉錫案：洪邁記李復二事，見容齋四筆卷六，提要所敍復事，卽據邁所記，參之以本集，然特其大略而已。錢大昕養新録卷十四云：「嘉慶壬戌重陽後三日，訪佺山大令於雉城官署，竹汀年譜云：「嘉慶七年壬戌九月，至長興。」案長興縣北有雉山，唐初嘗置雉州。信宿東齋，於架上得此集，歎其學有本原，非蹈空逞辯者可比，而宋史不爲立傳，其事蹟遂無可考。今據集中可見者略言之，蓋以元豐二年登進士歸里。五年，攝夏陽令，又嘗爲耀州教授。元祐、紹聖間，官於潞州。元符二年，以朝散郎管勾熙河路經略安撫司機宜文字。崇寧初，累遷直祕閣，熙河轉運使。三年，改知鄭州，又改陳州。四年，移冀州，其秋，除河東轉運副使。其後嘗爲刑部郎官奉祠，又嘗知夔州，再任提點雲臺觀，終集賢殿修撰。其撰范恭人墓誌云：『熙寧二年，予生十八。』計其生年，當在壬辰。案壬辰爲仁宗皇祐四年。而集中又有賀皇太子登寶位表，則靖康丙午歲履中尚無恙，其壽已七十有五，不知終于何年也。履中家於長安，而自題趙郡，蓋舉郡望而言；又或自題東蒙，則未詳其故矣。」錢氏之說，視提要加詳，然其所據，亦無出於本集之外者，故不能知其所終。考樓鑰攻媿集卷五十二靜齋迂論序云：「靜齋，李君才翁自號也。才翁家長安，大父及與横渠、浮休諸公游，號潏水先生，文集行於世。多入陝西戎幕，曉暢邊事，腐夫握兵，以抗議不合，坐廢歲久。賊犯關中，賊字當原作金虜，蓋殿本以忌諱删改。年高且病，乃以爲舊德知兵，强起以守秦州空城，卒死于賊。此志士仁人之所痛也。其家避地，深入嶠南，父又卒于瘴鄉，禍患何可堪耶！」方回桐江集卷三讀潏水集跋曰：「長安李復，有潏水集刊於信州，晦翁屢稱之。予近得其集，論車戰及邢恕造舟黃河事，説易尤多可取，蓋早有聞於横渠者，未詳知其出處也。及讀樓攻媿集，謂潏水先生多入陝西戎幕，腐夫握兵，以抗論不合坐廢，則必忤童貫也。金虜犯關中，虜犯二字原闕，據皕宋樓藏書志卷七十八引補。年高且病，乃以爲舊德知兵，强起以守秦州，卒死於賊，則必靖康時也。有孫龜朋，字才翁，爲參政錢端禮之館客，端禮孫象祖之師，嘗魁流寓不仕，有迂論傳於世，居台州。」樓鑰言腐夫握兵，腐夫者，閹人也，出後漢書陳蕃傳論。論曰：若陳蕃之徒，與刑人腐夫同朝爭衡。崇寧四年正月，以童貫爲熙河蘭湟秦鳳路經略安撫制置使，見宋史徽宗紀。是爲貫握兵權之始。是年之秋，李復爲河東轉運副使，其後遂罷職奉祠。方回以復之抗論坐廢爲忤童貫，蓋是也；至謂復之死於秦州爲靖康時事，則大誤。靖康時金人未嘗犯關中，其犯關中在南渡之後。宋元學案卷三十一呂范諸儒學案內李復傳曰：「金人犯關中，先生已老且病，高宗以舊德强起之，知秦州，空城無兵，卒死於賊。」全氏卽本之攻媿集，而定爲高宗之時，斯得之矣。陸心源宋史翼卷八李復傳其末與學案同，自注乃謂參以建炎以來朝野雜記，考之雜記，實無其事。蓋陸氏卽本之學案，而誤以爲學案出於雜記，不知全氏明云「宋史不爲先生立傳，予讀樓宣獻公集始得之。」與雜記奚與哉！洪邁及朱子均不知復死於國難，樓攻媿始表而出之。若復者，行年八十，見危授命，可謂不負其所學，豈非攻媿所謂志士仁人之所痛也哉。然余詳考其事，乃甚有可疑者。宋史高宗紀及十朝綱要卷二十一均云："「建炎二年正月辛亥，金人陷秦州，綱要此下有本路二字。經略使李復降。」繫年要録卷十三亦云："「建炎二年二月，婁室官本改爲洛索。既陷同州，繫橋以爲歸路，西陷陝、華、隴、秦諸州，秦鳳經略使李復生降，陝右大擾。」三朝北盟會編卷一百十六記此事於建炎二年三月二十六日庚戌之下，雖無李復之名，然亦云「婁室殘長安，長安之陷在正月十三日。鼓行而西，跨鳳翔府泝隴，不浹旬，降秦州、垂頭、熙河，隴右大震。」夫秦州之降，必有率其民以降者，復正爲本路經略使，則降金者非復也耶？攻媿言復以金虜犯關中時守秦州，與諸書同，然諸書皆言其降，攻媿獨以爲死於賊，乃大不同。蓋諸書皆本於國史，國史所據爲當時之奏報，而攻媿則聞之於其孫龜朋，故不同如此。夷堅志支戊卷十云："「長安李履中復以元豐元年十月將適淮楚，維舟於宋都城下。旁舟中一客如世俗道人者，呼問其舟人云：『聞能知人過去未來，無一語失。』因此稱爲相翁。李遂召之，再三，始言曰：『君來年得官銓選，八年改官，預錢穀軍旅者二十五年；因論事得對，爲郎官，又爲主計官；當權者遷怒，枉退閑十餘載，晚悟性命之理。』將行，請記其語。語原誤氣。李漫録以贈之，果以次年時彦榜登第，所説升沈禍福多驗。官至中大夫、集英殿修撰。」此蓋原集中有贈相翁序一篇，今不存。容齋得而録之，故篇末不言聞之何人，所説李復升沈禍福，與本集及諸書所言皆合。但容齋不知李秦州殉節之事，卽相翁亦未明言。然所謂晚悟性命之理者，豈非隱示以知死生之有命，故能毅然死於國事歟？若其後竟頫首降敵，則不知命甚矣，尚得謂之能悟其理耶？且欲知其人之可否，當先論其人之生平。復博學能文，且曾與横渠游，早著忠鯁之名，非無廉恥之小人，建炎之際已是八十老翁，鐘鳴漏盡，本可不出，然竟出而當國難，是必籌之已熟，有必死之心，無幸生之意，然後挺身自任而不辭，何至强敵壓境，遽爾變節，稽首穹廬之前而不之恥，以延其旦夕之命也哉！是必敵至之時，復既老且病，不能自力，爲奸人挾之以降，復終不屈而死；而潰敗之餘，鄰封守將，聞逃卒之言，謂親見其降，亦幸有所歸過卸責，遂不暇審其是非，卽據以奏報云耳。所不可解者，復之子雖死於瘴鄉，不能明其父之忠，而其孫龜朋亦既居於台州，爲參政錢端禮之館客，端禮欲授之以官而龜朋力辭，見攻媿集。又欲爲刻潏水集，其敬之也至矣，何不以復死難之事聞於朝，爲之請䘏而錄其子孫，則復之忠節著，而龜朋之官亦可得，豈不勝於以門客奏官，爲龜朋所不屑受耶？不知何爲計不出於此也。豈以復死已三十餘年，端禮以孝宗隆興二年參政，乾道元年罷。秦州久陷於敵境，當時之事已無可質詢，故難言之，抑或已嘗言之，而爲給、舍之所論駁耶？是皆不可知也。姑著其説於此，亦疑以傳疑之意耳。

朱子語録亦曰：「閩人李復提要原注云：案復非閩人，此句或傳寫之誤。及識横渠先生。紹聖間爲西邊使者，博學能文，今信州有濡水集者，卽其文也。其間有論孟子養氣，謂動必由理，故仰不愧於天，俯不怍於人，無憂無懼，其氣豈不充乎？舍是則明有人非，幽有鬼責，自歉於中，氣爲之喪。此語雖疎，却得其大旨。近世諸儒之論，多似過高，流於老、莊而不知，不若此説之爲得也。」今觀是集，如謂揚雄不知道，謂井田兵制不可遽言復古，皆確然中理，其他持論亦皆醇正，不止朱子所稱一條。又久居兵間，嫻習戎事，故所上奏議，大都侃侃建白，深中時弊，亦不止洪邁所稱二疏。

案考之朱子語類，並無提要所引之語，此乃晦菴集卷七十一偶讀漫記之一條，同卷又有記濡水集二事一篇。提要不知從何處見之，而以爲此必出於語録，遂更不暇深考耳。朱子稱爲閩中人李復，「閩中」明係「關中」之誤。提要謂集中中理醇正者多，不止朱子所稱一條。案張横渠嘗言井田至易行，見經學理窟。復及與横渠游，而謂井田不可復古，其言正爲横渠而發。朱子語類卷九十八云：「安卿問横渠復井田之説如何，曰：這個事某皆不曾敢深考。」是則朱子之於井田，蓋疑而不敢定，故謹守不知蓋闕之義，李復斷然以爲不可復古，而提要稱其言爲中理，此非朱子之所敢言也。且朱子此篇題曰偶讀漫記，乃其平日讀書時之札記。夫既偶然讀之而漫然記之，則非總論其全集，何嘗謂其持論醇正者僅此一條哉？若夫洪邁之言，特因昔日修國史邢恕傳時，未見李復之疏，故書之不詳，今既見之，遂喜而録焉，亦非謂其平生建白祗此兩疏也。集本四十卷，乾道間嘗刻於饒郡，即朱子所謂信州本也，後散佚無存，談宋文者多不能舉其名氏。今從永樂大典裒輯編綴，釐爲一十六卷，著之於録，既以發潛德之幽光，且以補史傳之闕略焉。

案集以淳熙中刻於信州，提要乃謂乾道間刻於饒郡，初以爲必是用洪邁之語，然容齋四筆作於慶元三年，亦非乾道間。其記李復二事，第言比得上饒所刊潏水集，不言爲何時，提要此語不知何據？遂初堂書目有李履中潏水集，書録解題卷十七作四十卷，宋史藝文志不著於録。明危素説學齋集卷十潏水集序云：「潏水集四十卷，宋中大夫、集英殿修撰李公之文也。參知政事、觀文殿學士吳越錢忠肅公。從公之孫龜年、龜朋得公文集，將刻而傳之，不果。錢公之孫左丞相、成國公象祖，稱公學問淵原，文章爾雅，議論醇正，淳熙九年守信州，乃刻於公庫以成先志，今百七十年矣。素供奉翰林，始獲讀公全集，猶是賈丞相似道家本。廣信舒彬文質以書來言曰：『吾郡所刻潏水集僅存，而多所脱落，彬游京師，遂摹刻其書以來。』案以上下文觀之，舒彬祗是摹印其書以贈素，未嘗别爲鐫版，而言摹刻其書以來，義不可通，疑有誤字。彬又從儒學假舊藏本，補其闕以遺素，仍假翰林本校定。然彬與素皆貧，恨力不能完其版，姑序識之，使吾後之人知先正之文日就湮没，其難致如此，彬之高誼，詎可忘哉！」其題下紀年爲壬辰，乃元順帝至正十二年。然則宋淳熙間信州所刻之版，至元末猶存，尚可摹印，但已殘闕不完耳。明文淵閣書目卷九尚載有二部，一部四册全，一部五册全。内閣書目卷三亦云：「李潏水先生集五册全，宋神宗朝長安李復著，此以復爲元豐進士，故稱爲神宗朝。凡四十卷；又潏水先生集殘闕一束。」其後不知何時亡佚，終明之世不聞有重刻之本，幸修大典時嘗採其文。全祖望曰：「予從三館中得見永樂大典，則先生之集在焉，大喜，欲鈔之；而予罷官，遂不果。」見學案。至四庫館開，始得搜輯成書，誠可謂發潛德之幽光。惜乎未以聚珍版印行，不得與同時之毘陵、浮溪諸集並顯於世，猶缺典也。至近年，關隴叢書始爲刊行焉。

樂静集三十卷

宋李昭玘撰。昭玘字成季。宋史云濟南人。考昭玘籍本鉅野，殆嘗自署濟陰，而史遂誤濟南也。其集前後無序跋，不知何人所編。晁、陳二家書目及宋史藝文志皆不著録，葉盛菉竹堂書目有之而無卷數，惟焦竑國史經籍志載三十卷。此本凡詩四卷，徐州十事一卷，記一卷，傳序一卷，雜文二卷，書二卷，表三卷，啓狀七卷，疏一卷，青詞疏文一卷，僧疏二卷，進卷二卷，試館職策一卷，碑誌行狀三卷，與焦竑志合，蓋即竑所見之本也。

嘉錫案：書録解題卷十七云：「樂静集三十卷，起居舍人鉅野李昭玘成季撰。元豐二年甲科，所居有樂靜堂，故以名集，其姪邴漢老爲書其後。」提要稱其籍本鉅野是也。然考名賢氏族言行類稾卷三十五云：「李邴字漢老，濟州任城人，樂靜先生昭玘，其伯父也。」宋詩紀事卷二十八亦云：「昭玘，任城人。」然則宋史謂爲濟南人者固非，提要疑其自署濟陰，亦未是矣。通考卷二百三十七經籍考於樂靜集條下引雲龕李氏語，節録其序甚詳，序稱昭玘爲伯父，味其詞，知集卽邴所編也。宋史藝文志有李昭玘集三十卷，在張耒與晁補之之間。提要未能細考，竟謂陳氏及宋志皆不著於録，不亦誣乎？焦竑國史經籍志純由鈔撮史志而成，未嘗親見其書，提要詆之屢矣，此條忽又引以爲據，亦不知其何理也。

唐子西集二十四卷

宋唐庚撰。庚有三國雜事，已著録。讀書志、書録解題均載唐子西集二十卷，宋史庚本傳亦同，文獻通考則作十卷。此本乃明崇禎庚辰福州徐𤊹從何楷家鈔傳，國朝雍正乙巳歸安汪亮采所校刊，凡詩十卷，文十二卷，文末綴以三國雜事二卷，共二十四卷。前有鄭總、呂榮義及庚弟庾三序，又庚子文若書後，均不言其卷數。惟紹興二十一年鄭康佐序，乃稱初於鵝城得文四十五首，詩賦一百八十五首；續得閩本，文十二首，詩賦一百十有一首；又續得蜀本，文一百四十二首，詩賦三百有十首，屬教授王維則校讐，勒爲二十二卷，刻版摹之。則此本實鄭氏所刊，晁、陳諸目所著録者殆即所謂閩本、蜀本，故卷數不同歟。汪亮采序稱其論三國事，雖别爲撰著，亦史所稱精密之一。則三國雜事二卷爲亮采所增入，故又與二十二卷之數不符也。

嘉錫案：郡齋讀書志著録唐子西集實只十卷，衢、袁兩本皆同，衢本卷十九，袁本卷四下。直齋書録解題卷十七始作二十卷。通考經籍考之例，雖晁、陳並引，但於卷數不同者，多從晁不從陳，而此書乃作十五卷，見通考卷二百三十七。疑衍一「五」字。提要以爲晁、陳所載均二十卷，通考作十卷者，非也。考通志藝文略有唐子西集五卷，又别集三卷，宋史藝文志有唐庚集二十二卷，與晁、陳目及本傳又皆不同，提要亦失於引證。本集有太府寺丞鄭總序曰：「子西與余俱喜詞章，山川遠阻，則寄語酬唱，樽酒會面，則論文入微。」權發遣惠州軍州事鄭康佐後跋曰：「政和中，先君寺丞赴官潮陽，道出鵝城，謁國博唐公，一見傾蓋如平生。自是書札往來，無非論文評詩，未嘗以及俗事也，而道義之交，趣尚之同，先君固已序之矣。得唐公之文凡四十五首，詩賦一百八十有五首。」所謂先君寺丞，即鄭總也；鵝城，即惠州也。輿地紀勝卷九十九引舊圖經云：「傅羅縣北即鵝嶺，至今稱鵝城。鵝嶺即惠陽也。」案宋書州郡志云：「博羅，二漢皆曰傅羅。」據序跋之言，則鄭總所得唐庚詩文，乃其在惠州相見時及别後書札往來之所得，提要以爲皆康佐得之於鵝城，亦非也。跋又云：

「康佐承乏惠陽，暇日閱寓公集，蓋東坡先生與唐公謫居時著述也。唐公之文凡十二首，詩賦二百八十七首，較之吾先君所傳，頗有重複。既而進士葛彭年以所藏閩本相示，文凡五十六首，詩賦二百八十七首，較之所見稍加多矣；而篇秩殽亂，句讀舛訛，殆不可辨。未幾，又得蜀本於歸善令張匪躬之家，文凡一百四十二首，詩賦三百有十首，較之閩本益加多矣，而增損甚少，可以取正。遂屬教授王維則讎校，旁援博取，而唐公之文遂爲全編，因其名類，勒爲三十卷。」以上序跋，係就四部叢刊所印舊鈔本引用。吾嘗考之文津閣四庫本，其文略同，字句間有不同處，如趣尚作習尚，吾先君脱吾字，皆傳寫之誤。但以後跋爲序，勒爲三十卷，作勒爲二十二卷耳。陸心源儀顧堂題跋卷十二謂汪亮采先得徐興公二十卷本，又得鄭康佐本，重爲編次，遂改康佐跋以就之，其説是也。四庫卽用汪本著録，故其序亦同。提要乃以康佐官惠陽時所得庚詩文爲閩本，而於閩本之文五十六首、詩賦二百八十七首竟置之不言，顯與原跋不合。夫惠陽卽惠州也，此蓋當時相沿有此稱，實無此地名。其書安得謂之閩本，提要隨意删改，何其不撿之甚歟！

劉克莊後村詩話曰：「子西諸文皆高，不獨詩也。其出稍晚，使及坡門，當不在秦、晁之下。」文獻通考引劉夷叔之言，亦謂其善學東坡。今考庚與蘇軾皆眉州人，又先後謫居惠州，宜於鄉前輩多所稱述。而集中詩文，自聞東坡貶惠州一首及送王觀復序「從蘇子於湘南」

一句外，餘無一字及軾，而詩中深著微詞，序中亦頗示不滿。又上蔡司空書舉近代能文之士，但稱歐陽修、尹洙、王回而不及軾，又讀巢元修傳一篇，言蘇轍靳惜名器太甚，良以失士心，似庚於軾、轍兄弟頗有所憾。殆負其才氣，欲起而角立爭雄，非肯步趨蘇氏者，二劉所言，未詳考也。

按强行父唐子西文録云：「東坡赴定武，過京師，館于城外一園之中。余年十八，謁之，問余觀甚書，余云方觀晉書，卒問其中有甚好亭子名，余茫然失對，始悟前輩觀書，用意蓋如此。」何薳春渚紀聞卷六東坡事實内「觀書用意」條引唐子西語，其辭并同。王正德餘師録卷三亦引之，蓋卽采之文録。宋史庚本傳云：「卒年五十一。」宣和四年呂榮義序云：「先生死不一年，果有橐其文以來京師者。」陸心源三續疑年録據此以庚爲生于熙寧四年辛亥，卒于宣和三年辛丑，是也。以此推之，庚年十八，爲元祐三年，東坡方爲翰林學士，未嘗出都。至其出帥定武，乃元祐八年九月事，於時東坡年五十八，據王宗稷東坡年譜。何薳年十七，薳以紹興十五年卒，年六十九，詳見雜家類五春渚紀聞條下。庚年當二十三，而云年十八者，蓋行父追録之時記憶不真，薳亦失於不考也。然其言既出於行父與薳，則庚之及見東坡，固無可疑。特其年少於東坡三十五歲，平生僅匆匆一面，未能朝夕親炙，故劉克莊惜其生晚不及坡門耳。文録存者三十五條，其涉及東坡者凡八條，内有論居士集序一條，無東坡字。記黄門語一條，已過全書五分之一，不得不謂之多所稱述。如「六一堂」條，自言深有愧於東坡，「病鶴詩」條、「忠州潭」條皆盛推其詩，且云：「東坡詩敍事，言簡而意盡。」此二條亦見苕溪漁隱叢話前集卷四十二。又云：「余作南征賦，或者稱之，然僅與曹大家輩争衡耳。惟東坡赤壁二賦，一洗萬古，欲彷彿其一語，畢世不可得也。」此條亦見漁隱叢話後集卷二十八。其心悦誠服如此，何曾有負其才氣起而争雄之意哉？提要之言所以如此者，蓋不信文録，以爲僞作，而不知其非僞也。至於集中詩文稱述二蘇者實不甚多，此則時勢使然，非於軾、轍兄弟有所私憾也。蓋徽宗君臣深恨元祐黨人，而於軾、轍尤甚。崇寧二年四月詔毁三蘇、秦、黄等文集，見宋史徽宗紀。三年七月又毁蘇軾所撰碑刻。見十朝綱要卷十六。清波雜志卷五云：「淮西憲臣霍漢英奏，欲乞天下蘇軾所撰碑刻並一例除毁，詔從之。」庚生於斯時，安敢於文字中歌頌蘇氏，以自致鉤黨之禍哉。況庚受知於張商英，且以師禮事之，見卷十四上張觀文手書三。自稱門生，見同卷上張觀文所業書。商英固與蘇氏爲仇者，宜庚之不能不有所顧忌也。庚所上書之蔡司空，乃蔡京也。宋史宰輔表三云：「崇寧三年五月，蔡京自尚書左僕射加司空。」人非至愚，豈有譽蘇軾於蔡京之前以挑其怒者乎？提要以此爲疑，其亦未之思矣。其聞東坡貶惠州詩云：「元氣脱形數，運動天地内。東坡未離人，豈比元氣大。天地不能容，伸舒輒有碍。低頭不能仰，閉口焉敢欬。東坡坦率老，局促因難耐。何嘗與道俱，逍遥天地外。」影舊鈔本卷十七。味其言，蓋傷東坡以言語文字譏切當世，爲世所不容，而不欲明言，不得已，乃歸之於天焉。此太史公傳伯夷之意，亦卽李豸祭東坡文所謂道大不容，才高爲累也。其悲之也深矣，何嘗着一微詞耶。送王觀復序云：「説者謂涪翁在黔中，觀復以書相切磨，書上原空一格，一本作詩書，皆非是。涪翁奇之，相與反覆論難，因書柳子厚效淵明古體詩十數解示之，俾知昔人文章低昂疎密之節，疑其有得于此，是未必然。吾視觀復比來日益就道，以上影舊鈔多空格，據傅沅叔校本補。蓋更事愈多，見善愈明，少年鋭氣，掃滅殆盡，收歛反約，漸有歸宿，宜其見於文字者如此。吾何以知其然耶？人之精神，何與於琴，而幾動于心，則聲應乎指，自然冥合，有不可詰者，而況于文乎。文生于氣，氣熟而文和，此理之決然，無足怪者。蓋涪翁所告者法也，余所論者理也，告之以法而觀復又日進于理。今其歸也，自言從蘇子於湘南，過涪翁于宜城，宜城縣，宋屬襄陽府。任淵山谷内集目録云：「王蕃字觀復，至是會山谷於荆州。」所謂從蘇子於湘南者，非謂東坡，乃子由也。子由以元符三年二月量移永州安置，其四月移岳州，王觀復蓋嘗從之游耳。又將盡得其所謂法者，則觀復之于文，豈特如是而已耶！觀復其勉之哉！」卷二十七。何嘗有不滿之詞？且縱有不滿，亦不滿山谷耳，於蘇氏兄弟奚與哉？讀巢元修傳云：「吾聞子由立朝，謇謇有大體，然靳惜名器太甚，良以是失士心；比其敗也，士大夫詆之，又過矣。觀其書巢元修事，可勝嘆哉，可勝嘆哉！」卷二十八。夫稱子由謇謇有大體，是謂其有古大臣之風，譽之者至矣；靳惜名器，正見其公正無私，非憾詞也。士大夫因而詆之，此小人不得志者之所爲，庚昌言其過，所以罪熙豐之黨，爲子由鳴不平也。提要顧疑庚有所憾於轍，豈得爲知言乎？蓋作提要者未能論其世以知其人，故不曉庚立言之旨，徒見集中言及蘇氏者少，求其説而不得，遂從而爲之辭耳。實則庚之稱述蘇氏者，不止如提要所舉三篇已也。卷三有詩一首題爲乙未正月丁丑與舍弟棹小舟窮西溪，其詩有云：「樹從坡去無人識，水出山來帶藥香。」此蓋庚在惠州，因泛舟出游，而追懷東坡也。卷九書大鑒碑陰記云：「曹溪大鑒禪師碑，元和中柳柳州文，紹聖中蘇定武書，前長老辨公立石。至崇寧初，此碑坐累毁去，今長老和公更書而刻之。唐子曰，辨老以大鑒之道，柳州之文，定武之書，三法和合以成此碑，使喜書者因字以求文，好文者因詞以求道，其意以爲更相發明，而不知適足以相累。」紹聖初元，蘇軾方知定州，故謂之蘇定武。崇寧初，此碑坐累毁去，蓋指三年詔毁蘇軾碑刻事。庚此文頗贊東坡書法，故不稱東坡或子瞻而稱定武者，所以避時忌也。庚之小心畏慎如此，其敢時時弄筆形之頌嘆也耶！卷二十八書宋尚書集後各本作朱尚書誤云：「仁廟初號人物全盛時，而尚書與其兄鄭公，尚書謂宋祁子京，鄭公者其兄庠公序也。以文擅天下。其後鄭公作宰相，而尚書獨不至大用。元符二年，予典獄益昌，始得尚書所爲文，讀之粲然，東坡所謂字字照縑素，詎不信哉！」此皆稱述東坡者。提要乃謂自聞東坡貶惠州及送王觀復序「從蘇子於湘南」一句外餘無一字及軾，何其不檢之甚歟！

集中有別永叔詩一篇。考歐陽修没於熙寧六年壬子。宋史稱庚謫惠州，遇赦北歸，卒於道，年五十一，據集中黎氏權厝銘，其北歸在政和丁酉，上距熙寧壬子凡四十六年。是修卒之時，庚方五六歲，斷不相及。或他人所作誤入，抑別有字永叔者，如瘧疾示聖俞詩，乃其甥郭聖俞，而非梅堯臣也。疑以傳疑，亦姑仍原本録之焉。

案儀顧堂題跋卷十一影宋抄唐子西集跋云：「四庫據汪本著録，頗以詩中別永叔一首爲疑。案集中六一堂詩有「雖未及摳衣」之句，則子西不及見歐陽文忠明矣，安得有留別之作耶。今抄本作別句永叔，則別有句姓字永叔者，非六一公也。句爲蜀中大族，宋初有句中正，則永叔當爲子西鄉里。若非抄本僅存，千古疑團莫釋矣。」陸氏據六一堂詩斷其不及見歐陽修，可謂要言不繁，提要不知出此，而喋喋然考庚之生卒，已爲詞費，乃其所考又多謬誤。歐陽修没於熙寧五年壬子，非六年也。庚生於熙寧四年辛亥，修没之時，庚纔兩歲耳，非五六歲也。宋史文苑五卷四百四十三唐庚傳云：「商英罷相，庚亦坐貶，安置惠州。會赦復官承議郎，提舉上清太平宫，歸蜀，道病卒，年五十一。」東都事略文藝傳同。是庚明明卒於歸蜀之時，何嘗言其北歸卒於道哉？提要所引宋史不知何本，無乃記憶失真，未檢原書乎？

別集類九總目卷一百五十六

橫塘集二十卷

宋許景衡撰。景衡字少伊，温州瑞安人。登元祐九年進士。宣和中，召爲監察御史，遷殿中侍御史。欽宗卽位，以左正言召，累遷中書舍人。高宗朝，至尚書右丞，罷爲資政殿大學士，提舉洞霄宫，卒謚忠簡。事蹟具宋史本傳。景衡雖源出洛學，而立身剛直，不與賈易諸人囂爭門户。

嘉錫案：景衡卒於建炎二年五月，宋史本傳不言卒年，據建炎以來繫年要録卷十五。年五十七，則當生於熙寧六年。賈易之請逐蘇軾，事在元祐二年，見續長編卷四百四。景衡其時才十五歲。景衡亦不及元祐六年，易復劾軾，朝廷以易爲言事失當，與軾兩罷，見續長編卷四百六十三。景衡亦不過十九歲，已否受業程頤，尚不可知，卽令已游其門，然以區區年少書生，豈能遽與賈易同爲門户之争哉？提要忽無故將景衡牽入其中者，蓋以平時素惡宋學，尤不平於洛黨之攻蘇軾，今得一程門弟子之文集，見其中未嘗攻軾，遂欣然發此快語，而不悟其事實之相遠也，是亦不可以已乎？

其文章坦白光明，粹然一出於正。在徽宗時即極言財力匱乏，請罷花石綱運，爲王黼所中而去。及從高宗在揚州，又與黄潛善不協，借渡江之議，斥逐而死。雖阨於權倖，屢起屢躓，而始終不撓。今集中所存奏議，如論童貫誤國，辨宗澤無過，論王安石當自便，乞寬恤東南諸箚子，皆誠意懇摯，剴切詳明，其他亦多關係國家大計。雖當時不能盡用其説，而史稱既没之後，高宗每念其遇事敢言，追思不置，亦足見其忠愛之忱，有以感孚於平素也。

案景衡論童貫貪謬不可用，奏宗澤威名政事卓然過人，均爲本傳所采用。傳又曰：「建炎初，李綱議幸南陽，宗澤請還京，景衡乃請幸建康。黄潛善等素惡其異己，暨車駕駐揚州，怵於傳聞，（所謂傳聞者，謂或言信王榛在河北，有渡河入京城之謀也，見中興小紀卷二、建炎以來繫年要録卷十五。）不得已，下還京之詔，遂借渡江之議罪之，斥逐而死。既没，高宗思之曰：『朕自即位以來，執政遇事敢言，惟許景衡。』詔賜景衡家温州官舍一區。」提要此節即據以立説。今按三朝北盟會編卷一百十六云：「金人陷河北諸州，而攻京東、京西，許景衡以駐蹕揚州，恐有不測侵犯，請幸江寧，識者雖不以爲是，然亦不敢以爲不是。黄潛善、汪伯彦力阻之，遂以宫祠罷執政。景衡憂之，抑鬱而死。」又引林泉野記曰：「許景衡，字少卿。（此與宋史不同，疑誤。）建炎初，除尚書右丞。二年，金人陷河北，駸駸犯京東西，景衡請上幸江寧府，黄潛善、汪伯彦皆阻其議。未幾，以資政殿學士提舉洞霄宫卒。及虜入維揚，上方思其言。」林泉野記乃當時人所著，此言最得其真。其後至三年二月，猶駐蹕揚州，金人陷天長軍，内侍報金兵至，帝始被甲而馳，見高宗紀。其危可知。及至杭州，始思景衡之先見，悔不用其言，故以官舍賜其家。繫年要録卷二十云：「始右諫議大夫鄭瑴請幸建康，潛善等沮之，及是瑴從行，上顧曰：『不用卿言及此。』」又云：「集英殿修撰、提舉杭州洞霄宫衛膚敏入對。膚敏在維揚，數爲上言揚州非駐蹕地，請早幸建康，上思其言，復召入。」帝之追思景衡，亦若此而已，本傳第言高宗思其遇事敢言，是猶未達一間也。

至其詩篇，乃吐言清拔，不露伉厲之氣，如「玉樽浮蟻一樣白，青眼與山相對横」諸句，殊饒風調。宋史藝文志載横塘集三十卷，書録解題亦同。自明以來，傳本久絶。今從永樂大典採掇裒緝，以次排纂，釐爲二十卷。朱子語録嘗稱陳少陽事，其詳見許右丞哀詞中，今已不睹是篇，則鉅製鴻裁，佚者不少，其幸而存者，彌宜寶貴矣。

案朱子語類卷一百三十一論李伯紀事云：「許右丞作陳少陽哀詞，亦各見其出處。」又云：「陳少陽之死，黄潛善害之也，其詳見於許右丞哀詞中。」温州經籍志卷十九云：「朱子語録所記許右丞陳少陽哀詞，四庫提要指爲横塘佚文。攷周必大平園續稾十一跋歐陽徹哀詞，案平園續稾是跋歐陽徹遺事，非哀詞。謂陳少陽哀詞爲許崧老所作。案原跋云：「高宗皇帝卽位南京，宰輔專爲身謀，殺上書人鎮江陳東少陽，撫州歐陽徹德明，右丞許崧老既爲哀詞，其又抄少陽行狀授梁君世昌刻之。」崧老乃許翰字，翰建炎初亦爲右丞，原注云：翰，宋史三百六十三有傳。故朱子亦稱爲許右丞，非横塘作也。」余考語類卷百三十明云：「是時許崧老爲右丞，與伯紀善。」其後卽接敍許翰數事。故凡朱子之所謂許右丞，皆指許翰而非景衡也。宋史中二人同在一卷，翰傳云：「高宗卽位，用李綱薦，召復延康殿學士。既至，拜尚書右丞，兼權門下侍郎。時潛善奏誅陳東，翰謂所親曰：『吾與東皆争李綱者，東戮東市，吾在廟堂，可乎？』求去益力。」此翰所以爲東作哀詞也。周煇清波雜志卷五云：「陳東，頃年許右丞翰爲作哀辭。」汪應辰文定集卷十二亦有題許右丞翰作陳少陽哀詞，可以互證。提要移甲作乙，何其疏歟！

東窗集十六卷

宋張擴撰。擴字彦實，一字子微，德興人。宋史不爲立傳。江西通志載其崇寧中進士，授國子監簿，遷博士，調處州工曹，召爲祕書省校書郎，尋充館職，南渡後歷中書舍人，當有所據也。

嘉錫案：南宋館閣録卷七云：「張擴字彦實，鄱陽人，蔡薿榜進士及第。治禮記。紹興八年十一月，除著作佐郎；九年五月，爲祠部員外郎。」又卷八云：「張擴，建炎二年三月，除校書郎。」宋人避寧宗諱，張擴之名多改寫爲廣。其自著作佐郎以後遷轉，悉見建炎以來繫年要録，今亦不暇詳引，其卷一百四十六云：「紹興十有二年九月，起居郎張廣試中書舍人。」卷一百四十九云：「十有三年六月，中書舍人張廣提舉江州太平觀，坐朋附程克俊，克俊簽書樞密院事，爲言者所攻，是月罷政予祠。動摇國是，爲殿中侍御史李文會所劾也。或曰，中書舍人楊愿疑廣薄己，愬於秦檜，故因事斥之。」原注引有汪藻撰廣墓碑，今本浮溪集不載其文。江西通志蓋本之元、明人舊志，其時浮溪全集尚存，故能爲擴立傳耳。宋志載擴東窗集四十卷，又詩集十卷，而陳振孫書録解題不著於録，則在宋末已不甚傳。案書録解題卷十八云：「東窗集四十卷，中書舍人鄱陽張廣彦實撰。與吕居仁爲詩友，其在西掖，當紹興十一年。」當作十二年。云云。安得謂之不著於録乎？

其爲中書舍人時，所作制詞尤夥，其爲秦檜追贈祖父及万俟卨兼侍讀諸制，極詞諛頌，紕繆殊深。考王明清揮塵餘話稱擴爲著作郎，其兄祕書少監楚材新婚，約觀梅西湖，擴賦詩有「折歸忍負金蕉葉，笑插新臨玉鏡臺」之句，秦檜見之，大稱賞曰：「旦夕當以文字官相處。」遷擢左史，再遷而掌外制。是擴本因檜得進，故假草制以貢媚，其爲人殊不足道。

案揮塵餘話卷二第八十八條云：「張彦實，原注云御諱。番易人。子公參政案張燾，字子公，宋史有傳。大父行，有東窗集行於世。自知廣德軍秩滿造朝，除著作郎。秦會之當軸，其兄楚材爲祕書少監，約彦實觀梅于西湖，楚材有詩，彦實次其韻云：『天上新驂寶軸回，看花仍趁雪英開。折歸忍負金蕉葉，笑插新臨玉鏡臺。女堞未須翻角調，錦囊先喜助詩材。少蓬自是調羹手，葉底應尋好句來。』時楚材再婚，故及玉鏡臺事。會之見之大稱賞曰：『旦夕當以文字官相處。』遷擢左史，再遷而掌外制。」楚材者，秦檜之兄梓也。秦梓字楚材，見南宋館閣録卷七。梓爲檜兄，見繫年要録卷六，而宋詩紀事卷四十五，誤以兄爲弟。擴與梓唱和，故檜得見其詩。宋詩紀事卷三十七載此詩，題爲約兄楚材西湖觀梅次韻，其注中引揮麈餘話，於「其兄楚材」句上删去「秦會之當軸」一句，於是秦檜之兄變爲張擴之兄矣。讀書不細，致成巨謬。提要蓋卽從之轉引，而未考原書，遂又承其誤，皆可笑也。繫年要録卷一百四十一於紹興十一年七月禮部郎中張廣守起居舍人條下自注，亦引揮麈録此條，卽餘話。駁之云：「按廣，紹興九年自著作佐郎遷祠部員外郎，十年四月遷禮部，又陞郎中，今年七月遷起居舍人，十二月秦梓方除秘書少監，明年正月廣遷起居郎，明清蓋小誤也。」詩中稱梓爲少蓬，則實作於梓除祕少之後，於時擴已早爲起居舍人。蓋檜見詩未久，卽遷擴起居郎，而王明清謂其甫遷右史，故李心傳以爲誤，至其敍擴因和梓詩爲檜所賞而得遷擢，則固不誤也。

石林居士建康集八卷

宋葉夢得撰。夢得有春秋傳，已著録。夢得爲蔡京門客，章惇姻家，當過江以後，公論大明，不敢復噓紹述之焰，而所著詩話，尚尊熙寧而抑元祐，往往於言外見之。方回瀛奎律髓於其送嚴堦北使一詩論之頗詳。

嘉錫案：瀛奎律髓卷二十四選葉少藴送嚴堦侍郎北使詩一首，評曰：「石林葉夢得少藴，以妙年出蔡京之門。靖康初守南京，當罷廢，胡文定公安國以其才，奏謂不當因蔡氏而棄之，實有文學，詩似半山。然石林詩話專主半山而陰抑蘇、黄，非正論也。南渡後位執政，帥金陵，卜居霅川，福壽全備。此詩『楛矢石砮』、『毉閭析木』一聯佳，取之。案其詩云：「朔風吹雪暗龍荒，荷橐驚看玉節郎。楛矢石砮傳地產，毉閭析木照天光。傳車玉帛風塵息，盟府山河歲月長。寄語遺民知帝力，勉抛鋒鏑事農桑。」秦檜之和，雖萬世之下，知其非是，後四句含糊説過，無一毫忠義之氣，則猶是黨蔡尊舒，紹述之徒常態也。」方回之論，不過如此，未嘗言其石林詩話著於何時也。提要推廣回説，遂謂過江以後始著詩話，不知何所據而云然。考詩話卷中云：「元豐中，始建東西府於右掖門之前，崇寧末，蔡魯公罷相，始賜第於梁門外。大觀初，再入，因不復還府居。自是相繼何丞相伯通、鄭丞相達夫與今王丞相將明，皆賜第，援魯公例，皆於私第治事。」又卷下云：「五代王仁裕知貢舉，王丞相溥爲狀元，時年二十六，後六年，遂相周世宗。溥在位，每休沐，必詣仁裕從容終日。今王丞相將明，霍侍郎端友牓，案霍端友，崇寧二年狀元。南省奏名。時知舉四人，安樞密處厚，劉尚書彦修，與今鄧樞密子常，范右丞謙叔。吾亦忝點檢試卷官，鄧、范不唯及見其登庸，可以繼仁裕，且同在政府，則仁裕所不及也。」案王黼字將明，鄧洵武字子常，范致虚字謙叔。宋史宰輔表三云：「政和六年五月，鄧洵武除知樞密院事。重和元年九月，范致虚除尚書右丞。宣和元年正月，王黼自中書侍郎加特進、少宰，兼中書侍郎。二月，鄧洵武自守中書侍郎知隨州。三月，范致虚自尚書右丞遷左丞。」洵武之守中書侍郎，蓋以知樞密院兼守，未嘗去位。詩話言三人同在政府，而稱洵武爲樞密，致虚爲右丞，此爲全書之最末一條，知其卽輟筆於宣和元年正二月之間，距高宗之南遷尚在八年以前，惡得謂爲作於渡江之後乎？提要於詩文評類一石林詩話條下誤與此同，今附訂於此，不別論焉。

別集類十 總目卷一百五十七

雲溪集十二卷

宋郭印撰。印詩數百篇，散見永樂大典各韻中，皆題曰雲溪集，而宋史藝文志及諸家書目皆未著録。

嘉錫案：文淵閣書目卷九有郭印雲溪集一部，六册全。

惟厲鶚宋詩紀事載印爲成都人，政和中進士，而亦不詳其官爵，所録詩僅二首，一從全蜀藝文志摘出，爲遊大隋山詩，一從四川總志摘出，則即集中遊下巖寺詩是也。今案集中有雲溪雜詠小序，自題亦樂居士，且稱性嗜水竹，經營二十載，始得一畝之園云云，則雲溪乃其別墅之名。又有過銅梁縣云：「攝職臨茲邑，於今五十年。」又仁壽縣山齋詩云：「隨牒幾推遷，銅章領巖邑。」又次韻宋南伯云：「衰遲來作邑，勞苦劇萬狀。」則嘗累任縣令，晚始退居。又贈劉元圭詩有「今年歲八十」之語，則其齒亦躋上壽。觀所作養生歌及讀易諸詩，蓋有得於導引之術者。其交游最密爲曾慥、計有功等，皆一時博雅之士，則印亦勝流矣。特以其集久不傳，故録宋詩者遂罕稱述耳。今據永樂大典所載，分體編輯，釐爲十二卷。

案汪應辰文定集卷十五與陳樞密書云：「蜀中人才，有左朝散郎、前潼川府路轉運判官李燾，某近嘗以其學問行義具稟，必已仰徹鈞聽。蜀中監司郡守闕員，除已奏聞外，有左朝請大夫郭印，老成詳練，恬静有守，士論所推重，雖年垂八十而精力不衰，尚可用也。」此書蓋作於乾道二三年間陳俊卿同知樞密院時，(見宋史宰輔表四。)應辰方爲四川制置使。(見本傳。)李燾以前任漕使，其階官祇朝散郎，乃文官三十七階中第二十一階也。(見職官志九。)而郭印已積階至第十七階之朝請大夫，是其官資已高，故應辰舉充監司郡守，恐其以前不止縣令矣。

内簡尺牘編注十卷

宋孫覿撰。其門人李祖堯編，併爲之注。覿所撰鴻慶集，自三十七卷至五十卷皆書帖，然參校此本，時有不同，如此本與信安郡王孟仁仲帖二十二首，集本皆不載；集本四十六卷內有與孟仁仲郡王帖一首，復與此不符。又此本載與葉左丞少蘊帖一首，與集本第四十五卷所載與葉少蘊資政帖三首，三百四十六卷與葉左丞帖一首，亦復各別。蓋祖堯據手藁編之，故時有出入。至其注中，多取覿自著詩文以資考證，如第三卷與周表卿侍郎第五帖，注引覿集謝吏部侍郎兼權直學士表，集本乃無此篇；第七卷與常守徐計議第五帖，注引覿集常州資聖禪院興造記云：「清智大師普璿既至，始改號資聖。」集本三十一卷載此文，乃脱「清智大師」四字。

嘉錫案：繆筱珊年丈藝風堂文集卷七有孫尚書大全集跋云：「宋南蘭陵孫尚書大全集七十卷，不知何人所輯，較鴻慶居士集多出九百六十八首。明文淵閣書目始著於録，四庫只收鴻慶居士集四十二卷，然内簡尺牘編提要云覿所撰自三十至五十卷皆書帖，卽據大全集卷第，若鴻慶集只四十二卷也；又云第七卷與常守徐計議第五帖注引覿集常州資聖禪興造記在集本三十二卷，亦指大全集本，鴻慶集在二十二卷，則館臣之誤也。」今案提要本卷前一條，卽係鴻慶居士集四十二卷，至於所謂孫尚書大全集者，則四庫既未著録，亦不附存目，而本條忽引其四十五、四十六卷云云，將使讀者莫知其爲何書也。

藏海居士集二卷

案藏海居士集散見永樂大典中，題宋吴可撰。可事蹟無考，亦不知何許人。考集中年月，當在宣和之末。其詩有「一官老京師」句，又有「挂冠養拙」之語，知其嘗官於汴京，復乞閒以去。又有「往時家分寧，廿年客臨汝」句，及「避寇湘江外，依劉汝水旁」句，知其嘗居洪州，建炎以後，轉徙楚豫之間。又可别有藏海詩話一卷，亦載永樂大典中，多與韓駒論詩之語，中有「童德敏木筆詩」一條。考容齋三筆載「臨川童德敏湖州題顔魯公祠堂詩」一篇，其人與洪邁同時，則可乃北宋遺老，至乾道、淳熙間尚在也。集中所與酬答者，如王安中、趙令時、米友仁諸人，亦多南北宋間文士，元祐諸賢，風流未沫，故所存篇什無多，而大致清警，與謝逸、謝邁兄弟氣格相近，特其集既不傳，後之言宋詩者遂不能知其姓氏。厲鶚宋詩紀事搜羅至三千八百餘家，亦未之及，則其沈晦已久矣。今一一裒輯，析爲二卷，與詩話同著於録，俾不致終就湮没焉。

嘉錫案：吴可詩集，自明以後已不甚傳，致言宋詩者或不知其姓氏，固無足怪，然宋詩紀事實嘗録其詩，且著其里貫仕履甚詳，提要自不曾細檢，竟謂厲氏亦未之及，則誣矣。朱緒曾開有益齋讀書志卷五曰：「緒曾嘗覽元張用鼎金陵新志云：吴思道，金陵人，以詩爲蘇軾、劉安世鑒賞，官至團練使。宣和末，亟挂冠去，責授武節大夫致仕，詩思益超拔，寓新安，野服蕭然，如雲水中人，其高逸如此。於是思求其詩而讀之，及見厲樊榭宋詩紀事卷四十一，有吳可，字思道，金陵人，宣和末官至團練使，責授武節大夫，引孫覿所作汪彥章墓誌云，大璫梁師成用事，小人朋附，目爲隱相，武人吳可者，師成許以能詩，至出入卧內。公罷符寶，可過公，致師成意曰：『聞名久矣，幸不鄙過我，禁從可拱而俟也。』公謝不往，客曰：『吾曹望隱相之名，如在天上，召而不往，何故？』公曰：『若使我與可輩爲伍耶！』按見鴻慶居士集卷三十四。厲氏所載可仕履略同，又以孫覿小人，多詆訶清流，語不足據，而未敢臆斷也。復於鮑氏叢書得藏海詩話，又得文瀾閣傳鈔本藏海居士集，皆宋吳可撰。集中清涼寺小醉二詩，與厲氏所載同，然未敢謂卽金陵志之吳思道也。證以米元章寶晉英光集贈建康吳詩客云：『江上遲留臘破春，好詩時見賈參軍。年來覽遠多新句，難附江楓與海雲。』注，吳名可，字思道，金陵人。然後知金陵吳思道之卽吳可矣。又證以周紫芝太倉稊米集吳思道示藏海小集云：『文物風流數建安，嘉錫案：此以建安比元祐也。此生猶及見波瀾。清詩更遣何人到，餘子懸知一笑看。猶恐向來無鮑謝，謾勞當日話吳韓。朱氏引原注云：事見李姑溪跋尾，韓謂韓駒子蒼。知君有意分膏馥，老眼空驚白雪寒。』然後知藏海集卽金陵志之吳思道所著矣。朱氏自注云：周紫芝又有次韻吳思道贈姑溪道人詩。考藏海居士集題馬上元所藏趙墨隱畫淵明四詩云『馬卿辛白下』，又云『我家本北阜』，謝友人約居橫林云『懷土若爲家』，直瀆寄米元暉云『避喧端欲老三茅』尤爲金陵人之實據。又藏海詩話有少從榮天和先生學詩，榮天和居金陵清化市，與王松王莊陳角梳爲詩社事，則其爲金陵人灼然無疑。蓋反覆考核而後得之。伏讀四庫提要云吳可事蹟無考，厲鶚宋詩紀事亦未之及。蓋因厲氏雖有吳可名，而引孫覿語以爲梁師成黨，與藏海居士不類，故不從其說，益見當日纂修諸臣之慎，而厲氏宋詩紀事之疏也。孫覿獻諛金酋，汪藻醜詆李忠定，皆顛倒是非，混淆黑白之徒。藏海學本元祐，迨宣和末即挂冠，較之覿拜邦昌，藻頌秦檜，誠不可同年語。至於夤緣閹寺，乃孫覿之長技，奈何轉以之誣藏海耶？藏海生平，惟金陵新志爲最詳，厲氏不能引而引孫覿鴻慶集，幾使昔賢蒙謗千古，何其傎也。」朱氏門人吳繼曾跋其後云：「厲氏漫引孫覿，不深核是非，遂使吳師道之詩名不顯，吾師朱述之先生參互考訂，然後藏海之事蹟始著。繼曾又考魏慶之詩人玉屑引復齋漫録，韓子蒼喜吳可小詩『東風可是閒來往，時送江梅一陣香。』吳幵優古堂詩話亦云『方叔李廌喜吳可小詩』，云云，卽藏海集晚步詩中語。釋惠洪石門文字禪金陵吳思道居都城面城開軒名曰橫翠軒作詩贈之，李之儀姑溪集有寄題吳思道橫翠堂，卽橫翠軒。姑溪集又有跋吳思道詩、跋吳思道小詞，稱其咄咄逼人，近時人未易接武，妙處略無斧鑿痕，字字皆有來歷。曹勳松隱集、鄧肅栟櫚集皆有寄送吳思道之作，一時名流，無不推重。是以張邦基墨莊漫録、羅願新安志、陳起前賢小集拾遺皆有吴可思道詩，歷歷可證。藏海詩話中論孫詩『雁北還』，『還』字不佳，卽指孫覿；又言汪彦章『燈花聖得知』，少意味。嘉錫案，此乃吴可述韓子蒼之語。知孫、汪因論詩不合，因而造謗。厲氏見聞博洽，惜爲孫覿所惑，偶未及考，幾使高逸之士下儕鬙御。繼曾懼後人不察，無能補厲氏之闕，遂取藏海居士集、藏海詩話二書，合録諸木，亦金陵詩家之碩果也。」吴氏刊本今未見，蓋已燬。今按朱氏師徒以吴可爲其鄉先輩，故極力爲之表彰，所考亦殊詳備，足補提要之闕遺。若其譏厲氏不知引金陵新志，及謂提要因厲氏引孫覿語與藏海居士不類，故不從其説，又以吴可爲高逸之士，則皆非也。宋詩紀事所載吴可仕履，卽出於金陵新志，特紀事之例，凡小傳之所敍，以其來源不一，故於出處一概略去，全書皆然，不獨此一條也。使不見金陵新志，則吴可仕履，他書所未言，厲氏何以知其宣和末官至團練使，責授武節大夫，而乃言之鑿鑿也乎？至於提要之於厲氏書，實止取其目録匆匆翻閲，如走馬觀花，故不見吴可之名，更無論孫覿語矣。朱氏明知其誤，以其爲官撰之書，不敢指駁，故反言以見意耳。至於力辯吴可必不爲梁師成之客，以爲出於孫覿之誣，余嘗考之羣書，可實出師成之門，確鑿有據。今列舉之如右，以見學者欲尚論古人，當詳考其生平，不可以空言争也。姑溪集卷三十六有吴思道藏海齋記，其略云：「昔之隱者，非爲巖居穴處，與猿鳥居、麋鹿遊，然後爲隱也。峩冠垂緌，從容廉陛之間，可進否退，密勿君臣之際，而綽然有餘裕，夫是之謂能隱。東坡老人云：『惟有王城最堪隱，萬人如海一身藏。』信矣其能知隱者。吾友吴思道，寓都累年，其職事在祕殿，其所聞見，皆一時盛事，乃於所舍名之曰藏海，卓哉能師東坡之語，而知朝市之隱也。余與思道游久矣，一日謁告歸，余察其顏色，觀其詞氣，迨不類處嚴近而寓繁會者。一日舉如是，則豈特隱而已乎。憑凌八極，超出三界，不離座而照了一切矣。」讀此文，然後知所謂藏海居士，乃取東坡之語名其齋，因以爲號也。可本武人，而其職事在祕殿，藏海詩話亦自言從事禁中，之儀乃有可進否退密勿君臣之際語，則可蓋天子之親信與聞機密者，非僅泛然供奔走而已。揮麈後録卷六云：「李端叔之儀以才學聞於世，東坡帥定武，辟爲簽判，賓主甚懽。建中靖國初，爲樞密編修官，曾文肅薦于祐陵，擬賜出身擢右史，成命未頒而爲御史錢遹論列，報罷出國。後值范忠宣公疾篤，口授其指，令作遺表。蔡元長入相，與獄治遺表中語，端叔坐除名，編管太平州，會赦復官。蔡元長再相，受誣，又坐削籍。久之，其甥林彦振攄執政，門人吴可思道用事于時相子，訟其冤，方獲昭雪，盡還其官。」此亦吴可之遺事爲朱氏所未知者，必考知此時相子果爲何人，然後可之出處與其生平乃可得而論也。按宋史卷二百十二宰輔表：「大觀元年八月庚申，林攄自吏部尚書同知樞密院事，閏十月丙戌，除尚書左丞。二年九月辛亥，加中書侍郎。三年四月戊寅，出知滁州。」徽宗本紀並同據自初執政以至罷去，其時爲宰相者祇蔡京一人，然則吳可所用事之時相子，非京之子而誰？京子雖多，而能浮慕蘇、黄，喜與元祐人徒黨往還者，惟其季子絛爲然，鐵圍山叢談卷四自稱「范祖禹之子温與吾善」。此用吳可雪李之儀者，必絛也。京於之儀，害之唯恐不至，當其獨相之時而之儀獲昭雪，非其愛子與其死黨，宋史林攄傳云：「靖康元年，以京死黨追貶。」孰有此迴天之力乎？可既甘爲蔡絛所用，則其後來出梁師成之門，亦何足怪。宋趙彦衛雲麓漫鈔卷七云：「宣和中，陝西人發地，得木簡于瓮，字皆章草，内侍梁師成得之以入石；未幾梁卒，石簡俱亡，故見者殊鮮。吳思道親睹梁簡，故賦其祕古堂云：『異錦千囊更妙好，中有玉奩藏漢草。』榮次新，吳出也，得其模本示余。」由此可見吳可嘗得徧觀梁師成所藏之古物，且曾傳摹其討羌檄，其爲親密可知，此其所以能出入師成臥内也。羅願新安志卷七汪藻傳曰：「歷校書著作佐郎，符寶郎。故相王黼以太學同舍不相中，比當國，絀通判宣州。梁師成方用事，薦人多至大官，時號隱相，聞藻罷，使其客吳可通誠款曰：『服公名舊矣，幸過我，禁從可立得。』藻不往，或勸之，笑曰：『若欲使我與可等伍耶？』」此卽採之孫覿所作汪藻墓誌。覿固小人，洪邁在史館，請令具所聞見進呈，覿因得誣其素所不樂者，如李綱等，朱子有佞臣不可使執筆之歎，見語類卷百三十。其言誠未可盡據；然羅願者，朱子之所嘗稱重者，見晦菴文集卷三十五與劉子澄書。宋史卷三百八十羅汝楫傳云：「子願，朱熹特稱重之。」吳可之事，願既採以入志，孫覿之言必不盡誣。使其果誣，則輕信之責，願實任之，不當歸罪於厲鶚也。且可之爲師成作經紀，以鈎致當時名士，不獨此一事而已。三朝名臣言行録卷十二引劉元城言行録原無劉元城三字曰：「先是建中年間，公與蘇子瞻自嶺外同歸，道出金陵。時有吏人吳默者，以詩贄二公，子瞻稱之，跋數語於後，按此跋不見東坡集，蓋未存稾，惟續集卷四有與吳秀才書簡云：「留示珠玉，正快如九鼎之珍，徒咀嚼一臠，宛轉而不忍下咽也。早晚過金陵，當得款奉。」不知即此人否？公亦題其末以勉其學。案金陵新志謂吳思道以詩爲蘇軾、劉安世鑒賞，即指此也。是後内侍梁師成得幸，自謂子瞻遺腹子，與一二故家稍稍親厚，默知其説，因攜二公所跋詩謁之，梁甚悦，奏之以官。至宣和間，梁益大用，以太傅直睿思殿，參可三省樞密院事，貴震一時，雖蔡京、童貫皆出其下。是時默改名可，爲正使，師成令可自京師來宋，欲鈎致公，引以大用，且以書抵公。可至，道所以來之意，大概以諸孫未仕爲言以動公，公謝曰：『吾若爲子孫計，則不至是矣。』乃還其書而不答。」此所引元城言行録，晦庵集卷八十一有跋，不言爲何人所著。宋史藝文志傳記類著録於胡珵道護録之下，道護録亦記劉安世事，三朝名臣言行録曾引之。名劉安世言行録，不著姓名，所記吳默爲梁師成鈎致安世事，陳均九朝編年備要卷二十九及宋史劉安世傳皆採用之，但不言默改名可耳。陳均書又出於李燾續通鑑長編。汪藻之與劉安世，固不可年日而語，然可之爲師成説安世，與其所以説藻者何以異？而大儒著書，史臣修史，莫不據爲實録，可爲權閹之私人，無可疑者，此豈孫覿所誣耶？欒城集卷九有絶句二首，題爲送吴思道道人歸吴興，此道人蓋即吴可，觀其以儒生而入道，以文士而爲武弁，無非投合時好以求進身，其品行可想。朱氏師徒博引羣書，竟不能知可之生平，獨據金陵新志之言，稱其高逸，屑屑然爲之辯誣，可如有知，亦將竊笑於地下矣。藏海居士集卷上有七古一首，題曰故人來自春陵出示初寮翰墨感時懷舊輒爲長句。案王安中，字履道，號初寮。宋史安中傳曰：「靖康初，責象州安置。高宗即位，内徙道州。」道州是春陵故地，見元次山集卷四春陵行序。知爲安中作也，其詩略云：「先生視草白玉堂，文章一出自名世。艮岑夜召趨神霄，憐我婆娑百僚底。紫禁歡傳拜左轄，案謂尚書左丞。漫刺走賀城南第。羸僮瘦馬堂階下，歎我麤官殊少味。驚聞一麾出燕山，旆旌遽下雲漢間。睿思官曹方顧寵，笑我翻然歸掛冠。」安中傳曰：「政和間，擢御史中丞，遷翰林學士，又遷承旨。宣和元年，拜尚書右丞。三年，爲左丞。金人來歸燕，謀帥，安中請行，授慶遠軍節度使、河北河南燕山路宣撫使，知燕山府。」詩中所言悉與傳應，而可之仕履亦因以益明，如言安中官翰林時，己尚婆娑百僚之底，知政和間可尚爲小官。及宣和三年安中遷左丞，可蓋已官團練使，故有麤官之句。唐薛能官節度使，有謝劉相寄天柱茶詩云：「麤官寄與真抛却，賴有詩情合得嘗。」可蓋以唐之團練使，與節度使同爲方鎮，故用以自況。其所給事之祕殿，則睿思殿也。玉海卷百六十云：「熙寧八年，造睿思殿。哲宗以先帝所建，不敢燕處，乃卽殿後爲宣和殿。徽宗以睿思爲講禮進膳之所，就宣和燕息。」宋會要第一百八十七册方域一略同。東京夢華録卷一大内條云：「内書閣曰睿思殿。」詩中已明言之。梁師成嘗領睿思殿文字外庫，徽宗徽宿於外，則師成入處殿中，凡御筆號令批答，率命其徒以自代，見三朝北盟會編卷三十二，與宋史師成傳小異。可本以師成薦得官，故引以自近，使供代筆之役耳。王安中者，亦師成之黨也。揮麈餘話卷二云：「王履道自大名府監倉任滿，至京師，茫然無所向。會梁師成賜第初成，履道徑入，就其新堂大書歌行以美之。師成讀之大喜，薦之於上，不數年登禁林，入政府，基於此也。」夷堅志支丁卷十則云：「王履道到京師，除宗子博士。居封丘門内一寺，或曰：『寺外某秀才乃梁太傅客，梁令渠延納士大夫之賢者，勿惜一訪之。』王卽與偕往，秀子邀入小齋，見列書畫數十卷軸，悉爲跋識其尾而退，秀才立馳馬造梁第示之。次日，有旨除佐著作，蓋梁已因上直薦之矣。」所言與揮麈録不同，而其爲梁師成所薦則一，所謂某秀才者，或卽吳可耶？鐵圍山叢談卷六亦云：「政和以還，侍從大臣多奴事諸璫而取富貴。王右轄安中亦事師成，安中在翰院，凡草師成麻制，必極力作爲好辭美句，褒頌功德，時人謂之王内相上梁師成啓事。」安中之爲人如此，其爲師成草制事，東都事略梁師成傳亦具載之，則非蔡絛一人之私言也。安中附和童貫、王黼，贊成復燕之議，又身自請行，規措失當，招納叛亡，挑釁强鄰，禍貽宗社，以上數句，用四庫總目初寮集提要語。誤國之罪，不可勝誅。當可作詩之時，公論已明，安中罪狀已著，詩中乃歸美之不遺餘力，其末句曰：「幾年中興要賢俊，頗懷仲父安東晉。」直比之爲江左夷吾，可謂無是非之心矣。藏海集卷下又有贈秦楚材七律一首。楚材名梓，宋史卷三百八十六金安節傳云：「秦檜兄梓，知台州，安節劾其附麗梁師成，梓遂罷。」建炎以來繫年要録卷六云：「梓，檜兄也。宋詩紀事卷四十五誤爲檜弟。政和中，傅墨卿使高麗，梓以傔從。案張守毘陵集卷十六有送秦楚材使高麗詩二首。及還，用梁師成薦，徑赴御試，遂除學官。」其人出身寒微，亦可之流亞，而得以科第起家，藉其弟之勢以取富貴，梓仕履詳見繫年要録。遭際乃過於可，然以同出師成之門，故可所贈詩，諛頌其兄弟亦甚至，是其老不知悔，始終惓惓於閹黨，可以想見，高逸之士，顧若此乎？可之罷官也，據其詩中自敍，似卽在王安中出守燕山之時。然金陵新志云：「吴思道官至團練使。宣和末亟掛冠去，責授武節大夫致仕。」按宣和紀元凡七年，安中之帥燕山，事在五年正月，見宋史徽宗紀。不得便謂之末。且掛冠云者，卽辭官也，凡宋人辭官，或乞宫觀差遣，或致仕請閒，此在平時，或許或不許，無因以責降者，惟當艱難之際，朝廷有所任使，而畏難懼禍，託詞規避，始有得譴者耳。宣和之末，夷狄交侵，正多事之秋，吴可之降官，其以此耶？若果如此，則是貪生怕死，不忠之大者，非真能急流勇退，敝屣一官也，惡得謂之高逸耶？然其時梁師成方用事，力足以生死禍福人，可之得罪，師成何以坐視不救？考宣和七年四月，蔡絛以罪落職勒停，見宋會要第一百册職官六十九，及十朝綱要卷十八、續長編紀事本末卷百三十一。朝士坐絛黨責降者十餘人，見宋會要。案宣和五年九月，絛亦曾以撰西清詩話勒停，但未治其黨人。可嘗爲絛所用，疑其懼而求退，爲言者所劾，遂亦被責。時徽宗方甚怒京、絛父子，是年四月壬子，詔追毁蔡絛賜出身敕。庚申，命蔡京致仕，丁卯，絛勒停，見十朝綱要。故師成噤不敢言耳。可强辭自飾，詭稱掛冠，金陵新志因而書之，朱緒曾師弟謂爲信然，遂極口爲之辯冤，皆不考之過也。可詩尚未成家，其人亦非元惡大憝，本不足深論，特以政、宣之際，書闕有間，知之者寡，吾之著書，欲誅姦諛於既死，不得不貶纖芥之惡，故藉吳可之事以發之，庶使讀者知凡人立身一敗，萬事瓦裂，雖有文章傳世，猶不足以自贖云爾。

郴江百詠一卷

宋阮閱撰。閱字閎休，舒城人。趙希弁讀書附志稱其建炎初以中奉大夫知袁州，其事蹟則未詳也。所撰有菊隱集，今佚不傳。此郴江百詠，則其宣和末知郴州時作也。

嘉錫案：勞格讀書雜識卷十一嘗考閱之事蹟云：「古今萬姓統譜八十一阮閱字閎休，建炎元年知袁州。初至，訟牒繁，閱乃大書『依本分』三字，印榜四城牆壁，郡民化之，不踰旬訟訴稀息，乃榜西廳爲無訟堂，爲袁民雪插筆之謗。案此不知所謂後致仕，寓居宜春，吟諷自適，撰詩總行於世。又阮美成，舒城人，元豐中進士，知巢縣，爲政豈弟，喜吟咏，時號阮絶句。能改齋漫録十七：龍舒人阮閎，字閎休，能爲長短句，見稱於世。政和間官於宜春，妓有趙佛奴，籍中之錚錚也，嘗爲洞仙歌贈之。阮官至中大夫，累任監司郡守。他詞皆類此。方輿勝覽十九阮閎詩，又四十八阮户部東西關詩，又二十五阮美成詩，即郴江百詠。又二十五張浮休百詠詩序。詞綜三十八巢令君阮户部詞一卷。王昶云「履貫未詳」。嘉錫案：皕宋樓藏書志卷一百十九有此書，汲古閣影宋本，題松菊道人。趙希弁讀書附志：「總龜先生松菊集五卷，右阮閎之詩也，建炎初以中奉大夫知袁州。」勞氏又云：「以諸書參考，則阮閲、阮閎、阮美成、阮户部，及知巢縣、袁州者，俱即一人。但閎、閲二字，未知孰是。」勞氏所考甚詳，誠足補提要之闕，然未盡也。據宋徐光溥自號録：「阮閲，號散翁。」夷堅丙志卷十五云：「户部員外郎阮閲，江州人，宣和末爲郴州守。」輿地紀勝卷二十八云：「袁州無訟堂，太守阮閲有記。」又云：「保安院，在南門外二里，有浮圖七級，郡守阮閲作記。」又云：「阮閲建炎元年知袁州，作無訟堂。」又卷五十七云：「阮美成名閲，政和中在郴州。案郴州百詠序，自言官于郴三年，序末題宣和甲辰，乃宣和之六年，不應政和中已在郴州。政和蓋宣和之誤。喜吟詠，號爲阮絶句，今阮户部詩集是也。事見合肥志。又閻孝忠有寄郴州阮户部詩。」程俱北山小集卷一有古釣臺歌送阮閲休美成沿檄浙東。以此諸書參互考之，阮户部當名閎，字閎休，一字美成，其作阮閎字閎休者，皆傳寫之誤也。

雙溪集十五卷

宋蘇籀撰。籀有欒城遺言，已著録。考蘇、黄二家，並隸名元祐黨籍，南渡以後，黄氏雖承藉先澤，頗見甄録，而家學殆失其傳，惟其孫𤘽依附朱子之門，得以挂名於語録。朱子於蘇氏兄弟攻擊如讐，而於庭堅無貶詞，𤘽之故也。

嘉錫案：提要於山谷集條下已云：「年譜二卷，庭堅孫𤘽撰。𤘽從學於朱子，朱子於元祐諸人，詆二蘇而不詆庭堅，𤘽之故也。」今復見於此條，蓋重言以申明之耳。考葉適水心集卷十七黄子耕墓誌銘云：「子耕名𤘽。黄氏自金華遷分寧，給事中廉，曾祖也；户部尚書叔敖，祖也；朝散大夫㙯，父也；太史庭堅字魯直者，從祖也。」𤘽所著山谷年譜適園叢書本卷一於夷仲叔父幼子晬日詩題下注曰：「夷仲諱廉，終於給事中。幼子諱叔敖，字嗣深，終於户部尚書。」以此考之，則叔敖乃山谷之從父弟，而𤘽乃叔敖之孫，於山谷爲族孫，非其孫也，提要誤矣。墓誌云：「子耕不自是家學，挈從郭子和、朱元晦甚久。」然則𤘽惟不以家學自滿，始進而受業朱子之門，提要乃以黄氏之家學失傳爲惜，人之所見不同，其言遂相反如此。𤘽與庭堅，其爲親屬，亦已疏矣，若謂朱子因其族孫在我門下，故雖平居議論亦不欲指其族祖之過失，此則不知何所據而云然。語録卷一百三云：「東坡如此做人，到少間，便都排廢了許多端人正士，却一齊引許多不律底人來。如秦、黄雖是向上，也只是不律。」原注云：「因舉魯直飲食帖。」又云：「東坡只管罵王介甫，介甫固不是，但教東坡作宰相時，引得秦少游、黄魯直一隊進來，壞得更猛。」又云：「富鄭公初甚欲見山谷，及一見，便不喜，語人曰：『將謂黄某如何，元來只是分甯一茶客。』富厚重，故不喜黄。」又云：「黄山谷慈祥之意甚佳，然殊不嚴重，書簡皆及其婢妮，艷詞小詩先已定以悦人，忠信孝弟之言不入矣。」又云：「山谷使事多錯本旨，如作人墓誌云『敬授來使，病於夏畦』，本欲言皇恐之意，却不知與夏畦相去闕甚事。」又卷百四十云：「如近時人學山谷詩，然又不學山谷好底，只學得那山谷不好處。后山雅健强似山谷，然氣力不似山谷較大，但却無山谷許多輕浮底意思。山谷善敍事情，若散文則山谷大不及后山。后山、山谷好説文章，臨作文時又氣餒了；老蘇不曾説到，下筆時做得却雄健。」又云：「字被蘇、黄胡亂寫壞了。」又云：「山谷不甚理會得字，故所論皆虚。」又云：「魯直論字學，只好於印册子上看，若看碑本，恐自未能如其所言。」又云：「字法直黑内，黄魯直論得元甚，然其字却且如此。」又云：「黄魯直書，自謂人所莫及，自今觀之，亦是有好處，但自家既是寫得如此好，何不教他方正，須要恁欹斜則甚。又他也非不知端楷爲是，但自要如此寫，亦非不知做人誠實端愨爲是，俱自要恁地放縱。本朝如蔡忠惠以前，皆有典則，及至米元章、黄魯直諸人出來，便不肯恁地。要之這便是世態衰下，其爲人亦然。道夫言，（道夫姓黄，朱子弟子。）尋常見魯直，亦説好話，意謂他與少游諸人不同，曰，他也卻説道理，但到做處，亦與少游不爭多，他一輩行皆是恁地。」如此諸條，於庭堅之爲人及其文章書法，皆深致不滿，安得謂之無貶詞耶？或者曰，提要之意，蓋以朱子所著雜學辨（見文集卷七十二）及與人問答書，多攻擊二蘇之語，而未嘗及黄氏，所謂於庭堅無貶詞者，乃專指文集言之，語類不與焉。應之曰，雜學辨所攻擊者蘇軾之易解，轍之老子解及古史也，庭堅自詩文集外無此類著作，安得無的放矢。至於與人書札，當隨其所問以爲之答，亦或語及乎此而後牽連以及之。朱子之書多論學與政，而少論詩，（惟文集卷六十四答鞏仲至書多論詩之語。）即或論詩，亦不及山谷，蓋朱子固嘗謂山谷詩精絶自成一家，又言山谷詩忒好了，（均見語類卷百四十。）自不得而譏議之也。總之朱子之於山谷，雖惡其輕浮放縱，而亦歎其忠賢，（見文集卷八十四跋山谷宜州帖。）稱其孝友，（此語類卷百三十論東都事略語。）可謂惡而知其美者。此亦如其論東坡，雖攻擊甚力，而亦常常贊美不容口，（語類中隨處可見，不獨東塾讀書記卷二十一所舉諸題跋而已。）所謂夫言豈一端而已，夫各有所當也。若如提要之言，因㽦之及門而後於庭堅無貶詞，則試問兩宋名流，其學與朱子不同而未被譏貶者亦已多矣，豈皆有子孫北面稱弟子，念其通家之誼而然耶？

斯言也，其爲謬妄，亦已甚矣。

然嵤之著作，惟宋史藝文志載有復齋漫稾二卷，世無其本，文獻通考已不著録，宋人亦無稱述者。文章一道，殆非所長，惟籀以蘇轍之孫，蘇遲之子，尚有此一集傳世，爲能不墮其家風。

案水心集卷十二黄子耕文集序曰：「豫章黄子耕，少所樹立，便入高人勝士之目，不獨先世爲重也。詩文似太史，有洪州九詞、五溪十談，與指予奪之微，追古人而過今人矣。」又墓誌銘云：「天下盡宗太史詩，外夷殊域，皆稱江西。子耕澄潤明澈，雅服纖藉，纖塵點俗，揮絶限域，人謂喚起魯直矣。讀其詩詞，如逗幽薄，超高丘，宇宙奇曠，風露綽約，人又謂非子耕所能，魯直遺墨，散落收拾未盡爾。」葉適老於文學，爲一時宗主，觀其著作，蓋不妄毁譽於人者，而贊美嵤之詩文如此，其稱之也可謂至矣。提要乃謂宋人無稱述嵤者，然則葉適非宋人歟？嵤之文集蓋已早亡，故其所作存者甚鮮，惟嘉定赤城志卷五録其題桃源詩一首，厲鶚據以採入宋詩紀事卷六十六，天台續集别編卷五録其遊石橋二絶，厲氏未收，陸心源始採入宋詩紀事補遺卷七十。雖一鱗半爪，未足以盡見其才，然謂文章一道非其所長，則妄也。

獨是軾、轍之爲偉人，不僅以文章爲重，其立身本末，俱不愧古賢。籀此集中乃有上秦檜二書，及庚申年擬上宰相書，皆極言和金之利，所以歸美於檜者無所不至，不免迎合干進之心。又雜著中別有進取策一篇，復力言攻劉豫以圖金，前後議論，自相矛盾。蓋皆揣摩時好以進説，小人反覆，有愧於乃祖實多，轉不如黃㽦之无咎无譽矣。

案吾嘗卽籀之文章以考其生平，知其爲人薰心富貴，惟利是視，故獻媚權奸，求爲賣國牙郎而不可得，此蘇氏之不肖子孫，雖有文集傳世，曾何足道。提要既已明著其罪，乃無故牽引一案外之黃㽦，與之互相考校，此何爲者耶？㽦卒於嘉定五年，年六十三，見墓誌。蓋生於紹興二十年。籀年十餘齡，侍其祖轍於潁昌者凡九年，見欒城遺言。轍卒於政和二年，則籀當生於元祐中，齒長於㽦者幾六十歲，平生毫無交涉，猶風馬牛之不相及也，豈可因其先世齊名，遂視爲一輩人耶？蓋提要深惡宋儒，蹈隙輒發，因㽦爲朱子弟子，恨其不作詩而講學，故乘機揶揄之。至於㽦之爲人畢竟何知，不暇問也，只顧借題發揮，聊以快意而已。尚論古人，當如是乎？案㽦，宋史卷四百二十三有傳，卽本之葉適之墓誌，敍其居官治績云：「勾外知台州。謝良佐子孫居台者，既播越流落，㽦求之民間，收而教之，勤苦夙夜，先勸後禁，訟牒銷縮，郡稱平治。爲濟糶倉，爲抵當庫，葬民之棲寄暴露者，爲棺千五百，置養濟院，又剏安濟坊以居病囚，皆自有子本錢，使不廢。故葉適謂㽦條自建置，憂民如家。」蓋適爲㽦所作文集序云：「出守天台，一錢細碎皆籍之，條目建置，爲窮人衣食居處計，輒費千萬。人但言其能憂民如家，不知其家事落拓不理，未嘗自憂也。」故本傳引以爲信。陳耆卿嘉定赤城志卷九郡守表，於嘉定三年黄嵤名下注云：「豫章人，興利起廢甚衆。」由是觀之，嵤以名儒而兼循吏，卓然有所建樹，爲人若此，亦足以傳矣。而提要謂之无咎无譽，不知須作何等人，始可致聲譽，豈必能作五七言詩，謿弄風月，乃得知名耶？且卽以詩論，葉適嘗謂嵤所作爲喚起魯直，則亦不得謂之无咎无譽也。夫不考其人之生平而輒論其是非，此如盲人之道黑白，徒足令人啓齒耳，後之學者，尚其慎之。

少陽集十卷

宋陳東撰。東有靖炎兩朝見聞録，已著録。其文集宋志不載，書録解題亦不載。據載埴鼠璞，載張浚奏胡珵筆削陳東書，追勒編置，蓋以浚爲黄潛善客，珵爲李綱客，故借此去之，云云，則東死以後，尚牽連興鉤黨之獄，宜無編輯其文者。元大德中始有刻本盡忠録，凡八卷，編次頗嫌錯雜。續刊於國朝康熙中者曰少陽文集，凡十卷，前五卷皆東遺文，後五卷則本傳、行狀及他書論贊也。

嘉錫案：魏了翁鶴山先生大全集卷五十四有陳少陽文集序，其略云：「余嘗與李忠定之孫大有爲友，得其家所刊陳公少陽文集，稡類既詳，今又得三山孫君遇正鳳所輯，又加詳焉。君遇夙號多聞，加以游淮楚，客京口，嘗訪陳公家里，得其言行甚悉，既爲之譜系，併以思陵前後詔旨，臣寮奏陳，前輩題識，與范傳李記列諸篇帙，非惟著國家育材之功，抑以章祖宗悔過之美意。集凡若干卷。」據此，知東之文集，南宋時李大有已嘗爲之付刊，其後又有孫正鳳重編之本，提要以爲無人編輯其文者非也。天一閣書目卷二有宋陳少陽先生盡忠録八卷，明陳沂撰。近人丁丙善本書室藏書志卷二十九云：「盡忠録十卷，原注云：明鈔本，吳文定藏書。嘉定改元，李忠定公之孫大有藏其事迹，按據魏了翁序，大有嘗爲文集刻版，不止藏其事迹而已，此語微誤。莫知何人編次，按少陽集當即大有所編，惟盡忠録不知出何人之手。掇取制中二字，題曰盡忠録，序之鋟木以廣其傳。元大德間復有版刻。明正德十年楊一清序，稱近丹陽太學生孫育得所謂盡忠録者，質之鄉進士陳君沂，屬爲編次，丹陽令孫君理刻以傳。陳沂、孫育並有跋。乾隆時，彭文勤公見季滄葦所藏正德年印本，爲唐荊川圈抹，尚無補録二卷。案見知聖道齋讀書跋卷二。此鈔本十卷，前止李大有一序，附録中不及元以後人，當爲舊本。」由是觀之，李大有所刻之少陽文集，當時已有人取而重編之，改名盡忠録，且鋟木以行，元人但覆刻耳。提要以爲元大德中始有盡忠録刻本，一似東死後百餘年未有收拾其文者，又非也。夫重忠臣，尚死節，國人之風也，宋、元之際，於斯爲盛，其於陳東，安得恝然如此乎？丁志又云：「少陽集十卷，原注：舊鈔校本。是集乃明弘治時孫育得公盡忠録，屬太史陳沂編次行世。本集五卷，附録五卷，版尋遭燬。天啓時，育之孫雲翼作序，屬其甥賀日獻重梓之，並列魏鶴山原序於首。」余證之天一閣書目，陳沂所編，仍名盡忠録，其題少陽集者，蓋孫雲翼作序之時改從舊名耳。提要未見明本，故以爲起於康熙時。余之臆擬如此，他日儻得見原書，當更考之。明天啓丁卯朱國盛刻本，仍爲盡忠録八卷，見藝風堂藏書記卷六。

四庫提要辨證卷二十三

集部四

別集類十一 總目卷一百五十八

岳武穆遺文一卷

宋岳飛撰。飛事蹟具宋史本傳。陳振孫書録解題載岳武穆集十卷，今已不傳。此遺文一卷乃明徐階所編，凡上書一篇，劄十六篇，奏二篇，狀二篇，表一篇，檄一篇，跋一篇，盟文一篇，題識三篇，詩四篇，詞二篇。

嘉錫案：莫友芝持靜齋藏書紀要卷上云：「金陀粹編二十八卷，續編三十卷，宋岳珂撰。岳忠武王文集十卷，珂悉載粹編中，爲卷之十至十九。四庫録忠武遺文僅一卷，爲明徐階所編，謂十卷本已不傳，檢核是編，固完善無恙也。」又郘亭知見傳本書目卷十三云：「岳忠武王集十卷，其孫珂編，刊入金陀粹編中，題鄂王家集，完整無缺，後人欲刊岳集，直據抄付梓可也。直齋所録，蓋卽其當時抄出別刊者耳。」此條末題郘叟記，卽友芝別號也。余考書録解題傳記類，有岳飛事實六卷，辨誣五卷，卷七別集類有岳武穆集十卷，卷十八而傳記之末又別出鄂國金陀粹編二十八卷，續編三十卷。一類之中，自相復重，在直齋全書之中，實爲創例。蓋岳珂於嘉泰三年見行實跋及家集序編鄂王行實編年本名事實，此名蓋後來所改。及籲天辨誣，并輯岳武穆文集，後刻入粹編，改爲鄂王家集。分爲兩書，各自單行，故直齋亦分屬於兩類。其後珂又編高宗皇帝宸翰，并撰天定録，以嘉定十一年戊寅刻于檇李，即嘉興府古名。合五編爲一，名之曰金陀粹編。見珂自序。及紹定元年，復成書四種，續刻于南徐，與檇李舊刻同爲一編。見續編序跋。端平元年，又重刻此二編，藏于廟塾。見跋。此三次所刻，皆與最初刻本單行者不同，故直齋又重著於録，雖書有分合，然其所謂岳武穆文集，其實先分而後合，非由合而復分也。莫氏謂直齋所録蓋即當時從粹編抄出別刊者，不知實即粹編中之鄂王家集，昭然甚明。提要於金陀粹編條下已明著其有鄂王家集十卷，乃於此條忽謂陳振孫所載岳武穆集今已不傳，何其不考之甚耶。徐階所編，題爲岳集，凡五卷，有嘉靖丙申自序，見皕宋樓藏書卷八十二，序未録。四庫著録於傳記類存目，其刻本余未之見。至其録入集部者，前後無序跋，詩文篇數與提要合。據文津閣本。按鄂王家集，文分表、跋、奏議、公牘、檄、題記六類，凡一百六十四篇，律詩二篇，題翠巖寺、寄浮圖慧海。詞一篇。小重山。徐階所編，文僅二十八篇，詩四篇，送紫巖張先生北伐，寄浮圖慧海，池州翠微亭，題新淦蕭寺壁。詞二篇，滿江紅，小重山。以家集較之，文不足五分之一，而詩詞溢出至一倍，又皆不著出處。考明左僉都御史李楨所刻岳武穆集按明史卷二百二十一李楨傳，言其自巡撫湖廣召爲左僉都御史，蓋在萬曆二十年以後，此本卽當時所刻。而其名作楨，與史不合。書凡六卷，文與詞均與徐本同，惟詩又增其三，凡七篇。有徐階岳集序略見卷四，題爲序略者，蓋有删節。云：「階督學兩浙之三年，始獲從黄山焦子謂焦煜，卽刊岳集之人請所輯武穆祠詩文而讀之。蓋自宋以下，作者凡數百家，雖皆知所敬慕，而假經權之説以病朱仙之班師者亦間有焉。因不自量，謀於五山張子徐序後有張庭序一篇，蓋卽所謂五山張子而去取之，得其正且純者，稍加删次，題之曰岳集。昔王嗣孫珂嘗作金陀粹編，國朝徐武功有貞嘗作精忠録，然粹編意在訟王之冤，其詞率繁復，而精忠録則疎陋已甚。今是編雖不敢自謂得其精要，乃若發明君臣之義，表仁人烈士之爲心，則竊有志焉爾。」觀其所言，則階非未見粹編者。夫後人所作之詩文，嫌其議論不軌於正，删之可也，今於飛自作之文任意删去百數十篇，幾致零落不可收拾，無知妄作，莫此爲甚。四庫館臣不知飛集尚在，乃以階所編本著録，可謂棄周鼎而寶康瓠矣。且階所增益之詩詞亦甚不可據，岳珂之編家集也，其自序曰：「先父臣霖蓋嘗搜訪舊聞，參稽同異，或得於故吏之所録，或傳於遺稿之所存，或備於堂劄之文移，或紀於稗官之直筆，掇拾未備，嘗以命臣，俾終其志。臣謹彙次，凡三萬六千一百七十四言，釐爲十卷，闕其卷尾，以侯附益。」又云：「散佚不考者不能究知其幾也。異時苟未溘先犬馬，誓將搜訪以補其闕而備其遺，庶幾先臣之志，有考於萬世云耳。」珂之言如此，則其於搜訪遺稿，自必不遺餘力矣。況其平生富收藏，精鑒賞，苟得名人法書，必著録於寶真齋而爲之贊，使當其時飛之手澤猶有存者，安肯不亟亟尋訪，而聽其放失者哉？乃自嘉定三年十一月作序之後，直至端平元年十二月重刊粹編時，凡經三十一年，而其所刊鄂王家集，仍只此三萬餘言，未嘗增益一篇，然則飛之筆墨散落者蓋亦無幾矣。如其有之，而爲珂所不及見，亦當先見於宋、元人之紀載，或題詠跋尾，惡有沈霾數百年，突出於明中葉以後者乎？階所增之詩詞，爲家集所無者凡四篇，擅自删去者一篇。題翠巖寺。余嘗考其所增題翠微亭一首，據黄瑜雙槐歲鈔卷七，蓋出於池州府志，未必是飛所作；惟題新淦蕭寺壁一篇，見於賓退録者爲可信，案趙與旹賓退録卷一云：「紹興癸丑，岳武穆提兵平虔、吉羣盜，道出新淦，題詩青泥市蕭寺壁間云：雄氣堂堂貫斗牛，誓將直節報君讎。斬除頑惡還車駕，不問登壇萬户侯。淳熙間，林令梓欲摹刻于石，會罷去不果。今寺廢壁亡矣。其孫類家集，惜未有告之者。」據與旹自跋，其書成於嘉定十七年，粹編刻行已久，寺壁既亡，珂自不知有此詩。與旹與珂，蓋不相識，珂亦未必見其書，故端平重刻，仍未收入。餘皆不知所出。考李楨刻本武穆集卷五有趙寬刻滿江紅詞碑記云：「鎮守麥公重修岳武穆王墳廟成，得考功主事楊子器名父爲崑山令時所刻王送張紫巖北伐之作，嘆曰：偉乎壯哉！王之手書也。遂刻而寘之東廡。既又讀王所製滿江紅詞，嘆曰：思深哉！盍表而出之以示人。因議刻石寘之西廡。三司諸公咸樂觀厥成，俾寬書之。」碑中所言鎮守麥公者，蓋指弘治時浙江鎮守太監麥秀也。明田汝成西湖遊覽志卷九云：「葛嶺之西爲棲霞嶺，嶺下爲岳武穆王墓。廟中有石刻飛詩詞二首。弘治間，太監麥秀重建殿寢。」即紀此事而其言不詳。秀名見明史宦官何鼎傳，稱其廉潔愛民。楊子器字名父，慈谿人，弘治丁未進士，嘗知崑山縣，陞吏部考功主事，累遷至江西左布政卒。趙寬字栗夫，吳江人，成化辛丑進士，歷官浙江提學副使、廣東按察使。均見錢謙益列朝詩丙集。據寬所言，蓋送張紫巖詩，自子器始以飛手書刻石，麥秀又翻刻之於西湖岳廟，至滿江紅詞，則麥秀實始付刻，其字爲寬所書，非飛之親筆。然寬不言所據爲何本，見之於何書，來歷不明，深爲可疑。金石萃編卷一百四十八有岳飛送張紫巖詩，注云：「行書，在湯陰。」首行題送紫巖張先生北伐，末書「紹興五年秋日，岳飛拜。」王昶跋云：「此詩刻者三處，一在湯陰，一在錢塘墓祠，一在濟南府署。此所搨者湯陰本也。紫巖卽張浚號。宋史高宗紀及張浚、岳飛傳，紹興五年秋，皆無張浚北伐之事，是時浚方與趙鼎同官左右僕射，而楊么據洞庭，浚請因盛夏與岳飛同擊楊么，浚後又奏遣岳飛屯荆襄以圖中原，並非北伐。至其署款尤非宋人體製，宋人贈詩標題及自署姓名，皆系銜于上，從未有稱其號而謂之紫巖張先生者，又姓名之下亦未有書拜字者，案宋人雖未必不稱人之號，然岳飛以方鎮對宰相，以制置使對都督，則絶不應如此。至於姓名下單書拜字，在宋人中，實爲罕見。似是明人僞託。」王氏之言，可謂覈矣。案送張紫巖北伐詩，乃楊子器名父所刻。列朝詩丙集七稱名父鄉舉出桑民懌悅之門，李氏本武穆集卷五有悅所作刻送紫巖北伐詩碑記，略云：「此武穆王詩，詞意雄偉激烈，可轟震千古，蓋不必飲酒黄龍闕、踏破賀蘭山缺而已。」是則子器實得之於悅，疑卽悅所僞作。悅嘗僞造嫏嬛記，題爲元人伊世珍，自負能詩，爲人狂誕不羈，而實不學，故下筆輒露敗闕如此。滿江紅詞不題年月，亦不言作於何地，故無破綻可指，然不見於宋元人之書，疑亦明人所僞託。悅記中已有「踏破賀蘭山缺」之語，則其僞當在悅以前，第不知出何人之手。若其字則實趙寬所書，寬已自言之。孫星衍寰宇訪碑録卷九及姚晏、楊鐸輩中州金石目，姚書在卷二，楊書在卷六。均以爲岳飛撰并正書者，非也。至池州翠微亭詩，不過尋常流連光景之作，其真與僞，又不足深論矣。自徐階收此等詩詞入岳集，李楨從之，嘉靖間錢如京刻桯史，又取而附之卷末。無翠微亭一首。錢書刻于嘉靖二十四年乙酉，見善本書室藏書志卷二十一。後之重編武穆文者，若單恂、藝海珠塵用明本翻刻黄邦寧、乾隆時彰德府知府，凡詩文百七十三篇，强汝詢求益齋文集卷六有跋。梁玉繩有自序，見蛻稾卷四等復從桯史轉録入集，而李楨、單恂更增以僞作，徐本詩四首，詞二首，李本詩七首，單本詩八首，詞並同。於是傳播徧天下，而滿江紅詞尤膾炙人口，雖婦人孺子無不能歌之者，不知其爲贋本也。然以僞爲真，實自徐階始，階不足道也，四庫館諸臣何其一無鑒别也哉。或者曰，送張紫巖詩，其僞固無可疑，若滿江紅詞真僞皆無實據，其中如「莫等閒白了少年頭，空悲切」，及「壯志飢飡胡虜肉，笑談渴飲匈奴血」等句，足以勵邁往之風，而作忠義之氣，於世道人心，深爲有裨，子何必以疑似之詞，强坐以僞也哉？應之曰，考證之學之於古書也，但欲考其文之真僞，不必問其理之是非。梅賾之僞古文尚書，千餘年以來奉爲正經，前賢發揮之者至矣，豈復有所大悖於理，然自朱子始創疑之，至梅鷟、閻若璩等遂成定論，卒之僞古文仍不可廢，梅、閻之説亦終不廢也。號稱武穆之滿江紅詞，雖爲人所信，以視經典，則有閒矣。其詞莫知所從來，尚不如舜典二十八字有一大航頭公案在，吾何爲不可疑之哉？疑之而其詞不因我而廢，聽其流行可矣，至其爲岳珂所未見，鄂王家集所無有，突出於明之中葉，則學者不可不知也。

其辭鎮南軍承宣使僅有第三奏，辭開府僅有第四劄，辭男雲轉官僅有第二劄，辭男雲特轉恩命僅有第四劄，辭少保僅有第三劄、第五劄，乞叙立王次翁下僅有第二劄，乞解樞柄僅有第三劄，辭除兩鎮僅有第三劄，則其佚篇蓋不可殫數。

案提要所指奏劄之存佚，第就徐階刻本言耳，試取鄂王家集一觀之，則此所謂佚篇者雖不能盡全，然固往往而在，特被階所削去，非竟佚也。階之增删，不知以何爲標準，殆不過如鍾惺輩之選詩文，以意爲去取，歸於謬妄而已矣。史稱万俟卨白秦檜，簿録飛家，取當時御札，藏之以滅蹟，則秦議文字同遭毁棄，固勢有所必然矣。

案粹編卷八行實編年卷五云：「初命何鑄典獄，鑄明其無辜，改命万俟卨。卨先令簿録先臣家，取當時御札，束之左藏南庫，欲以滅迹。」又卷二十二籲天辨誣卷五云：「万俟卨患獄之不竟，遂命元龜年時爲大理評事以行軍之時日雜定之，檜先收御札于左藏南庫，將滅其迹。」是檜與卨實有藏御札之事。然續編卷十三天定别録，有給還御札手詔省劄云：「通直郎試將作少監岳霖劄子，重念霖先父少傅忠烈，飛廟賜名。前後被受御筆手詔無慮數百章，中間不幸爲權臣厚誣，悉被拘收。今聞見在左藏南庫架閣，比蒙聖恩，詔太常議謚，而本家别無文字可以稽考，欲望朝廷特賜詳酌，於南庫取索上件真本御札手詔等文字，給付本家參考。閏六月二十一日，三省同奉聖旨，令左藏南庫搜檢給還。」末題淳熙五年閏六月二十二日。然則高宗御札雖曾被拘收，然并未毁棄，至孝宗時已檢還岳氏矣，是以岳珂有高宗宸翰之輯。觀提要之言，似不惟不知粹編内有岳飛奏議詩文，且并不知其有御札也，豈不異哉！

浮山集十卷

宋仲并撰。并字彌性，江都人。宋史藝文志載并浮山集十六卷，而不爲立傳，其事蹟遂無可考。惟周必大平園集有所作并集序，稱并以紹興壬子擢進士第，甲寅，以丞相朱勝非等論薦，改京秩，尋補外去；後三年丁巳，復以張浚薦，召至闕，爲秦檜所阻，改倅京口，自是閒退者二十年；孝宗卽位，擢光禄丞，出知蘄州。所紀歷官本末頗詳。然考集中謝宰相啓，有「釁序初除」語，則嘗爲教官；又原弊序，自稱「監臨猥局」，則嘗爲監場官；又多與平江、淮西、南安、建康、湖州諸守臣代作表啓，則嘗歷佐諸郡；而必大序中俱未之及，殆以其無關出處，略之也。必大又稱并力排王氏之説，惟孔、孟是師，其初任京秩時，王居正所草制詞亦有學知是非邪正之褒，而陳振孫書録解題乃稱其官湖倅時，爲籍中妓作生朝青詞，坐是謫官，與其素行不相類，頗不可解。考集中陳情啓，有「旁觀下石，仇家謗傷」之語，意其卽指是事歟？

嘉錫案：仲并文集序見平園續稾卷十四，首言江都仲并彌性自幼卓犖不羣，潛心問學，排王氏一偏之説，惟六藝、孔、孟是師，筆勢翩翩，雋聲籍甚，此下略敍其出身經歷，卽盛贊其詩文之美，如是而已，初無一語及其平生行事也。當北宋之末，天下之人方恨章、蔡之徒以紹述之説禍天下，王氏之學遂盛被詆毁。并生於其時，著書作文，以排王氏，亦一時風氣使然，至其爲人如何，固當考其實行，未可以此決之也。王居正所行制詞，序中僅撮舉數語，其全篇見建炎以來繫年要録卷八十。居正爲楊時之門人，見宋元學案卷二十五龜山學案。要録謂并嘗從胡安國游，宋元學案卷三十四武夷學案内無并姓名，蓋失考也。則制詞雖美，居正蓋以師友淵源假借之耳，詎可據爲定論耶。并以胡氏之徒而爲秦檜所惡，其平生事蹟雖不詳，要之大節無虧。若夫跌蕩風流，溺情歌妓，此唐宋文人所常有，固自無足深論。若因護惜其人，必欲以空言翻案，則亦非也。書録解題卷十八曰：「浮山集十六卷，左朝請大夫江都仲并彌性撰。紹興壬子進士，晚丞光禄寺，得知蘄州。并嘗倅湖，籍中有所盼，爲作生朝青詞，好事者傳誦之，遂漏露，坐謫官。其訓詞略曰：『爾爲瀆侮之詞，曾弗知畏天，其知畏吾法乎？』吾鄉前輩能道其事如此。」提要據周必大序及王居正制詞以駁之，謂與其素行不相類。余案繫年要録卷一百五十五云紹興十有六年十二月壬戌，左奉議郎仲并降二官，坐前通判湖州，與倡女通濫，爲言者所劾，有司鞫實故也。」王明清玉照新志卷五云：「仲彌性并，淮上知名士也。登第之後，諸侯交辟，久之，得通判湖州。楊娼韻者，以色藝顯名一時，彌性惑之，誓與偕老。韻以誕日嘗作醮供，彌性爲代作醮詞云：『身若萍浮，尚乞憐於塵世；命如葉薄，敢祈祐于玄穹。適届生初，用輸誠曲。妾緣業如許，流落至今，桃李半殘，何滋於苑囿；燕鶯已懶，空鎖於樊籠。隻影自憐，寸心誰亮？香爐經卷，早修清淨之緣；歌扇舞衫，尚掛平康之籍。伏願來吉祥於天上，脱禁錮於人間。

改往修來，收因結果。辟纑織屨，早諧夫夫婦婦之儀；墮珥遺簪，永脱暮暮朝朝之苦。人之所願，天不可誣。』仲、楊故事，雖甚親切，然黷穹甚矣。尋即俱去。適王承可鈇爲郡守，與之啓云，方將歌别鴛之功，聞已泛扁舟而去。案嘉泰吳興志卷十四郡守題名云：王鈇，紹興十六年三月十二日以敷文閣直學士、右朝議大夫到任。已而興大獄，彌性坐廢二十餘年，逮秦檜殂，始獲昭雪。繼而入丞光禄，出守蘄春，終于淮東議幕。」蓋王鈇爲湖州守時，并適以湖倅任滿去官，遂携楊韻以去，鈇聞之不悦，故用范蠡載西施扁舟浮五湖事以譏之，因宣洩其事。及并倅京口時，爲言者所劾，致興大獄，并由是降官。鈇與言者雖或出於覬望秦檜之意，然并所作青詞，不啻自畫招供，其不守官箴如此，豈得獨無罪乎？洪邁夷堅志支庚卷十曰：「湖妓楊韻可人者，紹興十年以後，用色藝敏黠著名。海陵仲彌性并通判州事，爲所惑，嘗約一鐫秩，一受杖，無所辭。及仲以章罷，韻貨醫詐爲有孕，二年後竟爲王亨道所撻。仲寓居常州，一夕夢之曰：『我抱病甚亟，且死矣。平生誦妙法蓮華經，以故得作男子，只在湖州城外方二弓手家託生，君幸急來視我，尚可周旋後事。』仲寤，遽登舟，即詣其室，韻死。方妻生男，經三日復往方氏，兒望見已驚笑，自此仲數存拊之。仲爲蘄春守，張壽朋爲倅，親聞其言。」此所敘妖夢及轉生事，雖鄰於誕，然小説家言固如此，至并與楊韻之事則與玉照新志不謀而合，且出於并所自言，無不可信之理。提要未加考證，遽斷爲與其素行不類，然既言事蹟無可考，不知并之素行見於何書耶？提要又引集中陳情啓有「旁觀下石，仇家中傷」之語，以爲卽指此事。案之本集在四庫珍本初集內卷八，上句見上宰相啓，下句見問訊左史兼中書舍人啓，本不同篇，味其語氣，且并不同時，提要聯綴爲一，殊失作者之旨。問訊左史啓云：「伏念某生而戇愚，飽經憂患。近臣論薦，蚤賜覲於雲天；仇家謗傷，久投閒於草野。叨榮華衮，空老青衫。忍圭玷之未磨，尚玉音之可想。然而未嘗得禄，妻孥不知其有官；恥於訴窮，親交自憐其乏食。已甘心於末路，時矯首於崇墉。似聞垂盡之孤蹤，每指嘘枯之餘論。已玷齒牙，更紓心腹。」案周必大序云：「歲在甲寅，丞相勝非，執政松年，朱勝非、胡松年。與一二侍從相繼薦對，上一見褒賞，特改京秩。詞臣王居正草制云，『學知是非邪正，庶幾孔子所謂可與共學者』。當是時，皆謂公卿可立至，或疑年少資淺，宜試以事，補外而去。後三年丁巳，丞相浚，執政與求、守、與義，案謂張浚、沈與求、張守、陳與義也。復以名聞，召至闕，而樞密使檜頗不謂然，君卽移疾出倅京口，自是棲遲閒退者二十年。孝宗初元，擢丞光禄，晚知蘄州。」繫年要録卷八十曰：「紹興四年，甲寅。九月壬申，左迪功郎仲并特改左承奉郎，仍舊平江府府學教授。并嘗從胡安國游，自是以薦者得召對，故以命之。」啓中所謂賜覲雲天，玉音可想，蓋卽指此年召對之事。并召對後雖獲進秩，然周必大言或疑其年少資淺，此必有人譏之於廟堂，故有仇家謗傷之語。并由此不蒙優擢，僅仍舊爲教授，故有「投閒草野、空老青衫」之語。其言「未嘗得禄，不知有官」者，此啓蓋上於教授任滿家居候選之時，欲某舍人加以援引也。所上之人，疑卽是王居正，以其嘗草制褒美，故有噓枯餘論之句。故啓中只自敍其窮乏，未言及得罪降官。此時并尚未爲通判，更無從識楊韻，仇家雖欲下石，安得以此謗之乎？提要所據僅周必大序，其他皆未嘗考，遂疑啓中所指卽係此事，非也。惟其上宰相啓在上宰相陳情啓之後亦有「茲忘犯分，庶遂陳情」之句。實作於紹興末年秦檜既死之後，中有「旁觀下石」語，是指因楊韻得罪事耳，其詞略曰：「伏念某淮海飄零，江湖僑寓，早被命於公車，獲對揚於便殿。蒙玉音之一字，榮耀終身；脱銓調之七階，叨踰賤分。退處泮宫之舊，旋參幕府之游。」此敍紹興四年召對前後事也。又曰：「一歲九遷，敢希異寵；中年再召，遽困煩言。訟愆環堵之中，絶意瓊霄之上。」此敍紹興七年再召事也。自稱遽困煩言，可見并在當時實嘗因事被人攻擊，故秦檜乃得藉口以阻之耳。又曰：「佐麾符於近地，有慚別乘之功。奉香火於真祠，聊借散人之號。念陳力就列，不能者止。唯投閒置散，乃分之宜，旁觀或下石焉，孤踪如摧朽耳。」知并雖坐楊韻事降官，猶得奉祠。據其上宰執啓，有「官寄赤城，奉紫虚之香火」語，蓋自鎮江府卽京口通判罷任，主管台州崇道觀也。旁觀下石，疑指知湖州王鈇言之，以大獄之興，鈇實發之耳。又曰：「茲乘別駕，偶在陪都。虎踞龍蟠，極東南之重望；麟符魚鑰，皆左右之侍臣。暫竭萬分，坐閱三載。今欲擇材而去，不容備數其間，尚賴并容，未從擯斥。姑令沙汰之在後，亦如駑蹇之不前。方既襆被而趨，乃復自崖而返。代期復隔，姑存於舊令尹新令尹之間；官稱尚存，自覺有今將軍故將軍之異。」細繹其言，蓋秦檜死後，并得昭雪復官，曾起爲建康府通判，此以陪都、別駕、虎踞龍蟠等句知之，然考景定建康志卷二十四通判題名内乃無仲并姓名，疑并是添差通判，其題名僅起於嘉熙，故不可考。茲又以任滿罷去，尚須待遠年之闕，所代之人尚未到任，故有舊令尹新令尹之句。到任不知何日，故以啓干宰相，求一堂除近闕也。宰相用堂帖所差除，謂之堂除。篇末又曰：「重念某生而多難，世亦少倫。雖俯仰稠衆人之中，而了無一長；然首尾三十載之間，而僅書四考。」并自紹興二年登第，至是已三十載，此啓蓋上於紹興之末，去其作問訊左史啓時已二十餘年。提要隨意牽合，併爲一談，其亦考之不詳矣。玉照新志言并終於淮東議幕，葉適水心集卷十三孟夫人墓誌銘亦云：「夫人姓仲氏，父曰并，字彌性，左朝請大夫、淮東安撫司參議官。」樓鑰攻媿集卷一百八孟嵩墓誌銘同，惟淮東作淮南。周必大序中竟未之及，蓋以幕僚不如郡守之尊，故略之耳。

又集中有回孟郡王姻禮書，郡王隆祐太后之姪孟忠厚也。宋史外戚傳稱忠厚與秦檜爲僚壻，而檜實陰忌之，又稱檜當國，親姻攀援以進，忠厚獨與之忤。王明清揮麈録稱吳棫爲忠厚草表，因忤秦檜，謫判泉州。然則并之見惡於檜殆以孟氏姻黨之故，故竟以微罪坐廢也。

案紹興七年張浚等薦并，召至闕，秦檜卽不謂然，并以此出爲丞倅。自檜擅權後，凡言者所搏擊，無不觀望其風旨者。并以楊韻事被劾，發之於王鈇。鈇爲檜舅氏王本觀復之子，見揮塵後録卷十。其後爲廣東經略使，嘗問知新州張棣曰：「胡銓何故未過海？」棣卽奏銓怨望，送海南編管。見繫年要録卷一百五十八。鈇真檜之鷹犬也。其發并之事，殆亦因檜惡并而然。考并集中一二兩卷均有代人上師垣生日詩，至十首之多，諛頌惟恐不至，則并非能以忠直忤檜者，以一區區州郡下僚，與檜聲氣不相接，檜何爲惡之如此，良不可解。觀葉適所作孟夫人墓誌銘，知并之女實適孟忠厚之子嵩，提要謂并之見惡於檜，殆以孟氏姻黨之故，其言雖無所據，以吴棫之事推之，或者其近似歟。

竹軒雜著六卷

宋林季仲撰。季仲字懿成，永嘉人。登進士第，歷官太常少卿，知婺州，自號蘆山老人。嘗僑居暨陽，集中又自稱濟南林某者，蓋其祖貫也。宋史不爲立傳，其行事不可概見。惟陳振孫書録解題稱季仲以趙鼎薦入朝，奏疏阻和議得罪，仲熊、叔豹、季貍，其弟也，皆知名，云云。今案集中與趙僕射書有「相公過聽，引而置諸朝，鹿鹿三年，蔑有報稱」之語，與趙鼎薦引之説合，惟阻和議一疏，已不見於集中，其得罪貶謫之事，遂略而弗顯。

嘉錫案：南宋館閣録卷七云：「林季仲字懿成，永嘉人。何涣榜宣和三年上舍出身。治周禮。紹興四年六月，除祕書郎。五年閏二月，爲祠部員外郎。」建炎以來繫年要録卷七十七同年月云：「左承議郎、主管江州太平觀林季仲行祕書郎。季仲爲趙鼎所薦，召對而有是命。」案趙鼎建炎筆録卷上云：「建炎四年庚戌歲，二月二十一日對，再薦吳表臣、温，卽薦温人吳表臣、林季仲以補察官之闕，季仲奉其母避地山中，表臣先對。」其沮和議之疏，三朝北盟會編卷一百八十八及要録卷一百十八均載其全文。會編載之於紹興八年十二月一日，是時季仲奪職已久，不應猶得上疏。要録謂不得其日，附見於季仲罷官之後是也。要録又云：「八年三月己丑，中書門下省檢正諸房公事林季仲直龍圖閣，主管洪州玉隆觀，以御史中丞常同言其貪惏邪佞也。此下卽載阻和議之奏。既而同又請黜季仲職名以戒作僞之士，季仲坐奪職。」常同本傳雖不言爲檜黨，然其劾季仲則似出於檜意，蓋以其爲趙鼎所薦，又嘗沮和議，故劾之耳。季仲爲許景衡弟子，宋元學案卷三十二周許諸儒學案内及宋史翼卷十皆有傳。全氏未考館閣録，且於所上諸章疏多删節；陸氏之作，較爲詳備。提要謂其事蹟不可見者，失於不詳考也。

集中又有祭德和弟、察和弟諸文，據所云同祖所出兄弟八人者，知其兄弟甚多，而仲熊、叔豹之名亦已不可復考。然宋史趙鼎傳稱「鼎之再相，嘗奏言今之清議所與，如劉大本、胡寅、吕本中、常同、林季仲之流，陛下能用之乎」，是季仲在紹興中實負清流重望，故集中劄子雖所存無幾，而多力持正論，深切時弊之言。其趙鼎南遷以後所與簡牘數篇，無不反覆慰藉，詞意諄摯，交道之篤，尤可概見。

案季仲雖自稱同祖兄弟八人，而書録解題所言仲熊、叔豹、季貍三人自當是其親弟，兩不相妨，不知提要何以言此。又於三人之中，舉其二而遺其一，亦所不解。館閣録云：「林叔豹字德惠，永嘉人。沈晦榜宣和六年同進士出身。紹興元年十二月，除正字。二年正月，爲校書郎；六月，爲監察御史。」此本二條今合引之。揮麈後録卷九云：「自正月十六日陷明州，謂金人。二月初，有蔣安義、張鼐者，受虜人僞命，蔣爲安撫，張爲通判，且授安義以兩浙運司印一紐，安義遂領州事。十二日，慈溪縣令林叔豹領鄉兵入城，見安義，奪其印，遣虜人十二人在開元寺，病不前者，叔豹誅之。」宋元學案、宋史翼均附季仲傳後。提要以爲不可考者，兩書已考之矣。趙鼎傳之劉大本，其姓名不見他書，疑本字當作中，以涉吕本中而誤，卽鼎傳上文之參知政事劉大中也。繫年要録卷一百十九云：「趙鼎之免相也，自劉大中、范沖、林季仲、吕本中已下皆補外。」可與鼎此言互證。宋史各本，其誤皆同，提要第照本引用爾；惟宋元學案獨不誤。

集本十五卷，世久失傳，論宋代人物者或不能知其姓氏。今從永樂大典搜輯編綴，釐爲詩一卷，文四卷，用存其概，且爲略考本末，附著於此，俾不至無聞於後焉。案提要不能旁采羣書，故於季仲平生出處皆不及知，惡從考其本末耶。

別集類十二總目卷一百五十九

義豐集一卷

宋王阮撰。阮字南卿，德安人，王韶之曾孫。隆興元年進士，仕至撫州守。召入奏，韓侂胄欲見之，卒不往，怒使奉祠，歸廬山以終。阮少謁朱子於考亭，朱子知南康時，阮又從游，故集中有唱酬之作。阮之歸也，朱子惜之，謂其才氣術略過人，而流落不偶。

嘉錫案：王阮，宋史卷三百九十五有傳。提要此條，除南康唱酬一事見於本集外，其餘皆傳語也，而不言事蹟具宋史本傳，與全書體例不合，蓋匆遽定藁，忘着此語耳。集首有淳祐癸卯吳愈序，謂其文無一字無來處，論邊事則晁、賈其倫，爲記銘則韓、柳其亞。今其文集未見，所存僅詩一卷，蓋傳録者以全集之序弁詩之首也。劉克莊嘗跋其詩，謂高處逼陵陽、茶山。陵陽者韓駒，茶山者曾幾也。岳珂程史稱阮學於張紫微，載其萬杉寺唱和絶句及重過萬杉寺絶句，紫微者張孝祥也。曾詩祖述黄庭堅，張詩則摹擬蘇軾，韓詩則出入於蘇、黄。今觀阮詩，於兩派之間各得一體，克莊及珂所述，固皆爲近實矣。珂又記阮所作詩號義豐集，刻於江泮，校官馮椅爲之序。是阮詩本有單行之本，不知何以佚去椅序，易以愈序也。

案宋詩紀事卷五十二王阮條下曾引劉後村跋及岳珂桯史，提要即依以立説，但於桯史嘗覆檢原書，故能知馮椅曾作集序。劉克莊後村集，四庫已著録，僅五十卷。其評王阮詩語見集中卷二十三，大全集本在卷九十四。乃王南卿集序，非跋也。序略云：「縣尹王旦，携其先大夫義豐公遺文五卷示余。公之言曰，文惡蹈襲，其妙在於能變，惟淵源者得之。豈惟文哉，議論亦然。故公之諸文，變態無窮，不主一體。論事必考古今，據義理，不袒舊説，詩高處逼陵陽、茶山，四六工妙，不減汪、綦。如王景文集序、酹文，謂有雪山集序及祭王景文文也。雖歐公於子美曼卿，不能加矣。謂中興頌異於仲尼諱魯之義，謂歸來辭作於劉裕篡晉之先，世之同結而不敢異，嚮潛而失其實者，所未知也。公襄敏諸孫，常自稱將種，南宮對策，乞都建康，零陵封事，論一馬可贍五兵，宜罷榷馬，晚守濠梁，請復曹瑋方田，修种世衡射法，而仕止一麾。朱文公嘗嘆公之材略，己所不及，而不盡用，必有任其責者。公名阮，字南卿，義豐，所居山名。」然則原集本五卷，文多於詩。今本雪山集序及本傳所載禮部對策，皆在其中，故克莊序亦以論文之處爲多，與吳愈序同。提要憚於尋檢，祇從宋詩紀事引其一句，遂使人疑克莊所跋乃其詩集，亦太省氣力矣。

涉齋集十八卷

案涉齋集，永樂大典原題許綸撰。案集中王晦叔惠聽雨圖詩序，自稱永嘉人，字深父，而諸書不載其人。考宋史許及之傳云：「及之字深甫，温州永嘉人。隆慶元年進士，累官至知樞密院事。」與自序永嘉人合。藝文志載許及之文集三十卷，涉齋課稾九卷，與今本涉齋之名合。焦竑經籍志載許右府涉齋集三十卷，宋人稱樞密爲右府，與及之官知樞密院又合。則此集當爲及之所撰。又宋寧宗本紀，紹熙四年六月，遣許及之賀金主生辰，金史交聘表亦同，今集中使金之詩，一一具在。本傳稱及之嘗爲宗正簿，今集中亦有題玉牒所壁間詩，則此集出於及之，尤證佐鑿然。永樂大典所題不知何據，或及之初名綸，史偶未載更名事歟？此集世無傳本，今摭拾殘賸，編爲十八卷。

嘉錫案：孫詒讓温州經籍志卷二十載其父衣言跋涉齋集曰：「四庫全書據永樂大典，舊題許綸，考定爲及之作，援據甚確，而疑及之初名綸，其後更名，或史未及詳。今按集中有綸子以筠名齋詩，又有與盧次夔直學投贈詩云：『盧之父有師法，方訓長孫鑄，而次夔近繹子屈致，教參孫發蒙。』綸、繹皆從糸旁，蓋以偏旁聯名，則綸固及之子也。宋、元人編輯文集，往往但題某官某先生集，而繫編者姓名於其次，此集必許綸所編，明人録詩時未及深考，因以爲綸作，而校脩四庫書者亦沿其誤耳。」案四庫館修書時，既無別本可據，自不當輕改，非沿誤也。詒讓并附案語云：「集卷十七有題漕司涉齋詩，考宋史本傳，紹熙元年除淮南運判兼淮東提刑，則涉齋當即爲淮南運判時官廨齋額，遂以名集也。」觀孫氏父子之説，則提要此條所考雖精，猶未能入細矣。明文淵閣書目卷十有許涉齋詩集一部七册，殘缺。內閣藏書目録卷三云：「涉齋詩集，不全，宋淳熙間右府許□□著。」是此集在明時自正統以至萬曆尚存殘本，張萱録其目而闕其名，猶知非許綸所著，賢於永樂大典遠矣。千頃堂書目卷二十九作許右府涉齋詩集二十卷，與焦竑經籍志卷數不同，不知何據。

蠹齋鉛刀編三十二卷

宋周孚撰。孚字信道，濟南人，寓家丹徒。乾道二年進士，官真州教授。集首有京口陳珙序，稱遺文共三十卷，儀真縣志並同，而鄺延解百綸跋語又稱三十二卷，與今集本相合。蓋珙序專指詩文而言，末二卷爲非詩辨妄，原自别本單行，百綸取以附入，故通爲三十二卷耳。

嘉錫案：提要所敍周孚爵里，本之宋詩紀事卷五十三。考京口耆舊傳卷三有孚傳，提要蓋未之知。朱彝尊經義考卷一百六非詩辨妄條下僅引顧湄之言以著其仕履，亦爲失考。至清末陸心源始直録耆舊傳之文，入所著宋史翼卷三十八耳。宋史藝文志有周孚鉛刀編三十二卷，蓋即此本。

又宋詩紀事稱孚卒後，辛棄疾刊其集。今考集中多與棄疾贈答之作，然絶無刊集之文。世所傳本實淳熙己亥百綸爲鏤板以傳，跋語可證，疑宋詩紀事有誤也。

案宋詩紀事云：「終真州教官，辛稼軒刊其集，曰蠹齋鉛刀編。」孚既終於其官，則棄疾之刊集，自當在卒後，故提要云然。然孚既卒矣，則已冥然無所覺，烏知有人爲之刊集而見之於文也哉，乃竟以此疑紀事爲誤，豈不大奇。瀛奎律髓卷四十四云：「周孚字信道，乾道二年進士，爲儀真教官卒。辛稼軒刊其集曰蠹齋集。」紀事之説，蓋出於此。咸淳鎮江志嘉定志附録云：「周孚字信道，丹徒人。乾道二年蕭國梁榜，爲真州教授，卒於官，年四十三。有蠹齋集三十卷，稼軒辛棄疾幼安刊於長沙，樞密邱崈宗卿爲之序。又有集曰鉛刀編，鄉人之從游者爲板行於世。」其言與律髓同而加詳，皆言稼軒曾爲之刊集，然則紀事何嘗誤耶？蓋孚集自有兩本，辛棄疾刊於長沙者三十卷，名蠹齋集，蓋棄疾知潭州時所刊，約在淳熙六七年間。解百綸所刊者附非詩辨妄於後，凡三十二卷，名蠹齋先生鉛刀編，刊於淳熙己亥六年重九日。見百綸跋。兩人不謀而合，先後爲之付梓。其後劉宰作京口耆舊傳，祗言孚有蠹齋集，而其漫塘文集卷二十四書周蠹齋集後乃云：「蠹齋文不可見，又十有三年，始於里中周舜卿處見所謂鉛刀編者。」由此可知兩本名雖不同，其詩文固無以異也。

孚七歲通春秋，爲詩初學陳師道，進而學黄庭堅，俱能得其遺矩。詩中分注自甲戌始，距其卒於淳熙初凡二十餘年，蓋皆其中年之作，學問日進，故大抵詞旨清拔，無纖仄卑俗之病。文章不事雕績，而波瀾意度，往往近於自然。

案陳珙序云：「天資穎悟，七歲通春秋左傳，既長，於書無所不闚。始刻意於詩，以后山爲法，其後由陳而黄，黄而杜，少而工，壯而新，晚而平淡。爲文長於敘事，簡絜而峻厲，不喜襞積雕繪，循理而言，理盡言止。公之於詩文蓋如此。」提要此節，純依以立言。然考孚死時年四十三，珙序作於淳熙己亥，而稱公既没之二年，則當生於紹興五年，卒於淳熙四年。其詩託始於甲戌，乃紹興二十四年，孚年才弱冠，而可謂之中年乎？甲戌以前之作，蓋不存稿。其平生詩文，殆盡於此。雖有兩刻，其實大抵相同，非分爲前後集也。

别集類十三 總目卷一百六十

野處類稾二卷

宋洪邁撰。邁有容齋隨筆，已著録。宋史藝文志載邁野處猥稾一百四卷，瓊野録三卷，而陳振孫書録解題祇載有此集二卷，且云前集未見，則當時傳播已稀。觀馬端臨經籍考，以别集詩集分類，而收此稾於别集中，不知其爲詩集，則亦未見其本而循名誤載者矣。惟内閣書目有野處内外集九册，不著卷數，當卽猥稾之殘本，今亦未見有傳録者。世所行邁集，獨有此本而已。

嘉錫案：直齋書録解題卷十八别集類下云：「野處類稾一卷，翰林學士文敏公洪邁景盧撰，其全集未見。」其卷十九詩集類之前有小序曰：「凡無他文而獨有詩，及雖有他文而詩集復獨行者，别爲一類。」文獻通考經籍考六十七别集類、六十九詩集類引陳氏説，其文並同，惟以野處類稾一卷作二卷爲小異，然則析出詩集於别集之外者，陳氏之創例而通考因之。陳氏非束書不觀者，何至誤詩集爲别集，若盲人之道黑白也哉？卽此一端，已可決此書之僞，而提要曾不之覺，反以通考爲誤，何也？文淵閣書目無洪邁集，而其卷九之末所録諸雜集内，有洪瓊野録一部一册闕，蓋卽宋志所著録者。瓊野者，邁詩嘗得史氏瓊花，種之别墅，因以爲名。見四朝聞見録甲集。此蓋裒集同時人之題詠，都爲一集，非皆其所自作也。

集前有邁自序，稱甲戌之春，家居卧病，作詩若干首，以自當綏憂之一物，遂取曩時所存而未棄者録爲二卷。甲戌爲高宗紹興二十四年，蓋邁退居鄱陽時所作。而集中謁普照塔詩又有庚戌紀年，當在建炎三年，相去已二十四五歲，僅得詩八十餘首。又容齋三筆，紀紹興十九年在福建貢院與葉晦叔所作詩，正在甲戌之前，而集中並未載。疑本就篋笥所貯，偶然編輯，故所録闕略如此。然其生平韻語，惟藉此以考見大概，則零珪斷璧，未嘗不足珍惜也。

案錢大昕養新録卷十四云：「洪文敏野處類稾二卷，序稱甲戌之春，家居卧病。甲戌者，紹興之二十四年也。然細讀此集，似不出文敏之手。如庚戌正月謁普照塔云：『重來得寓目，歸枕尾殘汴。』當謂泗州大聖塔也。公生于宣和癸卯，至庚戌僅八歲，卽早慧能詩，不應有重來寓目之句。又有呈元聲如愚起莘三兄及懷舍弟逢年時歸婺源詩，與文敏兩兄字全別，益可疑矣。」勞格讀書雜識卷十二洪邁野處類稾條云：「此卽朱松韋齋集。案大典本蘇過斜川集原注云鮑刻有誤入洪邁作者。」陸心源儀顧堂集卷十五亦曰：「野處類稾二卷，四庫全書著録，所謂零珪斷璧，固當珍惜者也。至嘉定錢氏始疑其謁普照塔詩年歲未符，呈元聲如愚起莘三兄及懷弟逢年詩與文敏兩兄字全别，然亦無以證其僞也。余偶讀朱韋齋集，乃知此書之所出。卷上各詩見韋齋集卷一，卷下各詩見韋齋集卷二，題目皆同。惟上卷無題一首乃韋齋集中陳伯辨爲張氏求醉賓軒詩也。集外詩皆文敏之作，亦襲取宋詩紀事，不能別有增益。蓋文敏野處猥稾一百四卷，散佚已久。野處類稾二卷，文獻通考列入別集類，案不引書録解題而引通考，非也。是文集而非詩集，嗣後亦未見著録。此本當是乾隆中葉書估所作，故轉以宋詩紀事所録列爲集外詩也。」勞氏、陸氏所考，先後相同，可謂出門合轍。勞氏年長於陸，而其書刊行在後。然此書之僞，本不難知。朱松字喬年，徽州婺源人。其弟椲，字逢年，所著玉瀾集即附韋齋集後，松是以有懷舍弟逢年歸婺源詩。若邁則既無此弟，邁有弟景裴、景何等。且何以不歸番陽而歸婺源也。故祇須見此題，即可知其竊自韋齋矣，錢氏偶未憶及耳。

別集類十六 總目卷一百六十三

鐵菴集三十七卷

宋方大琮撰。大琮字德潤，號壺山，莆田人。開禧元年省試第三人，除右正言，疏論天下大勢，復言理亂安危之要，遷起居舍人，兼實録院檢討官，奉祠去職，尋改集英殿修撰，知廣州，調知隆興，卒，謚忠惠。宋史無傳，其事蹟略見福建通志中。今按周密齊東野語稱閩漕方大琮，與王臞軒友善，而集中亦有將鄉漕之命語，則嘗官福建轉運使。又集首原題宋寶章直學士，則不終於集英修撰，蓋通志所紀歷官猶未備也。

嘉錫案：劉克莊後村大全集卷一百五十一有鐵菴方閣學墓志銘，敍其歷官甚詳，略云：「大琮擢開禧乙丑第，詞賦爲南宮第三人。授南劍州州學教授，去爲江西漕幕，改秩知將樂縣。端平改元，歷司農寺簿，兼提領安邊所。三年，除右正言，遷起居舍人，兼國史院編修官，實録院檢討官。嘉熙改元，兼權直舍人院，爲殿中侍御史蔣峴疏劾，主管紹興府千秋鴻禧觀。四年，除祕閣修撰，福建路轉運判官。淳祐改元，除集賢殿修撰，知廣州。四年，陞寶章閣待制，經略安撫使，封莆田縣開國男。六年，進寶章閣直學士，改知隆興府。未到任。七年五月，終于州治，年六十五。」與提要所考者悉合，知福建通志所載歷官實有未備也。

宋季三朝政要載理宗端平三年大琮爲右正言，上疏極論濟王之冤，侍御史蔣峴劾其鼓扇異端，案端字當作論。與王逸、劉克莊同日去國，蓋亦謇諤敢言之士，故其奏疏多能疏通暢達，切中時弊。

案今學津討源本、守山閣本宋季三朝政要皆只於嘉熙元年書行都大火，士民上書，咸訴濟王冤者，侍御史蔣峴、史黨獨唱邪説，謂火災天數，何預故王事，遂劾方大琮、王逸、劉克莊鼓扇異論，同日去國，見卷一。而其端平三年卽嘉熙改元之前一年條下，并無大琮爲右正言上疏論濟王冤事，偏考前後，亦無及此者。兩本皆出於元刻，學津本據屈振鏞鈔元刻本付梓，守山閣本卽據張本而校以文瀾閣本、舊鈔本、及趙魏據元皇慶壬子刻校補本。守山閣本又曾據文瀾閣本校勘，宜無脱漏，不知提要所據何本也。豈據福建通志及政要融會言之，未及分晰耶？俟假文津閣本政要再考之。墓志銘云：「三年除右正言，首疏曰：'霅川之事，向也天地祖宗猶察陛下之不得已，今威福自出矣，而元年御筆有曰，立嗣之事，難以輕議；二年御筆有曰，衛王案謂史彌遠功茂，深欲保持其家。一則如待深仇，一則如拊愛子。厲精之始，每一札出，萬方傳誦，獨此二札，讀者憮然。別疏乞用嘉祐、紹興故事，預選親賢。然故王之冤不雪，它日所屬意者可保乎？權姦之罪不討，它日豈無貪功者乎？因極論天下大勢，陛下宜自警。此福建通志言極論天下大勢所本。遷起居舍人，直前奏事，言陛下汲汲然責羣臣，曰大言傲誕者有之，肆行欺罔者有之，豈不以兵冗財殫而未有能畫富彊之策者歟？羣臣又切切然望陛下曰，淮南之封尚稽，此亦指濟王未立嗣也。輪臺之悔不聞，陛下何不自爲其所易，然後羣臣以所難責乎？嘉熙改元，兼權直舍人院，火後求言，有李子道、鄒雲從者上書，御筆並補將仕郎，公封還曰，寠人寒士，揣摩希合，傷陛下之友睦，反從而官之乎？卒寢其命。按齊東野語卷十四云：「丁酉火災，一時朝紳韋布，咸謂故王之冤不伸，致傷和氣，獨府學生李道子立異，一書援唐立武后事，謂此陛下家事，勿恤人言。又有廣南額外攝官事鄒雲一書，尤爲可駭，大略謂濟邸雖未得罪於天下，而實得罪於春秋，濟王不道，法所當除，陛下尚軫在原，猶存爵位，借使勉從羣議，俾延於世不可也。二人并特旨補將仕郎。權夕郎丁伯桂駁之，乃止。」李道子、鄒雲，即墓志所謂李子道、鄒雲從，特周密謂丁伯桂奏駁，而墓志以爲大琮封還御筆，彼此不同，或二人同時封駁耳。初，遠相諱言綱常，竄謫相望，世以爲戒，及上親政，復故王爵，召真、魏、洪三公褒贈前評事胡夢昱，於是稍有續前說者。殿中侍御史蔣峴惡之，疏劾四人，而以公爲魁桀，立殿上移時，請置重辟。賴上至仁，僅從薄譴，主管紹興府千秋鴻熹觀。」是大琮於濟王事屢疏諫争，其蹇諤敢言，可以概見。提要蓋未見克莊所撰墓志，四庫所收後村集非足本。故僅據三朝政要言之耳。齊東野語卷十四巴陵本末篇節録大琮爲右正言時所上疏，凡六百餘字，較墓志所載爲尤詳，文繁不備引。

原集久佚，此本乃其族孫良永、良節等蒐輯編成，蓋散亡之餘，已非全帙矣。

案墓志云：「遺文皆精妙可傳，有奏議、外制、雜著若干卷。」蓋作墓志時，文集尚未編定也。千頃堂書目卷二十九有方大琮鐵庵集四十五卷。丁丙善本書室藏書志卷三十一有宋寶章閣直學士忠惠鐵庵方公文集四十五卷，明正德刊本，皕宋樓藏書志卷九十同。廣西按察司按察使族孫良永校正，廣東布政司右參政族孫良節編刊。丁氏云：「按四庫著録作三十七卷，浙江採集遺書録亦三十七卷，鮑士恭鈔本、張金吾瞿鏞且稱三十六卷。按兩家所藏皆舊鈔本。此刻乃四十五卷，較提要多八卷，尤堪珍貴。」今按四庫本及瞿氏藏本皆稱爲族孫良永、良節編，見鐵琴銅劍樓藏書目卷二十一。則當同出於正德本，而卷數乃與刊本互有不同，未詳其故。

別集類十八 總目卷一百六十五

心泉學詩稾六卷

宋蒲壽宬撰。壽宬之名不見於史，其集亦不載於藝文志，惟明文淵閣書目載有蒲心泉詩一部一册。檢永樂大典各韻内所録頗多，題名皆作壽宬，而凌迪知萬姓統譜則作壽峸，黄仲昭八閩通志又作壽晟，互有同異。今案永樂大典卷卷皆作宬字，當非偶誤，其作晟、峸字者，殆傳寫譌也。

嘉錫案：倪燦補遼金元藝文志有蒲壽晟心泉學詩稾六卷，列入元人之内，注云：「蒲壽庚之弟。」案弟字當作兄。錢大昕補元史藝文志亦有蒲壽晟心泉學詩稾六卷，注云「晟亦作宬。」蓋皆據四庫全書簡明目録卷十六録入之。簡明目録云：「心泉學詩稾六卷，此集載永樂大典，惟題蒲壽晟，不著時代。」實不知原集究爲若干卷也。陸心源宋詩紀事補遺卷八十五據武夷山志録玉女峰詩一首，題其姓名爲蒲心泉，注云，「卽壽庚」。此固武夷山志之謬。武夷山志略四卷，明徐表然撰，見總目卷七十六地理類存目五。然以心源號稱熟於宋事，竟仍而不改，何其不檢歟？日人桑原隲藏蒲壽庚考，據陳裕菁譯本，中華書局出版。第四章蒲壽宬條下原誤作晟，據本書正文改自注云：「元史世祖本紀及明黄仲昭八閩通志作蒲壽晟，明凌迪知萬姓統譜、明何喬遠閩書及明曹學佺大明輿地名勝志作蒲壽宬。四庫全書總目提要百六十五曰，原無曰字。壽宬之名不見於史，然元史世祖本紀至元十三年二月條曰『伯顔遣不伯、周青招泉州蒲壽庚、壽晟兄弟』，總目謂不見於史，未免疏漏。其宬、晟、峸三字，總目論之曰，今案永樂大典卷卷皆作宬字，當非偶誤，其作晟、崴者，殆傳寫譌也。雖如此論，然大典時有誤謬，究難斷孰正孰譌也。」錫案，明人修永樂大典時，上距宋、元之際，不過百餘年，其所據之心泉學詩稾，非元槧即舊鈔也，他字容或有誤，不應於作者之名卷卷皆誤而無一是。且劉克莊後村大全集舊鈔本四部叢刊景印。卷一百二十三有回蒲領衞啓，注其名爲壽宬，然則其人之名當是宬字，而非壽晟與壽崴，亦已明矣。

壽宬家本泉州，其官履不概見，惟萬姓統譜稱其於咸淳七年知蒲州。案蒲州非南宋地，而集中有梅陽壬申勸農偶成呈同官詩，壬申爲咸淳八年，梅陽卽梅州，今爲廣東嘉應州地，是壽宬實知梅州。萬姓統譜又載其在官儉約，於民一毫無所取，建曾井，汲水二瓶置座右，人頌曰：「曾氏井泉千古冽，蒲侯心事一般清。」是壽宬在當日爲循吏。八閩通志則稱宋季益、廣二王航海至泉州，守臣蒲壽庚距城不納，皆出其兄壽宬陰謀，壽宬佯著黃冠野服，入法石山下，自稱處士，而密令壽庚納款於元。既而壽庚以歸附功授官平章，富貴冠一時，壽宬亦居甲第。一日，二書生踵門獻詩，有「水聲禽語皆時事，莫道山翁總不知」之句，壽宬惶汗失措，追之不復見云云，則壽宬又一狡黠之叛人。稗官小説，記載多岐，宋、元二史皆無明文，其孰僞孰真，無從考證。今觀其詩，頗有沖澹閒遠之致，裒録存之，釐爲六卷，亦足以備一家。若其人則疑以傳疑，姑附諸南宋之末焉。

蒲壽庚考第三章「顧祖禹之議論」條下，自注云：「讀史方輿紀要卷九十五，蒲壽庚之擅有泉州也，其初不過一亡命匹夫耳，宋史，壽庚，西域人，與其兄壽宬原作宬，據方輿紀要改以互市歸於宋。案見福建方輿紀要敘。祖禹所引宋史，檢之未得，俟考。」案余嘗細檢宋史，亦未得。又第四章「蒲壽宬」條下自注云：「明何喬遠遠原誤遵。閩書百五十二，蒲壽庚，其先西域人，咸淳末，與其兄壽宬平海寇有功。重纂福建通志清陳壽祺撰，同治六年刊本。卷二百六十六曰，咸淳十年，海賊寇泉州境，西域人提舉市舶蒲壽宬、壽庚擊退之。」又第五章「蒲壽宬之官歷」條下自注云：「明曹學佺大明輿地名勝志之泉州志勝卷五，宋末，西域人蒲壽宬與弟壽庚以互市至，咸淳末，擊海寇有功，壽庚歷官至招撫使，壽宬授知吉州，不赴，勸壽庚據泉以降元。又明凌迪知萬姓統譜卷十三，蒲壽宬，咸淳七年知蒲州。蒲州屬山西，非南宋領土，四庫全書總目提要指其誤，就心泉學詩稿推知其曾知廣東之梅州。明郭棐粵大記，原注廣東通志二百三十八所引。蒲壽晟，咸淳七年知梅州。性儉約，於民一毫無所取，每思曾井遺澤，建石亭於上，日汲水二瓶置廡右。廡字陳裕菁校改爲座。進士楊圭題其亭，有曰：『曾氏井泉千古冽，蒲侯心地一般清。』據此，蒲州爲梅州之誤無疑。曾井見南宋王象之輿地紀勝卷百二，曾姓者所鑿也，泉甘而冷，人苦瘴癘，一飲一日去。案粵雅本紀勝作一飲疾且去。壽宬號心泉，或與曾井有關，其知梅州，在咸淳六七年之交。大明輿地名勝志謂授知吉州不赴者，或見宋祚之蹙而辭退歟。」又「爲壽庚參謀之壽宬」條下自注云：「明何喬遠閩書一五二，初，壽宬自宋時仕至知吉州，逆計宋時已去，辭不赴，壽庚迎降及殲淮兵宗子，皆壽宬陰爲之謀，事成，迺佯著野人服入法石山，若無與其事者。又八閩通志八十六，宋末益、廣二王從福州行都航海幸泉州，駐蹕港口，守臣蒲壽庚拒城不納。壽庚武人寡謀，其計皆出於兄壽晟所籌畫。部署決策既定，佯著黄冠野服隱山中，自稱處士，示不臣二姓之意，而密俾壽庚以彈丸裹降表，命善水者由水門潛出，納款於唆都。既而元以壽庚歸附之功，授官平章，開平海省於泉州，富貴冠一時。據此兩引，壽宬蓋一策士，據萬姓統譜及粤大記，則又純然一循吏。純、循兩字，原本互誤，今改正。四庫總目提要以此爲疑，殊不必，策士與循吏循原誤純非絶不兩立者也。總兩説以觀，壽宬之性格始全然表現，彼殆一廉潔而多智之人耳。」又「退隱後之蒲壽宬」條下自注云：「法石山在泉州城東五里，原注：讀史方輿紀要九十九。山側有法石寺，故名。八閩通志八十六，忽二書生踵蒲壽晟門，案八閩通志原文作壽晟亦居甲第，忽二書生踵門，隲藏改之如此，故蒲壽晟三字外有括弧。自云從潮州來，求謁處士。閽人以處士方晝寢，弗爲白，書生曰：『願得紙筆書姓名，俟覺，敢煩一投，幸甚。』閽人乃遺以紙筆，遂各賦詩一首，其詩曰：『梅花落地點蒼苔，天意商量欲入梅。蛺蝶不知春去也，雙雙飛過粉牆來。』『劍戟紛紛扶主日，山林寂寞閉門時。水聲禽語皆時事，莫道山翁總不知。』案此二詩厲鶚、陸心源兩家皆未録。書畢，不著姓名，拂袖而去。壽晟既覺，闇人以詩進，惶汗失措，大恚不早白，遂遣人四出，竟不復見。」隲藏之所引證，較之提要更爲詳備，故摘録之於此。獨惜隲藏未見心泉學詩稾，提要雖見之，而未能因以考其師友之詩文集，故於壽宬之生平，知之皆有未盡也。宋黄四如文稾卷四宣武將軍夏璟墓誌銘云：「海雲蒲平章器愛之，河漢變色，車書共道，帥殿士而矦服，篚玄黄而臣附，是時奔走先後，捷瑞安，捷温陵，捷三陽，宣武之力居多。」海雲蓋蒲壽庚之别號，壽庚降元後之戰功，略見於此。隲藏未見四如文集，故未採入，今附識之於此，以爲讀蒲壽庚考者之一助焉。心泉稾中詠心泉之詩凡五首，計五古一首，見卷二。五律一首，見卷四。五絶三首。其五古云：「山泉不知源，流出石磊砢。」五絶云：「泠泠一澗泉，炯炯千樹雪。」後村大全集卷一百十二心泉記心泉學詩稾卷一有投後村先生劉尚書五言古詩一首云：「初，君行山間，得泉一泓，愛之，有會於心，卽其所結菴，扁曰心泉，曰，渴飲泉，飢讀書，終吾身於此矣。」然則所謂心泉者，乃壽宬於山澗中所自尋得之泉，而非曾氏所鑿之井泉。隲藏以爲壽宬號心泉，或與曾井有關者，非也。閩書言壽庚與其兄壽宬以咸淳末平海寇有功，景炎間始授壽庚招撫使，總海舶，重纂福建通志亦謂爲咸淳十年之事，而已稱壽宬、壽庚爲提舉市舶，兩説不同。隲藏定從前説，見蒲壽庚考第四章自注。且引宋史瀛國公紀景炎元年端宗丙子歲十一月條下，蒲壽庚提舉泉州舶司，擅蕃舶利者三十年之語，謂壽庚之提舉市舶，若果由於退寇之功，則自景炎元年上推約三十年，爲理宗淳祐年間，退寇宜在是時，始合本紀之說，恐各書所謂咸淳十年者，爲淳祐十年之誤，不然，則壽庚退賊之時已久任提舉之職，於事方合。重纂福建通志卷九十列載泉州歷任提舉市舶，淳祐末年後僅揭壽庚一人，則壽庚於淳祐至宋末間久於提舉之任，於斯益信。見第四章蒲壽庚之仕宋與降元。余考後村大全集卷二十七有寄題心泉詩云：「之子幽棲恨未深，飛泉來處有亭臨。觚懸木杪猶□耳，易在床頭且洗心。夸士十漿須五饋，痴人一□□千金。箕山潁水應如故，太息巢由不可尋。」後村詩係編年體，此詩之前，相距十首卽戊午上巳謁何恭人墳三絶句，戊午乃宋理宗之寶祐六年，上距淳祐十年凡八年。其心泉記當亦作於是時，記中略不及其功業政績，但云：「君既厭銅臭而慕瓢飲，心史大義略敍云：「蒲受耕祖富甲兩廣。」壽宬乃能入山隱居，故有此句。捨塵居而卽巖棲。」云云。是壽宬在此時尚隱居不出，未嘗立功入仕，可以想見。然則蒲氏兄弟之平海寇，必不在淳祐十年也。但閩書等以爲咸淳之末者亦誤，後村集卷一百二十三乙丑生日回蒲領衛壽宬啓略云：「恭惟某官，雅致甚清，宦情素薄。進以禮，退以義，安知環尹之榮；貧無諂，富無驕，不改布衣之交。」領衛者，乃領某某衛將軍之簡稱，非官名也。宋制自左右金吾衛以下諸衛，皆有上將軍、大將軍、將軍，將軍通謂之環衛官。見宋史職官志六。宋會要第七十六册職官三十三云：「孝宗隆興二年，上諭宰執曰：環衛官可依舊制，應以材略聞。聞上疑脱著字。堪任將帥及久勤軍事暫歸休佚之人，並爲環衛官，更不換授，止令兼領。原注云：「如節度使，則領左右金吾衛上將軍，承宣使，即領左右衛上將軍之類。」又云：「防禦使、刺史除諸衛大將軍，武功大夫至武翼大夫除諸衛將軍。」仍不差戚里及非戰功人。」克莊回啓作於乙丑，乃度宗之咸淳元年。壽宬之得爲領衛者，蓋前此以有平海寇之功爲將帥，後乃罷職歸京師，以原官領環衛，就克莊語觀之，則至是又已辭去環尹，環尹，用左傳環列之尹語，即謂環衛之官。疑其正以宫觀差遣，家居食禄耳。度其立功時，當在開慶、景定間。寶祐戊午後，改元開慶，僅一年，改景定，及五年而理宗崩，度宗乃改咸淳。然則海寇之平，安得遲至咸淳之末乎？後村集卷一百二十四又有戊辰生日回蒲領衛啓云：「敬惟某官，幼好奇服，自鑄偉詞。岐鼓嶧碑，剜苔蘚而出；湯盤孔鼎，勒金石以傳。諸公服其終賈之年，一日出于樊孟之右。」新唐書韓愈傳云：「劉又作冰柱、雪車二詩，出盧仝、孟郊右，樊宗師見爲獨拜。」戊辰爲咸淳四年，啓中不過美其少而能文，然亦可見此時尚家居未出矣。心泉學詩稾卷二有詩題云登師姑巖見城中大閱恍如陣蟻因思舊從戎吏亦其中之一蟻感而遂賦，是壽宬舊嘗爲軍吏，以擊海寇有功，遂被遷擢爲將帥，入領環衛後，乃辭官歸隱，故其詩曰：「未熟黄粱間，忽憶大槐裏。昔在羣蟻中，不知蟻是已。長揖謝孫穉，微笑辭蒯起。蠻觸胡爲哉，鷄蟲今已矣。醉眼未醒時，此真尺與咫。」蓋既已挂冠還我初服，視昔之躬擐甲胄、趨走行陣間，恍如黄粱之一夢云爾。此詩疑卽作於咸淳元年至四年，家居奉祠之時，至七年辛未始復起家知梅州，有梅陽壬申勸農詩。其後不知何時移知吉州，既知時事無可爲，遂辭疾不赴。同治福建通志於咸淳十年稱爲提舉市舶蒲壽宬，其言殊無所據也。心泉稾同卷有舶使王會溪太守趙見泰九日領客枉顧山中賦采菊東籬下悠然見南山韻十首，又有上舶使監丞王會溪詩一首，皆隱逸之言，雖不知作於何時，然總不出宋末數十年之中。既有舶使王會溪其人，則不惟同治福建通志所列淳祐後提舉市舶僅有蒲壽庚一人者恐不足爲據，卽宋史瀛國公本紀所謂蒲壽庚提舉泉州舶司，擅蕃舶利者三十年，似亦不免過甚其詞，未可盡信也。宋末兪德鄰佩韋齋集卷五有故舶使知泉州趙公挽詞，自注云：「公諱日起，號月山，生於丁卯，卒於辛巳。」丁卯蓋寧宗開禧三年，辛巳則元世祖至元十八年矣。舶使知泉州，乃其在宋時最後之官。考至順鎮江志卷十三宋太守題名云：「趙日起，朝散郎，直秘閣，景定二年三月至，八月召除考功郎官。咸淳五年六月，轉朝請大夫、集賢修撰再至，十一月與祠。」其以舶使兼知泉州，又不知在何年。然則淳熙十年以後之泉州舶使又有趙日起，尚安得謂宋末三十年間提舉泉州市舶者僅止蒲壽庚一人乎？隲藏於此亦未能詳考。黄仲昭八閩通志仲昭，莆田人，成化二年進士，明史卷一百七十九有傳。刊於明弘治四年，上距景炎間蒲壽庚之叛已二百一十四年，宜乎文獻無徵，而其所敍壽庚之陰謀秘計，乃曲折如見，疑必本之致和三山續志。見千頃堂書目卷八及錢氏元史藝文志，仲昭書中曾引之。蓋二王因不能駐蹕於閩，始狼狽入粵，至於無地可居，不得不以舟爲家，自趨絶地，以此卒亡於崖山，實由壽庚之叛變有以致之。況乎殲宗子，殺淮兵，極人間之殘酷。致和爲元泰定帝年號，其年七月帝崩。距祥興之亡不過五十年，宋之故老遺民猶有存者，目覩亡國之慘，痛定思痛，宜其切齒於叛臣；又疑壽庚武夫，未必能爲此謀，壽宬親爲之兄，能文章，嫻吏事，必嘗爲之運籌畫策，故遂明著其罪，筆之於書。其事之有無不可知，然壽宬身處嫌疑之地而又亡不越境，返不討賊，故見潮州書生之詩，爲之惶汗失措，蓋不能不内愧於心，使當時果追而及之，不知何詞以自解耶？閩書言壽宬之謀既成，迺佯著野人服入法石山。余考壽宬與胡仲弓交游最密，心泉稾中有與胡葦航贈答詩五首，卷二、卷四各二首，卷五一首。仲弓葦航漫遊稾四庫珍本影印本卷二亦有次心泉卜隱韻一首云：「誅茅法石巔，知己有青天。猿鶴尋前約，山林續舊緣。烟霞來枕上，風月繞吟邊。牕户多栽竹，相期晚節堅。」卷三又有走筆和法石紀遊詩一首，法石，蓋亦壽宬之别號，其末二句云：「連鼇已落高人手，列子湯問篇云：龍伯之國有大人，一釣而連六鼇。却是漁家欠巨竿。」大人改爲高人以協平仄耳。仲弓此二詩，疑皆作於景炎間。卜隱詩首尾似爲壽宬解嘲，頸聯則言其昔日已曾隱居，兹特續其舊緣，非至此始因避謗入山也。紀遊詩末二語，蓋謂於時環泉州諸郡皆已爲元師所取，泉亦牽連并陷，壽宬以閑退之人，手無尺寸之柄，無可奈何，惟有縱游山水以自適耳。其爲故人迴護，可謂至矣，然使壽宬果曾與叛逆之謀，則朋友之言，豈能使人相信乎？吾友陳援菴垣西域人華化考卷一嘗辨白其事曰：「日知録、案見卷十三「禁錮姦臣子孫」條。結埼亭外集見卷三十三題蒲壽宬詩均有貶壽宬語，然吾據丘葵釣磯詩集，同治癸酉正誼書院刊本，心泉稾卷一有贈丘釣磯一首。將爲壽宬訟冤。丘葵者，宋末泉州人，吕大圭弟子。大圭死於蒲壽庚之難，案宋元學案卷六十八北溪學案云：「吕大圭字圭叔，同安人。累官知漳州軍，節制左翼屯戍軍馬，未行，蒲壽庚率知州田子真降元，捕先生至，令署降表，先生不可，變服逃入海，壽庚追殺之。而葵釣磯詩集卷三有與壽宬唱和詩，案有題心泉所贈太白畫像及和心泉問柳各一首。卷四復有挽心泉蒲處士詩二首云：『把釣秋風辱贈詩，傷心無路送靈輀。欲書誄語應難盡，獨倚寒梅照石漪。欲持鷄絮列墳前，俗了青霞頂上仙。案釣磯題太白畫像亦云「後身應是青霞老」，與此句皆謂壽宬也。心泉古賦云：「捫青霞之絶頂兮，倚千仞而爲高。」只合化爲溪畔鷺，乘風飛去弄清泉。』是葵對壽宬始終無異詞。所謂『水聲禽語皆時事，莫道山翁總不知』者，特春秋責備賢者之意耳。」今案就丘葵詩觀之，只稱壽宬爲蒲處士，已可知其始終不仕元，此豈叛臣之所爲者。援菴此辯，可謂言人所未言。雖然，吾於壽宬，猶不能無疑焉。心泉稾古賦有云：「念故園之燕麥，悲荆棘之銅駝。」知其編次於宋亡以後。全稾六卷，計賦四首，古律詩及絶句凡二百六十七首，詩餘十八首，所存不爲甚少，除前所引古賦二句外，僅頭陀成菴主刺血寫法華經云：「丹書何切切，滴心不滴血。縱使血可乾，其如心不竭。蜀鳥啼作花，至今萬山纈。殺身以成仁，遺訓有先哲。」見卷二。稍露激烈之情，然全祖望已斥爲膚語。又郊行有感云：「鷄犬不鳴何處村，頹簷破壁問誰門。蓬蒿滿地田園在，瓦礫如山井臼存。青草髑髏疑是夢，白頭老父泣無言。諮諏隣舊多爲鬼，倚杖徘徊堪斷魂。」見卷五。頗寫亂離之慘，似乎壽庚之濫殺無辜，壽宬亦以爲太過，其餘無一語具黍離麥秀之思者。然其可怪尤不止此，卷一有己卯六月十一日書石室壁云：「晏坐圖畫出，銀屏列郡山。几案空水接，舟檝牕竇閒。清風蕩炎瘴，異趣起愞頑。夢隨白鷗去，靜看飛鳥還。夜深忽聞笛，何處明月灣。」己卯乃衛王昺祥興二年，其年二月六日癸未宋師敗於厓山，陸秀夫負昺投海死。壽宬賦詩之時，相去才百二十餘日，味其詞，不過自明其置身事外，飄然遠引之意，略無興亡之感，此豈義不事讎，逃之山陬海澨者之所忍出耶？然則壽宬之心，爲忠爲詐，未可知也。又卷五嶺後山莊詩云：「感慨重來歲月深，手栽松柏已成林。萬山自此無南北，一水長流不古今。先訓丁寧猶在耳，老吾寂寞自沾襟。君恩已遂祈閒請，莘野歸耕是本心。」此詩當作於南北混一之後，故有第三句，然則所謂君恩者，不知何帝之恩也。其所以終不仕元，恐與其在官儉約同一矯激沽名。蓋其人家世富豪，既內足於財，故無所多求於世，樂得以此鳴高耳，此其爲人雖與貪得無厭者有間。然提要及桑原隲藏遽以循吏許之，恐猶不免輕信，蓋循吏之名，非徒廉潔所能專也。至於丘葵不以其師之死讎壽宬，又從而贊美之，則葵或者不知其爲壽庚之謀主，卽令知之，而呂大圭之死，或非壽宬所與聞，觀於郊行有感之結句可見。葵以與壽宬交誼素厚，推兄弟罪不相及之義而曲諒之耳，不然，僅據葵泛然念舊之詞，遂謂明人之紀載皆失實，吾終以爲未安也。

別集類十九 總目卷一百六十六

拙軒集六卷

金王寂撰。寂字元老，薊州玉田人。登天德二年進士，案中州集卷二作天德三年進士，此誤也。歷官中都路轉運使，謚文肅。金史不爲立傳。元好問中州集載其詩入乙集中，而仕履亦僅見梗概。今以寂詩文所著年月事蹟參互考證，知寂自登第後，於世宗大定二年爲太原祁縣令；十五年，嘗奉使往白霫治獄；十七年，以父艱歸；明年，起復真定少尹，兼河北西路兵馬副都總管，遷通州刺史，兼知軍事，又遷中都副留守；二十六年冬，由户部郎出守蔡州；二十九年，被命提點遼東路刑獄；章宗明昌初召還，終於轉運使之職。而集中謝帶笏表，有「世宗享國，臣得與諫員」語，則又嘗爲諫官，又有「羣言交搆，擠臣不測之淵」語，而丁未肆眚詩有「萬里湘纍得自新」句，丁未爲大定二十七年，世宗本紀載是年三月辛亥以皇長孫受册肆赦，並與集合，是寂之刺蔡州，當以人言去國，而集中情事不具，其顛末莫能詳也。

嘉錫案：近人文廷式純常子枝語卷三云：「王寂集，提要稱寂出守蔡州，未詳本末。余案金史，事見河渠志，館臣偶失檢耳。」依檢河渠志云：「大定二十六年八月，河決衞州堤，壞其城。上命户部侍郎王寂、都水少監王汝嘉馳傳措置備禦，而寂視被災之民不爲拯救，乃專集衆以網魚取官物爲事，民甚怨嫉，上聞而惡之，黜寂爲蔡州防禦使。」寂所謂「羣言交搆」、「萬里湘纍」云云，蓋卽指此事言之。施國祁金史詳校卷三下河渠志校語，考寂蔡州以後仕履，與提要此節同，至於引章宗紀，知寂以明昌五年正月致仕，紀云：「前中都路都轉使王寂薦三舉終場人蔡州文商。」施氏以其稱前字，故知已致仕。引續夷堅志「京娘墓」條，知其以攝禮部終，則提要所未詳也。

莊靖集十卷

金李俊民撰。俊民字用章，澤州人。承安五年以經義舉進士第一，應奉翰林文字，未幾，棄官教授，南遷後隱於嵩山，自號鶴鳴道人，元世祖以安車召見，仍乞還山，卒，賜謚莊靖先生。集凡詩七卷，文三卷，澤州守段正卿嘗爲刊行，長平李仲紳等爲之序，明正德間郡人李瀚重付諸梓。今版已久佚，祇存寫本而已。

嘉錫案：元史竇默傳言：「帝嘗謂侍臣曰：『朕求賢三十年，惟得竇漢卿及李俊民二人』。」故李俊民傳卽附默傳之後。顧嗣立選其詩人元詩選甲集，取本傳之文，增損爲小傳。提要不知俊民史之有傳也，則直録詩選小傳以敍其仕履，惟據本集卷八題登科記後，改承安中爲承安五年而已，何其不檢之甚歟？考蘇天爵元朝名臣事略卷八竇默篇内自注，引楊文獻公楊奐謚文集云：「李狀元諱俊民，字用章，澤州晉城人。資醇謹，重然諾，不妄交游。金承安中舉進士第一，釋褐應奉翰林文字，南遷隱嵩山鳴臯山，北渡客覃懷，未幾入西山，既而變起倉猝，識與不識，皆以知幾許之。居鄉閭，終日選書不出，四方學者不遠千里而往，隨問隨答，曾無倦色。會皇弟經理西南夷，聞其賢，安車馳召，不得已，起而應之，延訪無虚日，遽乞還山，王重違其請，遣中貴護送之，年八十餘而卒。世之知數者無出子聰右，子聰卽劉秉忠。而子聰猶讓之。」又引汲郡王公謂王惲也中堂事記，删節過甚，今取秋澗集卷八十二中堂事記下所記中統二年六月八日事，録之於此云：「是日，追謚前經義狀元李俊民爲莊静先生。先生字用章，𣵠澤人，明昌間進士，此傳聞之誤。道號鶴鳴老人。在河南時，於隱士荆先生傳皇極數學。己未間，聖上在潛，令張仲一就問禎祥，優禮有加。至是先生已殁，其言盡徵，故有是命，以旌其德學云。初，張辭去，曰：『繼請以蒲輪來起公。』先生笑不答，贈詩以見方來，其辭曰：『丹鳳啣書下九霄，山城和氣動民謠。久潛龍虎聲相應，未戮鱣鯢氣尚驕。萬里江山歸一統，百年人事見清朝。天教老眼觀新化，白髮那堪不肯饒。』明年正月，先生卒于家。愚觀其遺書，所得蓋康節之傳云。」元史卽據此兩篇，左右采獲而爲傳。楊奐所謂皇弟經理西南夷者，謂憲宗二年壬子七月，世祖奉命征大理也。八月，師次臨洮，見憲宗紀。俊民之被召，當在此時。王惲言己未問令張仲一就問禎祥，則憲宗之九年也。其年七月，帝崩，世祖方率師攻宋，次于江北。九月，始聞憲宗凶問，遂圍鄂州。時朝中諸臣方謀立阿里不哥，十一月，皇后世祖妃使人密報，請速還，閏月，乃班師北歸。均見世祖紀。當行止未決之際，蓋嘗遣使問計於俊民，且詢休咎。惲言就問禎祥者，隱約其詞，不欲明言之耳。郝經傳言經嘗奉命與張仲一觀新月城，是仲一正在軍中，故得使之就見俊民也。此與壬子之被召，自是兩事，奐與惲各就所聞記之，本傳乃幷敍焉。傳不言其年壽，據二人言，則俊民以中統元年正月卒，年八十餘。考俊民承安五年登第時年二十五，見題登科記後。則當生於金世宗大定十六年，卽宋孝宗淳熙三年。至其卒時，八十五歲矣。觀其贈張仲一詩，蓋言人心歸嚮，必登大位，故有「龍虎」之句，比世祖爲潛龍，而以諸王大臣爲虎也。至次年三月，果被羣臣勸進，俊民已不及見。王惲言先生已歿其言盡徵者，正謂此耳。其下則言南宋雖尚强，終當爲元所混一，至至元十六年而亦驗，則惲之所不及料也。諸書皆言俊民卒後賜謚莊靜先生，此則尚須考證。文集之前，有癸卯年四月望日門人史秉直序，集中詩文所署年月，亦無在癸卯四月以後者，是歲爲太宗皇后乃馬真氏稱制之三年，俊民年僅六十有八。劉瀛序稱錦堂主人據集中詩，知錦堂卽正卿之號。募工鋟木，未百日而工畢，則卽刻成於是年，而乃名曰莊靖先生遺集，殊牴牾不合，疑爲李瀚重刻時所改題。然陸增祥金石補正卷一百二十六有新建五祖堂記，莊靖先生李俊民撰，進士史秉直校正，秉直卽作集序者。進士王一飛書丹篆額。此人無考。文爲河內全真道人郭道全建王重陽及邱、劉、譚、馬五祖之堂而作，末題歲次乙卯十二月十二日記，立石者卽郭道全，明是當時所立。乙卯乃元憲宗之五年。陸氏以爲金明昌六年，不知是時俊民年才二十，尚未登第，其說非是。俊民年甫八十，已有莊靖之號，則非死後方有此謚也。王惲又嘗記中統二年八月事云：「六日丙申，追謚前監察御史中庸先生張特立，其辭曰：『學有淵源，行無玷缺，雖經喪亂，不改故常。向潛邸之升聞，降璽書而褒重。未遂丘園之賁，俄興窀穸之悲。宜煥絲綸，用光泉壤。可依前號中庸。英靈如在，寵數其知。』」元史隱逸傳記張特立事略同。此與俊民之追謚同在一年，相去纔五十八日，以此例彼，蓋皆生前賜先生之號，死後因以爲謚耳。

俊民抗志遯荒，於出處之際，能潔其身。集中於入元後祇書甲子，隱然自比陶潛，故所作詩，類多憂幽激烈之音，繫念宗邦，寄懷深遠，不徒以清新奇崛爲工。文格沖澹和平，具有高致，亦復似其爲人，雖博大不及元好問，抑亦其亞矣。詩末間有注語，亦不言何人所加，無可考證，今仍舊本錄之，而注者姓名則姑闕焉。

案俊民與張特立同以完顏舊臣，受新朝之寵禮。特立終身不出，未嘗俯受弓招，故元史入之於隱逸，俊民雖亦未仕元，特以金末身際喪亂，隱居已久，至忽必烈征大理之歲，年已七十有六，樂於放曠，不顧復嬰世網耳，然猶起而應召，數承延訪，遂參密謀，陳符命，故史臣作傳，附之於姚樞、許衡、竇默之後，是直元代之謀士，非復金源之遺民也。觀其贈張仲一詩，頌蒙古爲清朝，祝其江山一統，而忘其爲天興之仇讎，金亡於天興三年。甚至詆南宋爲鱷鯢，恨華夏之不蚤滅，律以春秋之義，其能免於誅絶之罪乎？提要未考元史，不能知其生平，固不足怪，至謂其入元以後，祗書甲子，以爲自比陶潛，斯則可笑之甚。蒙古自中統以前，從未建立年號，朝野習俗，惟以十二禽紀年，如牛兒年、豬兒年之類，文士著書，只得但書甲子，金源既亡，除南宋版圖以外，舉天下之人莫不皆然，若以此爲自比陶潛，是何靖節之多也。且俊民文中稱大朝某年者凡三見，卷八重修浮山女媧廟記稱大朝庚子，陽城縣重修聖王廟記稱大朝壬寅年春，卷九重修王屋山陽臺宮碑稱大朝己亥歲。此豈不奉興王正朔者？提要遽儕之有晉徵士，淵明有知，恐亦羞與爲伍矣。詩中之注，當是其弟子史秉直輩之所爲，但無姓名可考耳。

白雲集三卷

元釋英撰。釋英字存實，錢塘人，唐詩人厲玄之後也。早喜爲詩，歷游閩海、江淮、燕汴間。一日登徑山，聞鐘聲，忽有所悟，遂去爲浮屠，蓋亦倚松老人饒節之流也。顧嗣立選元百家詩，收入此集，其目録題曰存實，蓋舉其字，卷端標名則曰白雲上人英，蓋以英爲一字名也。考梁有僧祐、僧肇，皆連僧字爲名，安知其不以釋英爲名，取義於釋家之英乎？雖牟巘、趙孟頫、胡長孺、林昉、趙孟若諸序皆稱曰英上人，此猶道林稱林公、慧遠稱遠公耳，不足證其非二名也。

嘉錫案：英字實存，不字「存實」。趙孟頫序云：「白雲詩集者，實存英上人所爲詩也。上人俗姓厲氏，其先出漢義陽侯温，至唐有名文才者，官都督，名玄者，官侍御史，侍御自陝出鎮於婺，因家焉，與姚合、賈島同時，皆以詩名。迨至太師屏山公，詩益昌。而上人父石田居士徙家於杭，故今爲杭人。幼而力學，稍長喜爲詩，有能詩聲，爲一時名公所知賞。壯益刻苦，慕貫休、齊己。從知舊走閩浙、江淮、燕汴，厭於世故。一日登徑山，聞鐘，有所感悟，遂去爲浮屠，結茆天目山中數年，遍參諸方，有道尊宿，皆印可之，故其詩超然有出世外之趣。」其末云：「上人名英，實存其自號云。」則其名實只一字，非取義於釋家之英亦明矣。蓋提要所敍釋英事蹟，實直録元詩選初集中壬集小傳，非取之孟頫之序，故於其篇末數語，竟熟視而無覩也。

別集類二十　總目卷一百六十七

弁山小隱吟録二卷

元黄玠撰。玠姓名不見於史傳，惟弘治湖州府志載玠字伯成，慈谿人，宋黄震之曾孫。清苦力學，無所不通，周游西湖，樂吴興山水，因卜居弁山，與趙文敏游，文敏稱許之。有卞山集、知非藁、唐詩選、纂韻録等書，獨不載此集之目，或後人以卞山集、知非藁並爲一編，改題此名歟？

嘉錫案：宋元學案卷八十六云「黄玠字孟成」，與他書作伯成者不同。黄溍金華黄先生集卷三十六慈溪黄君墓誌銘云：「慈谿黄君，卒于嘉興之寓舍，其孤玠將返柩以葬。君諱正孫，字長孺。大父諱震，寶祐丙辰進士，終於宗正少卿。父諱祖勉，宋元學案云黄夢幹字祖勉，文潔長子。蔭補將集仕郎。君年十二而宋亡，絶意於仕進，履行端粹，爲學者所敬慕。晚自號尚絅翁，以見其志云。至正乙酉正月七日，以疾卒，享年八十有一，葬定海縣靈緒鄉澤山之西阜，從先塋也。公當作君親傳家學，不自表襮，而教其子玠，克自成立，遂以文名於一時。」萬姓統譜卷四十七云：「黄玠字伯成，定海人，震之曾孫。自幼聰敏善記，比長，服膺先訓，博洽無不通。志尚卓然，不随俗進退，躬行力踐，以古聖賢自期，隱居教授，孝養二親，聞其名者争遣贄迎致之。每渡浙而西，富家宦族，尊其德學，爲築館舍，貰田産以居之。樂嘉興山水之勝，卜築弁山，遂號弁山小隱，與趙子昂、黄晉卿相友善。所著有弁山集、知非藁、纂韻録、唐詩選各若干卷行世。卒年八十。翰林學士鄒緝等撰狀銘。從祀嘉湖寓賢祠。」所記與弘治湖州府志不盡同，當是别有所本。玠本慈谿人，而統譜以爲定海人者，蓋玠曾祖震本貫定海，晚年復居定海靈緒鄉之澤山，子孫多居澤山也。見宋元學案。震以大儒爲名臣，國亡之後，餓于寶幢而卒。亦見學案。子孫能稟其遺訓，安貧樂道，三世不仕元，君子之澤，貽留遠矣。玠自序有云：「夫歸必有資，既不能自資，資於人而歸，又余之所不能。情發於中而形於言，目之曰弁山小隱吟録，以畀吾兒私藏之，于以紀吾游之寓，而鄉土親戚之思，亦可見也。」末題至正乙酉冬十二月，時距其父喪已將一年，而猶浮游江海間，不能自還。二語亦見自序。故自編其詩藁，以貽子孫，而名之曰弁山小隱吟録者，明己之欲歸不得，此皆作於流寓之中者也。提要既見其自序，見後。乃謂爲後人所改題，豈非讀之未能終篇耶。

其詩不爲近體，視宋末江湖諸人惟從事五七言律者，志趣殊高。多勸戒之詞，其上者有元磬矣。

結遺意，次者亦近乎白居易，雖宏闊深厚不能及二人，要於俗音嘈囋之中，讀之如聽古鐘

案吟録兩卷之中雖無近體詩，若謂玠平生未嘗爲近體，則恐不然。自序曾舉所題江山歸興圖詩云：「秦望東南遠欲無，依稀禹穴向姚虞。幾時把酒鄞江上，却對江山看此圖。」此非近體耶？陸心源儀顧堂續跋卷十三云：「卞山小隱吟録二卷，上卷五言古，下卷七言古，而無近體詩，似不屑爲近體詩者。然玠嘗與顧玉山瑛游，玉山名勝集載玠七律十餘首，吳興藝文補載玠七律四首，五律一首，七絶六首，均在此本之外，似非不爲近體詩者。想大典所存，祇得其半，非全帙也。」陸氏疑其非全帙，蓋是也，而謂大典本祇得其半則非是。四庫著録此集，乃兩淮馬裕家藏本，非自永樂大典輯出，陸氏誤記耳。鄭元慶湖録經籍考卷二云：「吟録止二卷，裒然兩册，予在曝書亭見之，尚不能得其全也。」是朱彝尊所藏已非完書，不獨馬氏本爲然矣。

前有自序，稱蔑有令德，不敢謂隱，獨以所得於天者薄，故將退藏以終其身。又引文中子之説，稱願上之人正身修德，使時和歲豐，已受其賜，尤粹然有德之言，勝嬌語高蹈者萬萬也。

案自序曰：「至元丙子，家燬於兵，厥後子孫挈而西來。自余之西，四十有餘載，教授諸生以資共養，髮種種且白，來日其幾餘哉。又如是不止，行將焉歸，蔑有令德，不敢謂隱。」

云云。至元丙子者，卽宋少帝㬎之德祐二年，而端宗昰之景炎元年也。其年二月，元兵破臨安，俘三宮北去。此不知在何年。父正孫隱遁終其身。黄氏之家既燬於兵，已而玠之王父夢榦先卒，大王父震以餓死，此，不欲明言，故微文以見意，其曰「蔑有令德，不敢謂隱」者，巽詞以著立身之跡也。其引文中子「願上之人正身修德」云者，危行言孫之義也。提要僅稱其勝於矯語高蹈者萬萬，意欲以此諷刺明之遺民，是則玠之所不任受也。玠抱家國之隱痛，承奕世之孤忠，自無可仕之理，特泚筆至

別集類二十一 總目卷一百六十八

一山文集九卷

元李繼本撰。繼本名延興，以字行，東安人，占籍北平。登至正十七年進士，授太常奉禮，兼翰林檢討。考其代雄縣知縣所作禱雨文内稱洪武二十七年，則其人明初尚存矣。

嘉錫案：錢謙益列朝詩集前編卷十一有李廣文延興詩二十五首，其小傳云：「延興字繼本，東安人，先世河南人，元初占籍北平。父士瞻，前翰林學士承旨，封楚國公。少以詩名，至正丁酉中王宗嗣榜三甲進士，授太常奉禮，兼翰林檢討。中原俶擾，隱居不仕，河朔學者多從之，以師道尊於北方。有一山文集，其自敍云，歲壬辰，爲雄邑招致，親夏楚事，又

有移教房山留别雄縣周尹詩。繼本辭官設教，士友咸稱廣文先生，不稱故翰林。元季崇師重道，其流風可觀也。又云，洪武乙卯，典邑校於涞，以口耳學爲童子師；丁巳秋，得告還里；戊午夏，永清劉宰招致，攝其鄉學。國初學官，聽郡邑長吏推擇名碩爲之，故繼本雖元亡不仕，猶出典邑校也。畿南志皆未詳，故志之。」黄虞稷千頃堂書目卷二十九有李延興一山文集九卷，敍其仕履畧同，且云：「入明不仕，郡邑聘爲教官。」是則延興入明後之出處，前人已明言之矣。然考明人凌迪知萬姓統譜卷七十三，乃云：「李士瞻，東安人。爲翰林學士承旨，封楚國公。有經濟集。子守成，官至翰林檢討，有德望，河朔學者多師之，有一山文集。」官同、事同、集同，疑卽一人，及檢錢大昕元史藝文志卷四李繼本一山文集九卷下注云：「一名守成，士瞻子。」始知果一人也。此集前有李敏序，稱爲其子方曙、方煦所輯，而景泰中黎公穎序，則曰其孫容城教諭仲所編，意其父子相繼而成歟？朱彝尊明詩綜蒐羅最備，獨未録是集，殆以未仕於明，故與楊維楨諸人一例不載。顧嗣立元百家詩選亦未收入，則疑流傳頗少，嗣立偶未見也。案明詩綜卷十四有李延興詩十七首，館臣以李繼本姓名求之而不得，遂以爲未録其詩，記所謂心不在焉，視而不見，其斯之謂歟？静志居詩話曰：「一山，北方之學者，其詩文頗拔俗，長歌尤擅場。洪武中雖未仕于朝，集有與友人書云，從東安丞李遂招致，親夏楚事，未幾，逼爲訓導；又有移教房山留別雄縣周尹詩；又淶水縣學記云，延興猥以譾才，代匱學職；又自敍云，洪武戊午，永清劉宰招致，攝其鄉學，則其典邑校者屢矣。故自贊畫像有云：『雖同乎今之人，而以聖賢爲矩墨；雖食夫今之祿，而視軒冕猶泥塗。』然一山本元進士，而上總戎詩則曰：『大將軍，出沙漠，萬里河山盡開拓。獲其名王歸，四面凱聲作。功成獻俘蒲萄宮，天清日白開鴻濛。遂使樓煩之壤，化爲冠帶，衍爲提封。』未免言之太盡，無復一成三户，黍離麥秀之思矣。」朱氏之所考，不能出錢謙益之外，至其以上總戎詩罪延興，則清代人之偏見也。

別集類二十二總目卷一百六十九

覆瓿集七卷

明朱同撰。同字大同，自號紫陽山樵，休寧人，翰林學士升之子，明史附見升傳末。是集末有范櫄跋，稱洪武中以人材舉爲東宫官，尋進禮部侍郎。而同時范準作雲漢歸隱圖跋，則云由吏部員外郎陞禮部侍郎。準字平仲，嘗受業於升，與同交至契，所記宜得其實。

嘉錫案：明史卷一百三十六朱升傳末，但云「子同，官禮部侍郎，坐事死」，如是而已。考王世貞弇山堂別集卷十異典述五云：「洪武十三年以後，陞六部尚書二品，侍郎三品，其超遷者，司封員外郎屬吏部朱同，試禮部右。」又卷五十六禮部左右侍郎表云：「朱同，直隸休寧人，舉明經，十五年任右，十六年坐事廢。」而後同之始末略明，可以補史之闕矣。提要謂范準所記宜得其實，信然。然范檁亦同時之人，其跋中所言何以獨異耶？余以爲蓋洪武時，詔舉人材，同以明經被舉，卽用爲詹事府小官，如校書正九品正字從九品之類，其後累遷至吏部員外郎，從五品。遂蒙不次之擢，命試禮部侍郎耳。準舉重略輕，檁則但著其終始，故不能無異。其實序跋之文，與誌狀不同，固不必舉其平生所歷之官枚數之而不遺也。

又明史但載同坐事死而不著其詳，蔣一葵堯山堂外紀乃云同以詞翰受知，宮人多乞書便面，一日御溝有浮尸，帝疑之，遂賜死，其説頗荒唐，未可信也。

案明詩綜卷四云：「朱同，洪武中以人材舉，爲東宮官，進禮部侍郎，尋被誣得罪。」與明史不同。陳松珊先生先生諱田，貴陽人，宣統時官掌印給事中，有直聲，曾劾袁世凱，清亡不仕，其兄之子歸余爲繼室而亡，故於先生字而不名。明詩紀事甲籤卷十五云：「田按黄瑜雙槐歲抄卷一稱同大父升，得六壬之奥，生子同，課之曰，此子後必遭婦人之禍。天兵過徽，高皇帝素知升名，遂預帷幄密議，臨行問所願欲，升跽而泣曰：『臣子同，後得全軀而死，臣在地下，亦蒙恩不淺矣。』同仕至禮部侍郎。善詩翰，大被寵遇，禁中畫壁，多其題詠。或令題詩賜宮人，忽御溝中有流屍，上疑之，將殺同，因念允升之請，令其自經。壬課精妙，一至於此。與堯山堂外紀所言，同一不經。今檢覆瓿集，有遭誣得罪賦詩見志云：『四十趨朝五十過，典章事業歷研磨。九重日月瞻依久，一代文章制作多。豈有黃金來暮夜，祇愁白髮老風波。歸魂不逐東流水，直上長江訴汨羅。』蓋以贓罪見誅也。」先生此言，可以證明詩綜之不謬，補提要所未詳矣。

臨安集六卷

明錢宰撰。宰字子予，一字伯鈞，會稽人。元至正中中甲科，親老不赴公車，教授於鄉。明初徵修禮樂書，尋以病去。洪武六年授國子助教，以賦早朝詩忤旨，遣歸。二十七年，又召修書傳會選，書成，優賚加博士致仕。事蹟附見明史趙俶傳。考集中金陵形勝論，末署洪武二十七年六月國子博士致仕錢宰進，是致仕即在奉召之年，蓋留京師者不及一歲也。

嘉錫案：邵晉涵南江文鈔卷三有臨安集提要，與今本異，而其敍錢宰仕履處則多同。明史趙俶傳卷一百三十七附宰事，不言其一字伯鈞，但云：「至正間中甲科，親老不仕。洪武二年，徵爲國子助教，作金陵形勝論、此誤以二十七年所作爲十年以前事。歷代帝王廟樂章，皆稱旨。十年乞休，進博士，賜敕遺歸。二十七年，帝觀蔡氏書傳、象緯運行與朱子詩傳相悖，其他注與鄱陽鄒季友所論有未安者，徵天下宿儒訂正之。兵部尚書唐鐸舉宰及張美和、靳權等，行人馳傳徵至，命劉三吾總其事。江東諸門酒樓成，賜百官鈔宴其上，宰等賦詩謝，帝大悦，諭諸儒年老願歸者先遣之。宰年最高，請留，帝喜，書成，賜名書傳會選，頒行天下，厚賜令馳驛歸，卒年九十六。」提要所敍宰之仕履與傳多牴牾不合，而不言其所本。其最誤者，謂宰之加博士致仕，爲在二十七年修書傳告成以後也。余嘗考之，大抵沿襲錢謙益列朝詩集之謬耳。謙益選宰詩六十首，入甲集第十七，其小傳曰：「公字子予，一字伯均，會稽人，吳越武肅王十四世孫也。至正間中甲科，親老不赴公車，教授於鄉。此語已與本傳不同，明詩綜亦無之，惟提要與之合。唐之淳、韓宜可皆出其門。國初以明經徵修禮樂書，尋以病歸。此事雖爲本傳所未言，然明詩綜已從之，故提要亦因而不改。洪武六年，授國子助教，上疏乞歸。二十三年，召爲會試考官。二十七年，又召校書翰林，命作金陵形勝論、歷代帝王廟樂章，皆稱旨。是時老儒凋謝，與學士鎦三吾並承眷倚，每進見，必賜坐侍食。年幾耋，再三乞骸骨，加博士，賜勑致仕，遣行人護歸。公嘗早朝，口占絶句云：『四鼓鼕鼕起着衣，午門朝見尚嫌遲。何時得遂田園樂，睡到人間飯熟時？』明日，文華燕畢，上面諭曰：『昨日好詩，朕曷嘗嫌汝，何不改憂字？』又曰：『朕今放汝去，好放心熟睡矣。』公率諸老人拜謝，皆遣還。」朱彝尊明詩綜卷七亦云：「錢宰字子予，一字伯均，會稽人。元進士，明初以明經徵修禮樂書，授國子助教，乞歸，召較書翰林，加博士致仕。

有臨安集。」其説全出於謙益，但稍略耳。以提要與明史及此兩書考其同異，則其以列朝詩集爲藍本，昭然甚明，惟謂宰賦早朝詩在官助教之時，係參用彝尊静志居詩話，附見詩綜內敍此事於二十七年修書傳之前。尚能小有補苴而已。邵氏未及此事。謙益文章著述在乾隆時懸爲厲禁，務使不留一字，卽他人文字偶或涉及之，亦必抽出銷燬，乃四庫中人，不惟讀之而且利用之，焚書之令，不能行於侍從之臣，則何益矣。提要明知宰事附見趙俶傳，乃棄而不用，而惟謙益之是從，是何也？蓋以爲謙益有重名，擅長史學，熟於明代掌故，且與宰爲同族，所言必非無據故也，而孰知有大謬不然者。明詩紀事甲籤卷十四曰：「田按子予仕履，各家紀載多有錯誤，列朝詩集踳駁尤甚。實録，洪武六年三月，以儒士錢宰爲國子助教。錫按明史本傳，以助教之授爲在洪武二年，誤也，曝書亭集錢宰傳不誤。是年，命建歷代帝王廟，則子予撰帝王廟樂章當在此時。牧齋敍次於修書之後，案謙益并不言修書傳，只稱校書翰林而已。誤一。實録，十年三月，國子助教錢宰以年老乞致仕，上敕云：助教錢宰，學問老成，訓導有方，在學數年，綽有成效，年滿七十，懇辭還鄉，特授文林郎、國子博士致仕。而牧齋云二十七年召校書翰林，加博士，賜敕遣歸，誤二。修書傳時，江都諸門酒樓成，賜百官鈔，宴其上，宰等賦詩以獻，帝大悦，遣禮部尚書任亨泰諭諸儒，年耄思歸者遣之，宰年最高請留，而牧齋云公嘗口占絶句云云，明日文華讌畢，上面諭曰：『朕今放汝去，好放心熟睡矣。』公率諸老人拜謝，皆遣還。此詩當賦於助教之日，案先生此說卽本之提要。而敍次於修書傳之後，必無去留聽便之人，忽賦思歸之句，自相牴牾，誤三。四庫提要云，集中金陵形勝論末署洪武二十七年六月，國子博士錢宰進，九月書成，六月已先署博士，此尤早加博士之確證；又曰，是致仕卽在奉召之年，修書遣歸，非致仕也，亦小有誤，偶不檢耳。」今案實録又云：「二十七年九月己酉，正蔡氏書傳成，賜名曰書傳會選，賜諸儒宴及鈔，俾馳驛而還。」明詩紀事謂九月書成，蓋本於此也。觀宰形勝論末所自署，知其奉召復起，只是以博士原官入翰林院修書，定正蔡氏書傳時，命開局翰林院。未嘗落致仕，宋人於已致仕之官復用，輒有詔落致仕。蓋因其年已老大，不欲煩以職事，及書成而其責已了，則直馳驛而歸耳。既已賜鈔，故不更酬以官，實録所載甚明。謙益嘗撰太祖實録辨證五卷，見初學集卷一百一至一百六。非不讀國史者，而其記錢宰事，乃譌謬如此，殆誤以奉召爲起官，又疑書成後何以無賞，遂妄移加博士致仕於二十七年耳。列朝詩集中所敍之事，顛倒錯亂，類此者不可勝數，明詩綜及提要信之太過，遂仍其誤而不覺。然曝書亭集卷六十三有錢宰傳，蓋其在明史館擬作之稾，與實録無不合，詳核勝於今明史。詩綜成於康熙四十四年，見本書卷首自序。彝尊年已七十有七，彝尊卒於康熙四十八年，年八十一，見疑年録。耄而善忘，致與自作之文相矛盾，是亦晚年著書者所宜深戒也。既因錢宰事牽連及此，遂書之以自警云。

宰學有原本，在元末已稱宿儒，韓宜可、唐之淳皆其弟子。其詩吐辭清拔，寓意高遠，刻意古調，不屑爲豔仄之體。徐泰詩談譬以霜曉鯨音，自然洪亮。古文雖非所擅長，而謹守法度，亦無卑冗之習。

案静志居詩話云：「博士詩波瀾老成，諸體悉稱，韓宜可、唐愚士皆師事之。」韓宜可字伯時，明史卷一百三十九有傳。唐之淳字愚士，附見文苑王行傳後。卷二百八十五。明詩綜皆嘗選其詩，韓在卷四，唐在卷十六。乃於此處一稱其名，一稱其字，亦耄而善忘之過也，故提要改從列朝詩集。徐泰字子元，著有詩談一卷，刻入鹽邑志林，提要所引之語亦見明詩綜。

其集，明史藝文志、焦竑國史經籍志俱未著録，則在明代行世已稀。今從永樂大典中採掇編排，參以諸選本所録，釐爲六卷，以備明初之一家。

案千頃堂書目卷十七有錢宰臨安集十卷，提要失考。趙魏竹崦傳抄書目尚著於録，凡十卷，百二十三頁，是乾隆時猶有傳本，魏卒於道光五年。四庫偶未收耳。

海叟集四卷集外詩一卷

明袁凱撰。凱字景文，華亭人。洪武中由舉人薦授監察御史，以病免歸。事蹟具明史文苑傳。其集舊有祥澤張氏刻本，乃凱所自定，歲久散佚。天順中，朱應祥、張璞所校選者名在野集，多以己意更竄。弘治間，陸深得舊刻不全本，與何景明、李夢陽更相删定，卽所刊瓦缶集、既悔集是也。隆慶時，何元之得祥澤舊刻，以活字校印百部傳之。萬曆間，張所望復爲重刻。此本乃國朝曹炳曾所校，以張本爲主，而參以何氏本正其謬誤，較諸本差完善焉。嘉錫案：吾友傅沅叔增湘嘗得鈔本在野集，又得舊刊本海叟集，審爲祥澤張氏原刻，皆爲之跋，載於所著藏園羣書題記初集卷七，其海叟集跋曰：「按曹炳曾序，稱公集有在野集、瓦缶集、既晦集諸名，四庫提要因之。然余考在野集今尚有傳鈔之本，瓦缶集見於萬曆本林有麟序，即董宜陽所言陸儼山急於流布，因編爲別本者是也。惟既晦集羌無故實，頗用爲疑，及詳檢之，乃知實由讀李獻吉序文斷句偶誤，以致此失耳。序云：『叟名行既晦，集亦罕存。』蓋隱指公佯狂自晦而言，曹氏句讀未審，遂有前此陸文裕刻瓦缶集、既晦集之言，館臣沿譌踵謬，復誤晦爲悔，又有何、李更爲删定，刊瓦缶集、既悔集之説，寧非笑端。茲考而正之，俾誦公詩者知惟海叟集特爲全帙，其他在野、瓦缶兩集皆屬選輯之本，此外更無既悔集之名也。」

別集類二十三總目卷一百七十

練中丞集二卷

明練子寧撰。子寧名安，以字行，號松月居士，新淦人。洪武乙丑進士。建文時，官左副都御史，燕兵入，殉節死。事蹟具明史本傳。當燕王篡立之初，誣建文諸臣爲姦黨，禁其文字甚嚴。弘治中，王佐始輯其遺文，名曰金川玉屑，故徐泰詩説有「金川練子寧，玉屑無多，爲世所寶」之語。此本乃泰和郭子章重編，附以遺事一卷，其裔孫綺復增輯之。黄溥簡籍遺聞嘗記集中可疑者三事，一曰送花狀元歸娶詩，謂洪武辛亥至建文庚辰，狀元但有吴伯宗、丁顯、任亨泰、許觀、張信、陳䢿、胡靖七人，無所謂狀元花綸，綸乃洪武十七年浙江鄉試第二人，不應有奉詔歸娶事。

嘉錫案：明史卷一百四十一子寧本傳但記其大節，未嘗載及别號，提要此篇所敘仕履，蓋直録明詩綜卷十六小傳耳。大抵提要敍明人事，多取之朱彝尊，猶之於宋取厲鶚，於元取顧嗣立也。明詩紀事乙籤卷一引黄溥此説，駁之曰：「溥知綸非狀元，而不知綸爲乙丑第三人。雙槐歲鈔、升菴詞品、弇山堂别集，皆云花綸洪武乙丑及第。又嘉靖仁和縣志云，花綸字正言，登洪武十七年鄉薦，明年成進士第三，授編修，性孤潔，杜門絶迹往來，其於權勢之交更疏冷，有私媚者常惡之，竟遭誣害。雙槐歲鈔亦云，綸得罪不令終，與升菴言綸謫戍雲南語略同。升菴謂綸黄觀榜第三人，亦誤。」余嘗卽紀事所引，還考之於其書。黄瑜雙槐歲鈔卷二云：「洪武甲子，重定科舉之制。次年乙丑會試，翰林待詔朱善、前助教弇山堂别集作前典籍聶鉉爲考試官。黄子澄第一，練子寧次之，第三名花綸，乃浙江新解首。

及殿試，有司奏綸第一，子寧次之，子澄又次之。先一夕，上夢殿前一鐵鉅釘，掇白絲數縷，悠颺日下，覺以語左右，莫知其爲何祥，及拆狀元卷，乃花綸也。上嫌其不叶夢，取第二人爲首，已而得丁顯卷，姓名與夢相符，遂擢爲狀元，子寧次之，綸又次之，三人皆拜修撰。子澄抑置三甲，與顧觀爲翰林庶吉士。久之，子澄亦授修撰云。或傳童謡曰『黄練花，花練黄，』上惡其語，以綸及子澄年少高科，故抑之也。顯後獲譴歸，終於修撰，而綸改福建道監察御史，出按江西，坐罪不令終云。」弇山堂別集卷八十一敍事同而詞甚略，惟言上自以夢故，用丁顯爲狀元而已，又不記顯與綸所終。楊愼升菴詞品卷六（升菴外集卷八十六）則曰：「杭州花綸，年十八，黄觀榜及第三人。初，讀卷官以花綸爲第一，練子寧第二，黄觀第三，御筆改定，以黄第一，練第二，花第三。南京諺有『花練黄，黄練花』之語，故後人猶以花狀元稱之。其科題名記及登科録皆以黄、練二公死革除之難剗毁，故相傳多誤。花有詞藻，其謫戍雲南，有題楊太真畫圖水仙子一闋，其風致不減元人小山、酸齋輩。」此固足以釋黄溥「花狀元」之疑，然既誤以黄子澄爲黄觀，又不知子澄之卒被抑而代以丁顯，可見升菴於此事僅得之傳聞，且使非當時人向來相承，統稱一甲三名爲狀元，獨以綸嘗被考官首擢及「花練黄」之謡，遂以花狀元呼之，此在流俗人得之耳食，容或有此傳訛，子寧固親聞臚唱者，明知綸非狀元，而故隨衆相稱，又從而筆之於書，是無異與綸以難堪，恐子澄必不肯如此也。余又考之沈德符萬曆野獲編卷十云：「自太祖洪武四年開科取士，至十八年乙丑科，而一甲三名丁顯、練子寧、黄子澄俱授翰林院脩撰。」又云：「按洪武十八年狀元，有云花綸者，則見永平志，有云鄧偉奇爲榜眼，見楚紀，是科會元有云黄子澄者，有云鄧偉奇者，俱未知孰是。」德符最熟於掌故，乃竟不知花綸嘗以第三人及第，其誤與黄溥同，總由是科題名碑被殘毁，故傳説如此紛紛耳。然據所引永平志，則知以狀元稱綸者不祗子寧一人矣。惟劉獻廷廣陽雜記卷一云：「洪武乙丑科，丁顯爲狀元，練子寧爲榜眼，花綸爲探花。子寧有送花狀元歸娶詩，以狀元稱花，不曉其故。考宋時稱鼎甲者皆爲狀元，或以是也。是年黄子澄以三甲改庶吉士，今狀元考與翰林題名皆以黄爲探花而遺綸名，蓋是科題名碑有缺，故誤傳耳。」所言獨與雙槐歲鈔、弇山別集合，其解子寧稱花狀元之故，亦最爲有理，此猶宋人陸元老有陸狀元集百家注通鑑詳節，見愛日精廬藏書志卷九。徐子光有徐狀元補注蒙求，見經籍訪古志卷五。考之通考選舉考卷三十二有宋狀元中無此兩人，并陸姓者亦無之。蓋皆以一甲進士蒙此稱者也。子寧此詩用洪武正韻，望而可知爲明初人之作，黄溥不考而妄疑之，何足信哉。

一曰，故耆老理庭黄公墓誌謂子寧及第在洪武十八年，此誌後題洪武丙辰三月之吉，乃洪武九年，不應結銜稱賜進士及第、授翰林院修撰。

案此誌是否出自子寧之手，固不可知，然安知王佐非得其稾於黃氏，文雖作於九年，而結銜則爲其子孫後來所增加，以爲先人光寵耶？

一曰，集後雜考引葉盛水東日記，載長樂鄭氏有手卷練子寧賦，張顯宗跋，稱顯宗狀元及第，洪武時亦無此狀元，其言頗核。蓋子寧一代偉人，人争依託，因而影撰者有之，然終不以僞廢其真也。

案水東日記卷十四云：「廣州府學教授長樂鄭萬奎藏其父耽犁手卷，有洪武甲戌國子博士臨安錢宰所著躭犁生傳，辛巳春三月晦日廬陵胡靖光大讀躭犁生傳一首，又有建安張智、蘇伯厚等詩，文多不録，録練子寧、張顯宗二文於後。」其後卽録賦一篇，末題洪武三年冬十月既望清江練子寧；跋一篇，末題建文二年夏四月十八日臨汀張顯宗。日記又云：「萬奎言顯宗狀元及第，唱名前一夕，高皇夢雙絲墜地，後任國子祭酒，往江西起義兵，不知所終。」考雙槐歲鈔云：「洪武二十四年辛未二月，天下貢士會試者六百六十有奇，中式者許觀，貴池人，凡三十一人。入對大廷，觀復第一，張顯宗次之，吳言信又次之。觀後復姓黃，官至少宗伯，死於靖難。」弇山堂別集畧同。無觀後復姓黃云云。然則顯宗雖非狀元，而實榜眼，鄭萬奎以狀元稱之者，猶之花綸以探花而稱狀元耳。且縱使顯宗不當稱狀元，亦不過萬奎記憶之誤，於子寧之賦，顯宗之跋，有何干係，而遂指爲僞作乎？黃溥之言，可謂疑所不當疑矣。至於鄭萬奎記顯宗始末，則實有誤者。高皇夢雙絲墜地，明係因丁顯事而誤傳，沈德符野獲編卷十五云：「洪武二十四年辛未科，一甲第二名張顯宗，福建寧化人，拜編修，歷官工都右侍郎，以事遣戍興州，起至交阯左布政使卒官，此史所紀也。」蓋謂明實録。考乾隆一統志卷三百三十三汀州府人物云：「張顯宗字明遠，洪武中及第，遷國子祭酒。建文末擢工部右侍郎，募兵江西。燕王入京，被執，謫興州；交阯平，起爲布政使，有政譽。」則顯宗雖嘗起兵而實未死，與德符所引國史合。德符顧信水東日記之言，稱爲死節，誤矣。德符又云：「他書紀顯宗爲狀元，不止葉文莊一人。」可見傳譌之有因也。

康齋文集二十卷

明吳與弼撰。與弼字子傳，臨川人。天順元年，以忠國公石亨薦徵至京師，授左春坊左諭德，不就職，詔行人護送歸。事蹟具明史儒林傳。與弼出處之間，物論頗有異同，尹直作瑣綴録，詆之尤力，雖不免恩怨之口，然爲石亨作族譜跋，稱天順戊寅七月二十一日門下士崇仁吳與弼拜觀，其文今載十二卷中，決非尹直所竄入。陳維新序引薛瑄受知王振爲解，劉世節序又引孔子欲見佛肸爲解，究不能厭天下之心也。其講學之功，備見於日録，第一條卽稱乙丑夢見孔子、文王，第二條又稱夢見朱子，後又稱丙子三月初一日夢訪朱子，五月二十五夜夢孔子之孫奉孔子之命來訪，辛巳食後倦寢夢朱子父子來枉顧，此猶可云向慕之極，因心生象，於理亦或有之；至稱新居栽竹夜歸，其妻亦夢一老人攜二從者，云「孔夫子到此相訪」，則無乃其妻戲侮弄之，而與弼不覺歟？觀其稱隨處惟歎聖人難學，又稱一味學聖人，克其不似聖人者，其高自位置，真可謂久假而不歸，烏知其非有也。

嘉錫案：明陳建皇明從信録卷二十云：「戊寅天順二年五月，江西處士吳與弼徵至京，命爲左諭德，與弼具疏固辭，建曰，按徵書玄纁，聘起岩穴，我朝自太祖後僅此一見，誠帝王盛節矣。然考與弼之在當時，殆猶未免於盛名之下其實難副也。李文達李賢謚叩與弼所以不就之故，謂勅書太重，以伊、傅之禮聘之，却以此職授之，故不受。然則當時使卽如傅説之爰立作相，則與弼卽偃然受之不辭耶？温公所謂不受小官而規卿相之位，與弼蹈之矣。至他日跋石亨族譜，則自稱門下士。嗚呼！以春宮諭德爲小而不屑爲，顧慼權奸之一薦而甘爲其門下士，亦悖矣。乃若論與弼學術，則觀其文集序諸作與夫疏陳十事，皆帖淺寂寞，艸率粗略，無所發明，有目所共覩。至於日録所記，每多説夢，而録首卽説夢見文王、孔子與朱子，中間復言夢孔子來訪、朱子來訪者至再三。嗚呼！大儒如周、程、張、朱，進學鋭矣，何嘗孜孜假夢，攀賢附聖耶？康齋世所同賢，然衆好必察，吾誰毁譽，春秋之義，責備賢者，豈敢隨聲附和，無所皂白，遺隨衆觀場之誚於有識耶。」提要此篇，就文論文，故不及與弼辭官之是非，其餘所指摘，大抵與陳建合而其言加詳。考皇明從信録，乾隆時列入禁書，見咫進齋本禁書總目，題陳建輯，沈國元訂。此篇所言，乃與之如出一口，殆所謂智者所見略同歟。黄宗羲明儒學案卷一與弼傳曰：「世之議先生者多端，以爲先生之不受職，因勅書以伊、傅之禮聘之，至而授以諭德，失其所望，故不受。夫舜且歷試諸艱而後納於百揆，則伊、傅亦豈初命爲相。世俗妄人，無如此校量官爵之法，而況於先生乎？此陳建通紀建著皇明通紀，盛行於世，明諸家編年史多從之出，從政録其一也。拾世俗無根之謗耳，而薛方山憲章録復仍其謬。」今案李賢天順日録云：「忠國公石亨來閣内議事，因説山林隱士，聞江西撫州有吳與弼者，累徵不起，實淹貫經書，動遵古禮，亨慨然曰：『吾薦之，煩君代草章奏。』即日上之。上命行人齎勅書束帛造其廬，數月未至。一日行人來報至通州矣，上曰：『當授以何職？』賢曰：『今東宮講學，正宜老成儒者導之，宜授宫僚。』上命爲左春坊左諭德。既見，上問曰：『如何不受官職？』對云：『微臣年六十有八，老病衰朽之人，實不堪供職。』上曰：『宫僚亦從容優閒，不必辭。』與弼終不就，三辭後稱病。叩其所以不就之故，以勑書太重，以伊、傅之禮聘之，却以此職授之，故不受。賢謂如此亦固執矣，且朝廷致敬盡禮，待先生非輕，初無不承權輿之意，今必欲如傅説爰立作相亦難，既稱衰病，務當大任，倘勢不能行，人皆失望，不如且就宫僚，若有建明，則大任以漸而至，不然，三辭不允，亦宜就職，以答朝廷致意。間日，上謂賢曰：『與弼欲歸，亦不固留，以俸禄養其終身，不亦可乎？』復命賢諭以此意，亦不受。」由此觀之，則所謂以伊、傅之禮聘之，却以此職授之云云，實與弼對李賢之言，而賢筆之於書者，烏得以此歸咎於陳建耶？賢，天順朝宰相也，其爲人雖不醇，不可謂非一代之名臣，以宰相著書，自記其所聞，而謂之世俗無根之謗，吾不知其何理也。若謂賢嫉與弼之進用，故造此謗以沮之，則何如不爲石亨草奏之爲愈乎？且賢以前所著古穰雜録譽與弼不容口，及作日録，始於其堅辭宫僚微致不滿，是亦與弼自取之耳。夫與弼之出而應召也，將欲致君而澤民歟，則諭德之官不爲小；果能諫行言聽，未嘗不可格君心之非，使膏澤下於民，何必宰相然後得行其志乎？及其辭而歸隱也，將爲不仕王侯，高尚其志歟，則何不於勑使之來，踰垣而避之，或鑿坯而遁也，乃竟欣然而起，悵然而去，進退無所據，謂非因未得宰相而失望，其誰信之？明徐咸西園雜記鹽邑志林本卷下云：「吳康齋先生以石亨薦，朝廷遣使以詔幣聘之，康齋忻然就道。其所經處，名其橋曰迎恩，嶺曰皇華，亭曰天使，曰集慶，曰綵雲，又從而歌咏之，是雖榮君之召，較之不以富貴動心者有間矣。及至京，授之以宫僚，布衣際遇，可謂極矣，然意猶未愜，力辭而歸。昔許魯齋應召赴都，道謁容城先生，先生問曰：『一聘而起，無乃太速乎？』答曰：『不如此，則道不行。』後容城被召，以爲贊善大夫，卽辭去，又召爲集賢學士，復以疾辭。或問之，乃曰：『不如此，則道不尊。』康齋之出處，爲行道耶？爲尊道耶？必有能識之者。」咸，詩人也，咸詩見明詩綜卷三十四。於與弼當無所適莫，故其言婉而意嚴，使宗羲見其書，不知更以何詞爲之解也？學案又云：「又謂跋石亨族譜自稱門下士，顧涇凡允成論之曰：『此好事者爲之也。先生樂道安貧，曠然自足，真如鳳凰翔於千仞之上，下視塵世，曾不足過而覽焉，區區總戎一薦，何關重輕，乃遂不勝私門桃李之感，而事之以世俗所事座主舉主之禮乎？且總戎之汰甚矣，行路之人皆知其必敗，而況於先生。先生所爲堅辭諭德之命，意蓋若將浼焉，惟恐其去之不速也，況肯蹇裳而赴，自附於匪人之黨乎？此以知其必不然也。』」顧允成以與弼之跋石亨族譜自稱門下士爲好事者爲之，而不能指出作僞之據，其詞支離而無實，祇是以空言爲與弼强辯而已。宗羲顧深信之，然其卷首所引師說，則又不以爲僞，特其所以爲與弼辯者復不同，其言曰：「族譜之跋，自署門下士，亦或宜然。徐孺子於諸公推轂，雖不應命，及卒，必千里赴弔。先生之意，其猶行古之道乎？後人以成敗論人，見亨他日以反誅，便謂先生不當與作緣。豈知先生之不與作緣，已在應聘辭官之日矣。不此之求，而屑屑於稱謂語言文字之間，甚矣責人之無已也。」所謂師說，宗羲記其師劉宗周之說也。宗周意以與弼之於石亨，自稱門下士爲當然，而引徐穉之事爲比。夫當時薦辟穉者，陳蕃、胡廣、黃瓊也。見後漢書徐穉傳。袁宏後漢紀卷二十二云：「稚少時遊學國中，稚即穉字。江夏黃瓊教授於家，故稚從之諮訪大義。瓊後仕進位至三司，稚絕不復交。及瓊薨，當葬，稚乃往赴弔進酹，哀哭而去，人莫知者。」以此言之，則穉少嘗師事黃瓊，御覽卷四百三引海內先賢行狀，亦云「徐孺子常事江夏黃公」，可以爲證。後以仕隱殊途，遂致絕不與通，及其既亡，揆以漢人爲師喪解官持服之義，穉千里赴弔，誠不爲過，非徒爲其曾被辟舉而已。且瓊，賢者也，於時天下名士，四方遠近，無不會葬者，見後漢紀。況穉與瓊有師生之誼乎？使胡廣而先穉死，吾知其必不赴弔矣。故穉之弔瓊非奇，奇在生不受其辟而死弔其喪，又哭畢而去，不告姓名耳。見穉傳。若夫與弼之於石亨，烏可比之乎？亨之爲人，不足作瓊奴僕。穉之與瓊，相知不爲不深，徒以瓊官至三司，遂爾絕交；亨以奪門之功，貴爲上公，手握朝權，縱不以驕汰殺身，亦豈正人所當結納，況自命聖賢者乎？與弼之於亨，初無半面之識，入朝以後，感其一薦之恩，遂北面稱門下士，陷於權倖之黨而不覺，其後蓋稍稍自悔，始稱病辭去，及亨以叛誅，與弼免身爲幸，尚得譽其出處之正乎？與弼之爲人，進退失據，不能以義自處，以視徐穉之高風亮節，猶雞之比鳳也。宗周之言，毋乃阿私所好歟。宗羲取宗周與顧允成兩說，同登於一卷，其於與弼之跋石亨族譜，一則以爲真，一則以爲僞，一則謂爲行古之道，一則謂其必不自附於匪人之黨，孰是孰非，持矛刺盾，宗羲其何說之辭？吾恐後人怵於其師弟之重名，執其說以與提要相詰難，故爲辨別之如此。然與弼之學，實能兼採朱、陸之長，而刻苦自立。其門弟子陳獻章得其静觀涵養，遂開白沙之宗；胡居仁得其篤志力行，遂啓餘干之學。有明一代，兩派遞傳，皆自與弼倡之，其功未可以盡没。其詩文亦皆淳實近理，無後來湜漾恣肆之談，又不得以其急於行道，躁於求名，遂并其書而詆之也。

案陳獻章雖爲與弼弟子，其尊之亦甚至，然其白沙子集卷二復趙提學僉憲書云：「僕年二十七，始發憤從吴聘君學，其於古聖賢垂訓之書，蓋無所不講，然未知入處。比歸白沙，杜門不出，專求所以用力之方，既無師友指引，惟日靠書册尋之，忘寐忘食，如是者亦累年，而卒未得焉。所謂未得，謂吾此心與此理未有湊泊脗合處也。於是舍彼之繁，求吾之約，惟在静坐。久之然後見吾心之體，隱然呈露，常若有物；日用間種種應酬，隨吾所欲，如馬之御銜勒也；體認物理，稽諸聖訓，各有頭緒來歷，如水之有源委也；於是涣然自信曰：作聖之功，其在兹乎。」明儒學案卷五亦嘗兩引此書。據其所言，則獻章雖曾學於與弼而未有所入，久之而後自以静坐得之。提要乃謂獻章得與弼之静觀涵養，不知其於獻章之意，是否相合歟。

别集類二十四總目卷一百七十一

太白山人漫稾八卷

明孫一元撰。一元字太初，自稱秦人，或傳爲安化王孫。王世貞題一元墓詩曰：「死不必孫與子，生不必父與祖。」突作憑陵千古人，依然寂寞一抔土。」蓋其蹤蹟詭異，當時卽莫之詳也。嘗棲太白之巔，故稱太白山人。又嘗西入華，南入衡，東登岳，又南入吳。與劉麟、吳琉、陸崑、龍霓稱「苕溪五隱」。晚而就婚施氏，遂卒於吳興。麟爲文以表其墓。事蹟具明史隱逸傳。

嘉錫案：提要所言自稱秦人，或曰安化王孫，明史作安化王宗人。及「苕溪五隱」、就婚施氏事，皆見明史卷二百九十八本傳，錢謙益列朝詩丙集第十三、朱彝尊明詩綜卷三十二孫一元小傳皆同。考徐𤊹筆精卷七云：「太白山人孫一元，同時諸公與之倡和，寔不知其何許人。鄭善夫序其詩曰關西豪傑也，李夢陽、殷雲霄、劉麟皆云關中人，惟王世貞云太初裔本王家，託跡方外，馮夢禎云關西王孫，易名爲孫一元。𤊹近閱徐渭逸稿孫山人考云：孫一元，父早亡而貧，以抄書役某府中，府公嘉之，爲出貲特補吏，密事多任之。會覲，橐白金四百兩，使山人致布政使，途被盜，無以報命，遂亡抵浙，寓西湖。休寧有范燦者，其祖與山人交厚，燦告渭曰：『嘉靖某年，諸暨縣丞孫鏞罷官歸，寓江都。燦大父世商於鹽，遇鏞頗傾蓋。一日偶及山人事，鏞大駭，一一道山人出亡事，便取所隨譜合之，鏞卽攜其子來，子貌亦似山人。鏞遂問吾叔今何在，燦大父云云。鏞强大父偕至湖州，拜其世母施氏，并其已嫁妹三人，相對而哭。』渭考諸暨官師表，嘉靖十二年縣丞果孫鏞也，乃曰蜀人，山人舊自稱秦人，非志者悞，乃山人謬託爲秦人也。觀渭斯考，則太初非宗室，亦非關中人也明矣。」此事徐渭親聞之范燦，燦得之於其大父。燦既言之歷歷如目覩，渭又考之於諸暨縣志，可謂信而有徵，此皆謙益、彝尊及明史所未詳也。

明史藝文志載元太白山人稾五卷。此本爲崇禎中湖州周伯仁所刻，凡八卷，蓋據吳興張氏本及陽湖本而合輯之，目録於八卷之末尚標有補遺若干首，而卷內無之，豈當時有志搜訪而未得歟？

案善本書室藏書志卷三十七有太白山人漫稾八卷，補遺一卷，附録一卷，亦卽崇禎時周伯仁刻本。伯仁，藏書志作道仁。則原本實有補遺，四庫所收之本偶佚去此卷耳，非當時搜訪未得也。

別集類二十六總目卷一百七十三

陳檢討四六二十卷

國朝陳維崧撰，程師恭注。師恭所注，往往失其本旨，至於毛貞女墮樓詩序「空空實下天之狀」句，自用李斯奏秦始皇「鑿之空空，如下天狀」語，而補注引劍俠傳妙手空空兒，尤爲乖謬。如是之類，不一而足。

嘉錫案：提要所引李斯奏，不具書名，殊非著述之體，蓋館臣亦約略記憶其辭，而不能得其出處也，則亦不足以駁師恭矣。李慈銘越縵堂日記第二十三册云：「案繹史卷一百四十九引蔡質漢儀云：『李斯治驪山陵，上書云臣所將隸徒七十二萬人，治驪山者已深已極，鑿之不入，燒之不爇，扣之空空，如下天狀。』非鑿之空空也。」今考孫星衍輯蔡質漢官典制儀式選用，平津館刻本一卷。無此條。嚴可均全秦文輯入李斯集，注云：「凌義渠湘煙録一引蔡質漢儀，李斯治驪山上書，又酉陽雜俎十五引李斯奏，少前十四字。」檢雜俎云：「開成末，永興坊百姓王乙掘井，過常井一丈餘，無水。忽聽向下有人語及雞聲，甚喧鬧，近如隔壁，以事涉怪異，遽令塞之。據亡新求周秦故事謁者閣上，得驪山本，李斯領徒七十二萬人作陵，鑿之以章程，三十七歲，固地中水泉，奏曰『已深已極，鑿之不入，燒之不燃，叩之空空，如下天狀。』」云云。所謂亡新求周秦故事，自是漢人記事之詞，然不云出自蔡質漢儀。凌義渠爲明末人，何以知之？此必别有所本，當俟更考。

四庫提要辨證卷二十四

集部五

別集類存目一 總目卷一百七十四

杜律注二卷

舊本題元虞集撰。集有平猺記，已著録。是編所注杜詩，凡七言近體一百四十九首。歐陽玄撰集墓碑，不載其有此書，觀其詞意，亦皆淺近。考元趙汸學詩於集，而所注杜詩，乃無一語及其師。董文玉爲趙注作序，亦疑虞注之非真，然不云實出誰手。案曹安讕言長語稱元進士臨川張伯成著杜律演義，曾昂夫作傳有此名，又有刊板，惜其少傳，往往誤以爲虞伯生。李東陽懷麓堂詩話亦云：「徐竹軒以道嘗謂予曰：『杜律非虞伯生注，宣德初已有刊本，乃張姓某人注，渠所親見。』」合二家之言觀之，則此注實出張伯成手，特後人假集之名以行耳。

嘉錫案：陸容菽園雜記卷十四云：「杜律虞注，本名杜律演義，元進士臨川張伯成之所作也，後人謬以爲虞伯生所注。予嘗見演義刻本，有天順丁丑臨川黎送久大序及伯成傳序，其略云，注少陵詩者非一，皆弗如吾鄉先進士張氏伯成七言律詩演義，訓釋字理，極精詳，抑揚趣致，極其切當。近時江陰諸處以爲虞文靖公注而刻板盛行，謬矣。吾臨川故有刻本，且首載曾昂夫、吳伯慶所著伯成傳并輓詞，敍述所以作演義甚悉，奈何以之加誣虞公哉？按文靖蚤居禁近，繼掌絲綸，嘗欲釐析詩書，彙正三禮，弗暇，獨暇爲此乎？楊文貞公固疑此注非虞，惜不知爲伯成耳。嫁名詭坡，自昔難免哉！」都氏鐵網珊瑚卷一載都穆杜詩類選跋云：「昔之注杜詩者凡十數家，又有張伯成演義。伯成之注善矣，然惟律詩七言，而其他未之及也。」徐𤊹筆精卷二云：「杜律虞注，楊文貞作序。疑其不出伯生之手，然實京口張性伯成所著也。性亦元進士，後世借伯生之名以行。予家有張刻古本，名杜律演義，世罕知也。此下歷指其注之疎謬，今略去。𤊹案張本編次與虞本大異，其中訓詁，張簡而虞繁，必後人以張之舊稿稍增益之，僞爲伯生所注。蓋伯生位極人臣而張宦不達故耳。元吳伯慶有挽張伯成詩云：『何處重逢説別時，斯文千載盡交期。學憐知己先登早，生愧同庚後死遲。箋疏空令傳杜律，誌銘誰與繼唐碑。寡妻弱子將焉託，節傳遺文只益悲。』楊文貞素以博洽聞，又去元季未遠，序文猶未能決非虞筆，宜乎愈久而愈誤也。」千頃堂書目卷卅二云：「張性杜律演義二卷。字伯成，臨川人，鄉貢進士。又嘗著尚書補傳，見曾昂夫撰張先生傳。」此皆足與曹安、李東陽之説相發明。

棠湖詩稾一卷

舊本題宋岳珂撰。珂有金陀稡編，已著録。兹編乃所作宫詞一百首，皆咏北宋之事。前有珂自序，稱棠湖綸釣之暇，適有猶子從軍自汴歸，誦言宫殿鐘簴，儼然猶在，慨想東京盛際，文物典章之偉觀，聖君賢相之懿範，輒用王建體成一百，以示黍離宗周之末志云云。其本爲鮑氏知不足齋所刊，宋以來公私書目悉不著録，不知其所自來。

嘉錫案：岳珂以後之書目，最早者莫如直齋書録解題，於珂所著述，只有金陀稡編、桯史，而無寶真齋法書贊、愧郯録、玉楮集及此書，宋史藝文志於寧宗以後本極草草，故僅有金陀稡編而無其他各種，則其不著於録，無足深怪。有元一代，并無公私目録，明之文淵閣書目，直是甲乙之帳，且已不免有所殘闕，其餘内閣書目以下各家，博綜不及直齋，而雜亂等於宋志，著録與否，何須措意。至於清初專家之目録，則固有可考者。毛扆汲古閣秘本書目云：「宋板岳倦翁宫詞，宋板石屏詞，許棐梅屋詞，二本，合一套。許、岳二家，人間絶無，石屏比世行本不同，一校便知。」既爲人間所絶無，則他家書目安得而著録之？提要顧因此指爲贋作，是專以人言爲是非，而不能自具真賞也。黄丕烈蕘圃藏書題識卷八云：「嘉慶乙丑冬，錢唐何君夢華案何名元錫。訪余，出其友所藏宋刻棠湖宫詞示余，案元錫之友藏是書者，當即錢儀吉。因素知余有毛鈔影宋本也。宋刻果出毛氏上，有宋本甲兩圖記，餘皆子晉名號章，無他人印記。紙黄色澗連係竹料。首標「棠湖詩藁」四字，下有墨釘。板心第曰棠湖一，棠湖二，不標宫詞，疑當日宋刻中一種，故不標宫詞，兹毛鈔板心添入『宫詞』字，非其舊矣。」此可與毛氏之言相印證。以毛氏、黄氏鑒别之精，豈有不識宋板者？既係宋板，則必是南宋人所作無疑。鮑氏所刻，恐是别據一鈔本，前後既無序跋，又僅係傳鈔而非影鈔，故未摹刻藏書圖記，宜乎提要不知其所自來耳。

珂序亦無年月。考珂桯史稱紹熙壬子，年十歲，則端平甲午金亡之歲，其年僅五十二，固猶及見宋師之入汴。又據所作玉楮集，珂以紹定癸巳坐黜，至嘉熙戊戌乃重召，則滅金時珂正閒居，與序亦合。然汴京圖籍，盡入於金，史有明文，詩中乃云「卷帙異書三十萬，至今光采動奎星，」所謂今者何時也？

案浙江採集遺書總録壬集云：「棠湖詩藁一卷，岳珂撰。嘉熙庚子自序，爲十六世孫元聲等重刊。」然則岳氏本自序具有年月，與今本不同。元聲，嘉興人，萬曆癸未進士，官至南兵部左侍郎。見明詩綜卷五十四。書爲其所重刊，則所據必宋、元舊本，最爲可信。乾隆間既經採進，不知四庫何以不用之著録，而必用鮑氏新刻之本也。詩藁第二十六首云：「昇龍門内屋千楹，玉宇金題映紫庭。卷帙異書三十萬，至今光彩動奎星。」此詠太宗朝建秘閣事也。麟臺故事卷四云：「端拱元年五月辛酉，詔置祕閣於崇文院中堂。」詳見續通鑑長編卷二十九。又云：「天聖中，祠部員外郎、直集賢院謝絳言，太宗肇修三館，更立秘閣于昇龍門左，親飛白題額作贊，刻石于閣下。」詩槀第二十七首卽詠飛白題額事。此詩蓋言端拱既建祕閣，又廣聚異書，由是政教大興，文章著述，盛極一時，流風餘韻，至於今而光景常新云爾，豈謂東京祕府之藏直至端平、嘉熙間猶復卷軸如新也哉。提要之言，可謂「固矣夫高叟之爲詩」也。

且楮摹蘭亭，終存己法，蘇和陶詩，不掩本色。珂玉楮集具存，其詞與此迥殊，雖酷學唐人，未必遽失故步，至於如此。又王建、王珪、花蕊夫人、宋徽宗、楊皇后諸家宮詞，今或有不省爲何語者，蓋宮禁舊事，載籍不能備録，往往無徵。此一百首則檢點宋人説部，無不可注其端委，何珂之所述盡今人之所知也。

案凡自作詩文，固宜存個人面目，不當效優孟衣冠，然摹擬古人，則須務求其似，若終於不似，必其才力性情，原不相近也。蓋徧擬各家而得其似，始能神明變化以進於不似耳。江淹之擬田居，韓愈之傳毛穎，置之陶集、馬史之中，皆能亂眞，使掩其姓名，誰復知爲文通、昌黎所作哉？提要必以東坡和陶懸爲標準，非通論也。宮詞之作，格本不高，效其體製，諒不甚難，提要譏珂失其故步，余取玉楮集觀之，似亦不至大相逕庭。況此槀詩凡百首，惟前十首爲詠宮禁之事，自第十一首「上黨王師未凱旋」起，至第九十九首「金城十仞據湯池」止，詠河北三鎮事。湯原誤陽。皆太祖至欽宗時朝廷之大事，帝王之言動，直是一代詩史，非復宮中行樂之詞。如第八十八首云：「宣曲長楊御宿邊，期門齪立內門前。主人不解占星象，猶識紅條白玉拳。」此詠徽宗之微行也。以本朝臣子而議及祖宗之得失，恐涉不敬之嫌，故託之於宮詞云耳。其第一百首云：「鬱葱佳氣藹南都，共識彊華赤伏符。地紀已占江渡馬，天心定見屋流烏。」則詠高宗南渡中興之事，以總結上文也。宋徽宗、楊皇后宮詞，詠其本人所見聞，宮闈事祕，非外人所知，宜乎不見於書傳，若夫岳珂，以南宋人而詠東京之事，不取之於載籍，將安取之？北宋史籍及小說，亡佚不多，雖以余之譾陋，稍加參考，亦可得其大略，但仍有不能解者，四庫纂修諸人如紀昀、陸錫熊之流，見書之多過於余，其才亦勝我十倍，然使果爲是書作注，謂能一一知其端委，則未之敢許。何也？以其所作提要知之也。此篇所言，未免英雄欺人耳。

昔厲鶚作宋詩紀事，凡鮑氏藏書，無不點勘，今所進本，標識一一具存，獨無一字及此書，則出在鶚後矣。疑鶚及符曾等嘗合作南宋雜事詩，而其北宋雜事詩則未及成書，或遺稾偶存，好事者嫁名於珂耶？

案厲鶚宋詩紀事搜羅極博而未引此書，固可知鮑氏刻本必出於鶚之後，紀事成於乾隆十一年，鶚卒於十七年。然不可謂此詩稾之成亦必在鶚以後也。錢儀吉衎石齋記事稾卷四有此書跋曰：「予家舊藏宋本棠湖詩稾一卷，凡宮詞一百首。倦翁岳氏感其猶子從軍於汴而歸，因追述東京文物典章以寓黍離宗周之思者也。蓋成於端平初元金亡之歲，時年五十有二。案此未考岳氏本。世所傳玉楮集乃嘉熙戊戌以後作，故開禧初經進百韻詩及此百篇者，皆不入集。此本卷首有汲古閣及宋本甲諸印，是琴川毛氏故物。毛斧季秘本書目以倦翁宮詞與許棐梅屋詞俱人間絕無之本，卽此本也。河間紀氏未之見，乃謂宋以來公私書目悉不著録，遂疑爲厲樊榭、符幼魯諸家北宋雜事詩之遺稾而嫁名倦翁者，亦近於臆斷矣。卷末稱臨安府棚北大街陳氏印行者，卽書坊陳起解元也。桯史云『余居負山，在湓城之中』，是岳氏南渡後，居今江西之德化，棠湖卽唐李渤甘棠湖故址，一名景星湖，又名南湖者也。」姚覲元咫進齋本附刻此跋於後，末題道光辛巳黃鍾之月嘉興錢儀吉謹跋，蓋儀吉倩何元錫持示黃丕烈，後越十有六年，自嘉慶十年乙丑至道光元年辛巳始自爲之跋。瞿鏞鐵琴銅劍樓書目卷二十一云：「棠湖詩稿一卷，影鈔宋本，每半葉十行，行十八字。此書原刻本舊藏汲古毛氏，今在嘉興錢衎石給諫家。卷首有『汲古閣』及『毛晉私印』、『子晉』、案姚刻只汲古主人、毛子晉兩印，與此不同，未知孰是。『毛扆之印』、『斧季』姚刻作黼季父諸朱記。」丁丙善本書室藏書志卷三十一云：「棠湖詩稾，宋刻舊藏汲古閣毛氏，曾影鈔以傳，今在吳門姚彦士方伯家。」毛氏宋本流傳之始末如此。姚氏所刻已改易其行款，刻亦不精，且有闕字，惜不得岳氏及鮑氏兩本一校之。

心史七卷

舊本題宋鄭思肖撰。思肖有題畫詩、錦錢集及所著雜文，併附載其父震菊山清雋集後，已著於録。

嘉錫案：心史卷下先君菊山翁家傳云：「先君字叔起，號菊山，名與字之下字同。早年嘗名正東方之卦。」則當稱爲鄭起。而宋詩紀事卷七十七乃云：「鄭震，更名起，字叔起。」不書所更名而用其舊名，提要遂從之耳。四庫總目別集類并無鄭震清雋集及思肖詩文，惟簡明目録卷十六有菊山清雋集一卷，附題畫詩一卷，錦錢集一卷，雜文一卷，在劉黼蒙川遺稿之後，樂雷發雪磯叢稿之前，其解題云：「菊山清雋集，宋鄭震撰，元仇遠編。題畫詩、錦錢集及雜文，皆其子思肖撰。其曰錦錢者，如以錦爲錢，雖美無用也。震倦游稿久佚，遠所選録不愧清雋之目。思肖詩惟意所云，多如禪偈，然清風高節，接迹東籬，譬如古柏蒼松，支離不中繩墨，終勝於桃李妖妍也。」蓋其初本已著録於四庫，逮全書告成後復抽出之，遂并不附存其目，而於提要此條失於修正耳。至其所以抽出之故不可解，豈以思肖文中持夷夏之見太嚴，觸犯忌諱耶？追讎古人，爲同類之蒙古報復，何其虐也。此書亦幸不著録，故猶得附於存目中耳。

此書至明季始出，吳縣陸坦、休寧汪駿聲皆爲刊行，稱崇禎戊寅冬蘇州承天寺狼山中房浚井，得一鐵函，發之有書，緘封上題「大宋孤臣鄭思肖百拜封」十字，因傳於時。

案此書出井之明年，卽有刻本行世，分上下二卷，其序略曰：「宋鄭所南心史，吳門張子、按張劭字孟拙。丘子丘民瞻字天民持以相示，述其事甚奇。記云，藏之名山，傳之其人。余獨奇九淵能藏，言其錮之井中，是藏之九泉之下也。而又嘉諸君子皆其人也，授梓而弁以序。時崇禎歲舍己卯崇禎十二年也長至，古婺張國維題。」國維，明史卷二百七十六有傳，崇禎時巡撫應天，著有張忠敏公集，不載此序。序後別紙云：「藏心史外鐵函，函內石灰，灰內錫匣，匣內生漆，案此當是以生漆刷匣內。書摺成卷，原注云匣俱毀失。內緘封：『大宋孤臣鄭思肖百拜封。』原注云此紙己卯八月遺失。外緘封：『大宋世界無窮無極。』案此八字爲一行。『大宋鐵函經。』此五字爲一行。『德祐九年佛生日封。』此八字爲一行。案德祐九年乃元之至元二十年，時宋亡於崖山已五年矣。『此書出日一切皆吉。』此八字又爲一行。原注云，此紙庚辰閏正月二十四日，寺僧達始於廢紙中簡出，諸生文柟勘係真蹟，今附原本中。」又有承天寺藏書井碑陰記云：「崇禎戊寅歲，十一年。吳中久旱，城居買水而食，爭汲者相捽於道中。仲冬八日，承天寺狼山房濬眢井，鐵函重匱，錮以堊灰，啓之，則宋鄭所南先生所藏心史也。外書『大宋鐵函經』五字，案據別紙所述，緘外原題不止此五字，蓋作記時所南鐵函外手題真蹟尚雜置廢紙中，未經撿出，故據傳聞書之如此。内書『大宋孤臣鄭思肖百拜封』十字。自勝國辛未迄今戊寅，閱歲三百五十六載，楮墨猶新，古香觸手，當有神護。於是鄉先輩陸子嘉穎按嘉穎字子垂，嘉定人，天啓中官主簿，有硯隱集，見明詩綜卷六十七。始發明其書，假鈔題識，冀廣其傳，同志中多興起者。而諸生張劭遂獻其書於大中丞金華張公，公覽而異之，立捐俸繡梓，并植碑井傍，復擬構祠置主，顏其門，按國維雖有建祠之意而未行，詳見於後。時爲庚辰孟春云。書成，其原本鐍庋祠中，俾僧達始世守，案祠既未建，故後來以原本歸於鄭敷教。以梓本行。贊成者鄉先輩文子從簡，案從簡，徵明之曾孫，嘉之孫，字彦可，見畫徵録。吾師張異度先生，案名世偉，明舉人，有自廣齋集，其書今存。暨友人張子劭，而宗之爲記其緣起如此。茂苑陳宗之記。」宗之字玉立，長洲人，崇禎癸酉舉人，朱彝尊極稱其詩，見明詩綜卷六十八。下卷之末附題跋十六篇，乃馮維位、張世偉、文從簡、陸嘉穎、陳宗之、陸坦、鄭敷教、楊廷樞、姚宗典、許元溥、姚宗昌、華渚、丘民瞻、凌一槐、朱鎰、張劭諸人之所作也。張國維原刻本傳世頗稀，余假北京圖書館藏本讀之，清光緒甲午，有種竹書屋重刻張本，名鐵函心史，將碑陰記及諸跋悉行删去，又有凝碧堂刻巾箱本，不著年月，碑陰記外只存張世偉一跋。嘉穎跋畧云：「是書初聞之趙靈均，案名均，宧光之子，文從簡之壻。而靈均遠遊，思維文彦可先生喬梓謂從簡及其子柟。與寺僧善。僕僕奔走者三閱月，於季春二十六日始得假歸，倩手分鈔，凡改擷塗抹，批點裝潢，摩倣悉如原稾，存其模範。」此所指寺僧，蓋卽濬井得書之達始也。敷教跋稱所南爲從祖，自稱裔孫，不知其去思肖幾世？敷教字士敬，號桐庵，長洲人，崇禎庚午舉人，入清後隱居不仕，康熙十四年卒，年八十。桐菴年譜二卷，上卷門人所撰，下卷自撰，甲戌叢編排印本。云：「崇禎十一年戊寅夏，大旱，自此吳中旱蝗相仍。先生從官師紳襟，徒步祈禱，承天寺狼山房濬井得鐵函所南先生心史，外書『大宋鐵函經。德祐九年佛生日封。』敷教蓋因得藏原本心史，其鐵函外緘封之紙卽附原本之中，故所記較他書爲詳。內書『大宋孤臣鄭思肖百拜封。』老生文從簡、陸嘉穎等聞於中丞張公國維，梓而行之。諸生張劭領其事，以原本歸先生，將建祠守藏，以陞任未果。」案敷教之跋，末署崇禎己卯九月，尚未言及心史原本之所在，知其歸鄭氏必在作跋以後，年譜敍於十一年之下，特終言之耳。譜又云：「崇禎十七年甲申，先生建所南公祠於條坊巷之陽，桐庵存稾有南風堂賦、遷祠賦，皆爲所南祠堂作也。八月竣工。」又云：「乙酉年，弘光元年，卽順治二年。好古以心史激李延齡怒。案好古姓吳，以嘗奪鄭氏祭田，與敷教結怨，乙酉六月，李延齡以將軍至蘇州，皆見本譜。幕中有張職方者，振臂而前，以書示李此蓋以刻本示李。曰：『何得以宋、元間事陷人！』瞋目大叱。」是則心史原本至順治時猶藏於鄭氏，故其仇欲藉詞以陷之也。使非此書確無可疑，敷教亦績學之士，其肯認時人之贋鼎爲其先祖之手澤，而昧昧然建祠以藏之哉？張國維本雖刻成，流行不廣，提要亦未之見，致展轉傳聞，誤以爲吳縣陸坦所刊，坦卽嘉穎之子，崇禎庚午舉人。不知坦跋中明云：「今幸遇我大中丞張太公祖，明、清人稱地方長官爲公祖。表微闡幽，梓以行世。」坦何嘗刊此書乎？徐樹丕識小録涵芬樓祕笈一集本卷二云：「戊寅冬，吳中大旱之後，承天寺浚井，得一鐵函，題曰『大宋孤臣鄭思肖封，』中有書二册，皆一生詩文，及紀宋末亡國事，其志吞逆虜，慷慨復讎，不啻三復言之。思肖一老腐儒，其一段精誠，斷斷然鎔鐵錮其書而沈之井中，其念不可泯也。」樹丕字武子，長洲人，明諸生，有埋菴集，見明詩綜卷七十六。世居蘇州閶門外之下塘，見本書卷四。此記其身所聞見，故深信不疑如此。明季北略卷十四載有錢肅樂心史詩序云：「歲以戊寅，而鄭所南心史見于承天寺井中，撫公張大人梓以行世，海内見先生之史者，無不知先生之心矣。余以暇日，偶覽斯編，成詩一律，豈敢附唫詠之末，亦以性情所鍾，不能自絶。」此蓋見心史初印本而作。其後肅樂卒輔魯王於海上，嘗謂唐王故將徐登華曰：「將軍獨不聞南宋之末，二帝並在舟中乎？」見明史卷二百七十六本傳。則其所感於心史者深矣。顧炎武亭林詩集卷五井中心史歌序云：「崇禎十一年冬，蘇州府城中承天寺以久旱浚井，得一函，其外曰『大宋鐵函經，』錮之再重。中有書一卷，名曰心史，稱『大宋孤臣鄭思肖百拜封。』其藏書之日爲德祐九年，宋已亡矣，而猶日夜望陳丞相、張少保統兵外來以復土宇，至於痛哭流涕，而禱之天地，盟之大神，謂氣化轉移，□□一日。於是郡中之人見者無不驚詫，而巡撫都院張公國維刻之以傳，又爲所南立祠堂，藏其函祠中。案此但據陳宗之碑陰記言之，而不知祠之未立，原書亦歸鄭氏矣。未幾而遭國難，一如德祐末年之事。嗚呼悲矣！其書傳至北方者少，而變故之後，又多諱而不出，不見此書者三十餘年，而今復睹之富平朱氏。昔此書初出，太倉守錢君肅樂賦詩二章，崑山歸生莊和之八章。」云云。炎武此序作於康熙十七年戊午，而言不見此書三十餘年，蓋始見張氏刻本於順治之初，至是乃又見之於富平。顧氏籍隸崑山，距蘇州府城不過數十里。一統志，崑山縣在府東少北七十里。當崇禎戊寅，炎武年已二十有六，心史之出，必曾熟聞其詳，故於其書亦信之甚深。張劭爲國維領校刻書，其跋末題己卯臘月二十六日，蓋手民至此始竣工，而次年之春，即有新刊七卷本出，林古度、曹學佺爲之序，新安汪駿聲跋焉，即提要所據之本也。林序略曰：「宋德祐間，吾閩連江鄭所南先生隱于吳門，憤宋亡國，誓留此身以報國讐，不婚不宦，年已垂老，慮身没而心不見知于後世，取其詩文名曰心史，用蠟封固而函以錫，錫復函鐵，沈于承天寺狼山中房古井中。一旦爲予友君慧上人浚井而得之，其事尤奇。予何幸垂老，而適同高鍾陵會府得見于葉雁湖民部署中，高拱京字鍾陵，葉益蓀字雁湖，事蹟皆無考。共相驚異。雁湖、鍾陵與予，皆郡後學，急謀較梓。友人汪權奇名駿聲欣任其事，皆急忠義者。」末題崇禎十三年庚辰閏正月望日郡後學林古度撰。古度字茂之，工詩，僑居金陵，康熙丙午始卒，其年當已八十七歲，見王士禎池北偶談卷十七及蠶尾文續集卷一林茂之掛劍集序。葉雁湖，蓋以户部主事榷税於蘇州鈔關者。林氏序中雖自言與僧君慧善，而其書非得之君慧，乃見之雁湖署中，不知爲何本？汪跋云：「井中原稟藏吳門，予敢訂其刻本之訛而表出之。」亦不言原本何人所刻。序跋皆草草，自不如張國維本之足資考證。然其書却盛行於世，清初人自顧炎武外，其餘所見者，大抵皆此本也。貴池劉鑾與鑾同五石瓠庚辰叢編排印足本卷五云：「崇禎十一年戊寅，冬十一月八日，蘇州承天寺狼山中房僧達始字君慧，浚眢井，得一物，以爲甎也，浣之則鐵，有字一行云『大宋鐵函經』。案此亦得自傳聞，其實鐵函外有字四行。不敢啓，供之佛龕，聞者爭玩識。久之欲啓視，僧不得已，破鐵，案鐵破而匣毁，所以函外之字棄置廢紙中。中署『大宋孤臣鄭思肖百拜封』十字。其内則函以錫，錫之内又封以蠟，始見紙本，書曰心史，乃連江鄭所南于宋德祐癸未所著，歷紀南宋陷胡之悲，胡元腥穢之政，兩胡字原皆作空格，余以意補之。詩文甚奇僻，議論極慷慨。士大夫驚異傳誦，爲古今所未有。其紙本原稟藏孝廉陸坦家。王宏撰山史卷一云：「鄭所南心史，其元本在陸孝廉履長處，予曾親見之，有朱筆圈點。」與此皆傳聞之過。坦家所藏，乃其父嘉穎從原稿抄出者耳。坦字履常，吳門賈版行之。此本未見。十三年庚辰，閩人林茂之重加校正，同郡葉益蓀、高拱京爲之貲，屬新安汪駿聲鋟行金陵。又寓書曹能始學佺爲序，序至，茂之卜日於木末亭設位，望祀所南，焚心史一部以告其靈，是書始大行于天下。南昌陳士業文集有鄭所南心史序，蓋抄自楊伯祥太史而序之也。」觀此知此書初出，卽有吳門賈人刻之以射利，林氏遂據以重校付梓，蓋古度僑寓金陵，偶至蘇州，爲時甚暫，故未見所南原稿，亦不知有張國維録版事，宜其序中於此書流傳之端緒不甚了了矣。陳士業名弘緒，其鴻桷集康熙刻本陳士業先生全集中第四種卷一心史序云：「辛巳春，崇禎十四年。過楊伯祥太史，伯祥名廷麟，明史卷二百七十八有傳。展案頭新刻，題曰心史，予亟假而手録之。」夫辛巳春而見新刻之心史，必林古度本也。弘緒序亦無所發明，今不具録。

凡咸淳集一卷，大義集一卷，中興集二卷，皆各體詩歌；久久書一卷，雜文一卷，略敍一卷，皆記宋亡時雜事。後附自序、自跋、盟言，及療病呪一則。文詞皆蹇澀難通，紀事亦多與史不合，如雜文卷中，於魏徵避仁宗諱作「證」，而李覯則不避高宗諱，又記蒲壽庚，作蒲受耕，原本果思肖親書，不應錯漏至此。

案提要所言略敍一卷，本書實作大義略敍，書中於元字皆避去，如慶元寧宗年號改作慶初，見先君菊山翁家傳。元年作一年，蓋惡其爲胡元國號而去之。凡遇大宋、國家、朝廷、君王、祖父等字，及宋之年號，必空一字，其謹畏如此，豈有避仁宗諱而不避高宗諱之理。魏證、李覯均見雜文內古今正統大論。卽令果出姚士粦之手，士粦亦非不知古今者，豈肯露此破綻乎？此書原稿，雖是思肖親書，然明人所刻，并非影摹上版，「覯」字之不避，自是抄書者所妄改，安可據之以斷真僞哉？蒲壽庚之作蒲受耕，音同字異，此必當時口耳相傳，有音無字，思肖聽之未審，以意書之耳。受耕之名，較壽庚更爲有義。日人桑原隲藏蒲壽庚考第四章自注云：「鄭所南心史，蒲壽庚作蒲受耕，四庫總目以此爲心史僞作一證，甚無謂。壽庚，心史外無作受耕者，可見心史非好事者掇拾舊文所僞造。」斯言諒矣。至於全書文詞，雖間有蹇澀之處，然持以較所南文集，則其明白易解，固已多矣。蓋文集不能使人不見，故不欲其一目了然，此書既錮之井中，自無須更作讔語也。然艱深之詞，習之既久，不覺偶然流出，若使全書皆文從字順，則何以爲所南之文乎？

其載二王海上事，謂少保張世傑奉祥興皇帝奔遁，或傳今駐軍離裹，衛王溺海，當時國史野乘所記皆同，思肖尤不宜爲此無稽之談，此必明末好異之徒作此以欺世，而故爲眩亂其詞者。

案昔孔子本魯史記作春秋，猶不免有傳信傳疑之例，孟子亦言盡信書不如無書，況乎街談巷議，稗官野史之說，豈能必其與正史無異同也哉。思肖中興集卷二二噫詩丞相陳公宜中一首，序云：「公嘗遺使賫香一器遺張侯，約以挾外國兵來。公未至，張侯已敗，棄崖山，莫知所之。」少保張公世傑一首，序云：「張侯奉祥興皇帝，俄乘機死戰，出賊重圍矣，所存惟十九隻巨艘，賊望洋追之，數日竟不得。其裨將周文英降賊，宋史卷四十七二王紀，黄萬石將周文英降元，在未改元景炎之前，與此不同。謂公已死，乃僞說邀功，實未死也。」此與宋史衞王紀所稱世傑乃與蘇劉義斷維，以十餘舟奪港而去，及世傑本傳宋史卷四百五十一忠義傳六言弘範等攻厓山，世傑敗走衞王舟，大軍薄中軍，世傑乃斷維，以十餘艦奪港去者，未嘗不同，但不知其後來以颶風壞舟，溺死平章山下耳。思肖大義略敘云：「祥興一年二月初六日，賊四圍合攻，淮兵打水路，死戰出船，少保張世傑奉祥興皇帝奔遁，唯餘巨艘十九隻、淮兵千五百人及民兵而去，餘小黑舟亦追奔去。楊太妃蹈海死，丞相陸秀夫朝服蹈海而死，或傳張少保今駐軍離裏。」其敘楊太妃及陸秀夫之死，與宋史及他書亦無不同，但不知秀夫係負衞王投海而死耳。余嘗考之宋史秀夫傳，與張世傑同卷。云：「方秀夫海上時，記二王事爲一書，甚悉，以授禮部侍郎鄧光薦曰：『君後死，幸傳之。』其後厓山平，光薦以其書還廬陵。大德初，光薦卒，其書存亡無從知，故海上之事世莫得其詳云。」方元人修宋史時，金華黄溍以龔開所作陸君實傳龔傳載宋遺民録卷十登載弗詳，乃從番禺來客問厓山事，作陸君實傳後敘一篇。見金華黄先生文集卷三。洎宋史成，鄧光薦家始以填海録上進，見溍自注，此録蓋即光薦據秀夫日記，接其後事，敘至衞王、秀夫及張世傑之死。溍又據之以作自注，後敘云：「二月癸未，大戰，自朝至日中，戰未決。會日暮，雨暴作，昏霧四塞，宋師部伍大亂，秀夫朝服抱宋主赴水死。」自注云：「世傑命小舟取幼主入己舟，秀夫懼世傑舟或不免，或反爲人所賣，被執辱，於是維之負重綴自死。」宋史衛王紀亦云：「會暮且風雨，昏霧四塞，咫尺不相辨，陸秀夫走衛王舟，舟大，度不得出，乃負昺投海中。」後敍又云：「世傑知大事已去，乃挾鬬艦十八，潰圍奔南恩州。卽今之陽江縣。五月庚戌，至海陵港，遇颶風，舟敗，死焉。」自注云：「世傑、劉義蘇劉義也等三十餘艘，斷纜，乘潮而遁。世傑出仙女澳，得風入洋，追之不及而還。至山東，欲向占城，土豪强之回廣東，乃回舟檥南恩之海陵山，方輿紀要卷一百一云：「陽江縣海陵山，縣西南七十里大海中，其東爲平章山。宋末，張士傑取瓣香登舵樓祝天赴海死處也。」與此書及宋史并合。散潰稍集，謀入廣，擇宗室子立之。六月庚辰，颶風大作，將士勸士傑登岸，士傑慮爲人所圖，卽登舵樓，露香以祝，風濤愈甚，墮水溺死，諸將焚其尸，函骨，葬潮居里赤坎村。見塡海録云。」余讀至此，乃恍然悟心史傳譌之有因也。思肖僑寓蘇州，去崖山千有餘里，身未嘗至軍中，其敍祥興事，必得之潰卒逃兵之口。方其戰敗未遽散時，已知世傑嘗遣人來取幼主，會當日暮，暴風昏霧之中，咫尺不能辨人，不知衛王已去與否，惟陸秀夫以朝服自標異，尚依稀可識，而不辨其背上負有何物，第知秀夫已投水，又望見世傑巨艘十餘，解維遁走，於是喧傳陸丞相蹈海死，張少保則已奉皇帝乘潮而去，至今不死也。思肖以爲此其人所目擊，故不疑而書之，提要以其與宋史不合，遂斥爲無稽之談矣。今案宋季三朝政要卷六附録陳仲微二王首末云：「己卯，二月癸未，我師敗績，世傑乘霧雨昏冥，擁祥興帝及楊太妃脱去。」仲微從二王入廣，崖山之敗，身在軍中，而亦謂世傑擁帝脱去，與心史同，且以爲楊太妃亦未死，則其誤更甚，安得獨責心史爲無稽也耶！二王首末於此條之下即繼以丞相陸秀夫抱宋衛王赴海死云云，前後自相違伐，蓋編政要者之所續，非仲微本文也。如以心史爲僞作，則二王首末亦僞作歟？不但此也，宋史於世傑傳言其還收兵崖山，欲奉楊太妃立趙氏後，不知楊太妃已死，世傑葬之海濱，見衛王紀，亦不知果由世傑葬之否。於秀夫傳言其衛王時爲左丞相，不知乃以簽樞行相事，見黄溍後敍。非真爲丞相也。此其無稽，恐與心史未有以大異，然則宋史豈亦明人僞作耶？考無名氏昭忠録云：「世傑與殿帥少保蘇劉義、都統張達、尚書蘇景瞻等十九舟決圍東走。丞相陸秀夫乃奏幼主，以金璽繫主腰，抱赴水死之。二帥止謂世傑必奉幼主南奔，恒率海舟追逐，江西帥李恒也。弘範留部分降，訊降人，始知祥興君相俱赴水。尋于軍中得金璽，訊之，卒云于小兒浮屍上得之，已棄其屍矣。」然則當時雖元軍亦疑幼主遁去，後雖知其已死，然卒不得其屍，此所以傳聞異辭者歟？心史之誤，莫過於其所書謝枋得事。大義略敍云：「德祐一年正月，江東提刑謝枋得降賊後，挾鄧、傅諸洞民兵反正，殺賊甚多，示榜主張大宋氣數甚力。」夫先降胡元而後反正，揆之枋得爲人，毋論其萬不至此，即以其本傳考之，亦可決其斷無此事。傳云：「寶祐中，舉進士，中乙科。明年，吳潛宣撫江東西，辟差幹辦公事。枋得説鄧、傅二社諸大家，得民兵萬餘人，守信州。暨兵退，朝廷嚴諸軍費，幾至不免。德祐元年，以江東提刑、江西招諭使知信州。」心史叙民兵事於江東提刑後，顛倒錯互，其誤已甚，可知降元之説，純出草野傳聞。蓋枋得在宋亡之時，名不甚著，卽思肖亦未測其究爲何等人，故無暇爲之辨別耳。趙懷玉顧從而信之，其亦有生齋文集卷七心史跋曰：「疊山之降，人莫善於蓋愆，且知者所爲，固不可測，安知非別有深意。」懷玉豈不知謝枋得者，不考其實而輕信不根之言，其謬又甚於心史矣。大義略叙又曰：「略序之作，主乎大義大體，有所不知，不求備載。我紀庶事，雖不該博於衆人；惟主正理，實可標準於後世；將身行討賊之舉，先筆定誅逆之法；天理明白，一死不惜。惟意此略序必有差忒，尚有望於後之正直君子。作史最是至難之事，且處於堂内之人，門外之事，聞或不眞，兩造在庭，尚不得其情，懸隔議度，豈無失誤。一事之中，人人所聞所見，或前或後，或得或失，各有異同，況一人又各主一見，故聞於甲者如此，聞於乙者又如此，一犬吠形，百犬吠聲，自是訛訛相傳矣。」是此書之不能無失誤，作者不惟自知之，而且痛切言之。然此爲古今著述所不能免，未可獨責一人，若摘其一二失誤，遂指此數百年來絶無僅有之書爲僞作，使學者棄置不讀，或讀之而不敢信，沮後人愛國之心，而長勍敵方來之燄，此則吾所期期以爲不可者也。

徐乾學通鑑後編考異以爲海鹽姚士粦所僞託，其言必有所據也。

案通鑑後編卷百五十二祥興二年十月考異云：「明季有井中心史，載天祥對孛羅之言，頗不同，是書乃姚士粦僞撰，託名鄭思肖，不可用。士粦字叔祥，嘉興海鹽人。」此卽提要所引也。傳是樓書目集部有心史二卷，題鄭思肖，則乾學未必以爲僞撰。閻若璩尚書古文疏證卷五上云：「有僞書出近代，證佐分明，苟一言及，輒譁然起被以大不韙之名，且以寧可信其有者，莫過史彬之致身録，鄭所南之心史，一爲史兆斗所撰，一爲姚士粦所撰，前說吾徵諸牧齋，後說聞諸曹秋岳云。」徐乾學之修通鑑後編，閻氏在編纂之列，考異之說，卽閻氏之說也。致身録之僞，錢謙益所考固極詳確，見初學集卷二十二致身録考、書致身録考後。至於曹溶謂心史爲姚士粦所僞撰，其說無可考。溶但有靜惕堂詩集四十四卷，其文集二卷見浙江採進遺書總録癸集下，今不傳。當是其平日口頭談論之語，不知所謂證佐分明者安在？士粦生平略見於所著見只編，鹽邑志林本，凡三卷。自言年二十猶目不識丁，以寫照自給，德清學博姜孩日謂之曰：「男子何可不知書？」乃于庚辰四月受書。見卷上。庚辰當是萬曆八年，以此推之，蓋生於嘉靖三十九年庚申。錢謙益列朝詩丁集卷十六云：「士粦字叔祥，海鹽人。與里人胡震亨孝轅同學，以奧博相尚。孝轅舉鄉書，官州守，而叔祥以書生窮老。明詩綜卷七十一云，士粦，國子監生，有蒙吉堂詩集。晚歲數過余，年將九十矣，劇談至分夜不寐。兵興後，窮餓以死。」凡謙益詩文中所謂兵興，皆指明亡，則士粦當卒於甲申以後，年約八十五六歲。初學集卷十七有姚叔祥過明發堂共論近代詞人戲作絶句十六首，蓋卽所謂劇談至分夜也。士粦姓字，見於謙益集者祇此一處。其詩作於崇禎庚辰，士粦年八十一歲矣。此數年間或嘗至蘇州，謙益家常熟，卽蘇州屬邑。知有承天寺井中得書事，曾得其傳鈔本以歸，而不知張國維已爲付梓，故姚際恒古今僞書考曰：「於陵子，乃明姚士麟僞撰。又宋鄭思肖心史，相傳亦出于姚，世因謂姚造。余案心史言辭甚多，而且鬱勃憤懣，自是一種逸民具至性者之筆，非可僞爲也。叔祥與胡孝轅輩好搜古籍，謂于吳門承天寺井中得之，林茂之序謂僧君慧浚井所得，或是，未敢附和以爲僞書，附辨于此。」際恒之文殊不明瞭，以意推之，蓋士粦自蘇州攜心史鈔本返浙江，自言得之承天寺井中，而不能言得之之人，與其所以得之之狀。浙人固不曾見張國維刻本，第以爲其書自士粦始傳於世，而古井得書，其事甚奇，未敢置信，熟知士粦嘗僞撰於陵子，因疑此書亦其所依託。獨際恒讀其文辭而決其非僞造，又得崇禎庚辰歲金陵刻本，與姚本之出相先後，際恒好古堂書目子部雜家有心史七卷，卽林古度刻於金陵之本。且讀林古度之序，知爲僧君慧浚井所得，際恒以爲此亦情理所有，或者實有其事，因愈不敢附和時人之說，以爲僞書矣，獨惜其未見張氏本，不知原本確係思肖真蹟耳。際恒所謂心史相傳亦出於姚，世因謂姚造者，或卽聞之閻若璩轉述曹溶之說，以際恒於康熙癸酉之冬曾見若璩於杭州也。按際恒字立方，仁和諸生。其獲交閻若璩事，見尚書古文疏證。曹溶，字潔躬，秀水人，事蹟附見清史稿文苑吳偉業傳，皆浙人也。曹溶者，明季以進士官御史，國亡降清。林時對荷牐叢談卷三有「東林中依草附木之徒」條，詆之甚力。明之亡於清，無異宋之亡於元，溶之罪與留夢炎等，想其於鼎革後讀此書，溶靜惕堂書目有鄭思肖井中心史，不著卷數，莫知爲何本。自必通身汗下，愧憤之餘，遂肆口詆諆，誣爲僞作。閻若璩以明末遺老之子，其父名修齡，明亡後棄諸生不出。平生熱中於富貴，及試鴻博不第，求御書不得，乃爲雍邸上客以爲榮，見張穆閻潛邱年譜。其胸中本不知有夷夏之辨，故聞曹溶之言，亟以爲是，遂甘冒大不韙之名，一再筆之於書，適見其學識之陋而已。至於四庫諸臣，承詔校讐，於宋、明人詩文用夷虜字者，塗改之惟恐不盡，焉敢以此書著録。然終不深没其名，乃吹毛求疵，擯之於存目之中，或亦有不得已者存，凡此皆不足怪。所可怪者，全祖望平日表章宋、明忠義甚力，宜讀此書而太息，乃其結埼亭集外編卷三十四心史題詞云：「閻百詩集引萬季野語，以爲海鹽姚叔祥所依託，錢塘厲樊榭則謂叔祥豈能爲此詩文。予謂閻、萬二丈皆不妄語，必有所據。所南別有錦錢集，明崇禎中尚存，梨洲先生嘗見之，予今求之不可得，但從永樂大典中得其奇零者。向使是書而在，以之對勘心史，當有敗闕。吳兒喜欺人，至今謬稱眢井舊物以索高價，案此蓋從原本摹出僞爲真蹟者。凡有數本，余見其二。」全氏不信心史，不過據閻氏之説耳。

然尚書疏證自言聞諸曹秋岳，而全氏謂爲閻百詩集引萬季野語，閻氏不聞有文集，潛邱劄記後所附詩文無一字論及心史者，萬季野説亦不知見於何書，恐皆全氏誤記也。厲鶚惟其不信姚叔祥能作鄭所南詩文，故其所撰宋詩紀事卷八十選思肖詩十四首，而其十首出於心史，咸淳集八首，中興集二首。彼豈無所見而然哉？全氏謂若璩不妄語，必有所據；不知其純是妄語，絶無所據也。然則全氏之題詞，不過盲從而已矣。知不足齋叢書重刻元大德本一百二十圖詩，卽題畫詩。後附錦錢餘笑二十四首，題下有自注云：「或問錦錢者何義？曰：以錦爲錢，雖美觀，實無用也。」與簡明目録語合，知錦錢餘笑卽錦錢集。今取其詩觀之，皆出世之語，風格似寒山子，與心史之感事抒懷者了無關涉。卽其雜文考之，知不足齋本一卷，題鄭所南先生文集。亦不見可以證明心史之敗闕者。全氏蓋未見元刊本，故有此想當然之説耳。焦循易餘籥録卷九曰：「萬季野、閻百詩，俱説鄭所南心史乃海鹽姚叔祥所依託，全謝山言厲樊榭則謂叔祥豈能爲此詩文。按朱潮遠四本堂座右續編載此事云：辛巳歲，予督漕姑蘇，值承天寺僧浚井，得一鐵函，隨上之撫軍張公國維，啓之甚輕，函内蠟封，封内紙裹悉啓，乃宋德祐年鄭思肖所藏詩文，所言皆亡國事，四百餘年，始傳人間。潮遠字卓月，流寓揚州，自述其目覩如此，則非姚氏所依託矣。」潮遠始末不詳，蓋明末遺老。其四本堂座右編二十四卷，總目卷一百三十三著録於雜家類存目十，提要不著其仕履，惟云自言朱子之後，而不信其有續編，今并未之見。惟趙吉士寄園寄所寄曾屢引其書，即如焦氏所引此條，亦見引於其卷六焚麈寄，但較略耳。然其言甚不可據，諸書皆言崇禎戊寅冬承天寺浚井得心史，故己卯、庚辰之間已有刻本行世，潮遠果親值其事，何至誤紀年爲辛巳？且張劭持示張國維，據以付刻者，乃陸嘉穎傳鈔之本，其鐵函則出井後已毁，何由上之國維乎？潮遠記其身所聞見，不應疏謬如此。蓋因潮遠著書於康熙甲辰，上距崇禎戊寅已二十六年，續編又在其後，老耄之餘，追紀往事，故記憶失真耳。若僅據此以定心史之真，吾恐曹溶、閻若璩輩聞之，轉得有以藉口矣。

別集類存目二 總目卷一百七十五

別本東田集十五卷

明馬中錫撰。是集爲國朝康熙丁亥中錫鄉人賈棠所刊，凡文五卷，詩十卷。案嵩陽雜識曰：「李空同與韓貫道草疏，劉瑾切齒，必欲置之死，賴康滸西營救而脱。後滸西得罪，空同議論稍過嚴，人作中山狼傳以詆之。」王士禎居易録亦稱中錫中山狼傳爲刺李夢陽負康海而作。今其文在第五卷中。然海以救夢陽坐累，夢陽特未嘗救之耳，未嘗逞凶反噬如傳所云云也。疑中錫別有所指，而好事者以康、李爲同時之人，又有相負一事，附會其説也。

嘉錫案：總目於此書之前先有東田漫稾六卷，係中錫子師言所編，有詩無文，此乃詩文全集而爲後人所刊，故題曰別本。明詩綜卷二十五林俊小傳後載静志居詩話云：「中山狼小傳，乃東田馬中錫所作，今載其集中。世傳以訾獻吉者，數其負德涵也。考之康、李未嘗隙末，黄才伯黄佐字讀見素林俊別號挄空同奏疏詩云：『憐才不是雲莊老，愁殺中山獵後狼。』然則當日所訾，乃負見素耳。」提要此篇之言，蓋卽竊取彝尊之意而小變之。余考王世貞弇山堂別集卷二十九史乘考誤十云：「康對山海卒，吕柟爲墓表，謂慶陽李獻吉嘗犯宦官劉瑾，繫獄幾死，先生既用策脱之，李後著文，令他人擅其美。李，明士也，猶且不識，況他人乎？」此與嵩陽雜識所謂滸西得罪，空同議論稍過嚴者，皆康、李隙末之公案也。夫受人救命之恩而忘之，及其人以此陷於奸黨，不圖所以爲報，又從而議其後，此與中山狼之反噬何以異？而提要猶爲之曲辯，此文人相護之習氣耳，非公論也。弇山別集又曰：「黄泰泉佐作董大理傳云，馬伯循爲余言，獻吉下獄時，瑾欲殺之急，乃書片紙出，謂德涵救我。家人往告康，康卽上馬馳至瑾門。瑾素聞康名，卽攝衣迎康，留飲，因問曰：於今三秦豪傑有幾？康曰：『三人爾，昔王三原秉銓衡，進賢退不肖，今則有密勿親信、秉大鈞者。』意蓋指瑾也。瑾轉發喜色，因復問曰：『尚有一人，其先生乎？』康曰：『公何謬稱海也，此一人乃今之李白也，海何能爲役？』瑾固問之，則曰：『海不敢道。』瑾俯首思曰：

『先生豈謂李夢陽也？此人罪當誅。』康卽起去曰：『海不敢道者此也。』瑾謝曰：『敬聞命矣。』明日卽赦出之。其後獻吉反嫉害德涵，優伶至爲中山狼雜劇以刺獻吉，然德涵未嘗讐獻吉也。佐之辭婉而文。中山狼傳撰自馬左都中錫，而雜劇則出王太史九思，以爲譏獻吉，理有之。董少卿名恬，坐劉瑾敗論罷。按見明史卷三百六閹黨焦芳傳。康以救李獻吉與瑾密，而丁憂被盜，累有司賠補，爲衆所摘。案此事不見他書，惟夏燮明通鑑卷四十三據明實録書之，惜其未引弇山別集。李文正時有恨，不爲之救故耳。』夫董大理傳與讀見素抹空同奏疏詩，同出黃佐一人之手，傳既言中山狼雜劇爲刺獻吉負德涵而作，則詩中所言自當是同指一事，何以朱彝尊獨以爲係指獻吉之負林見素哉？豈并史乘考誤亦未之見歟？彝尊博極羣書，熟於明代詩家故事，猶不免失考如此，況提要茫無所據，輒疑馬中錫爲別有所指，其言之不中肯綮，亦何足怪。或者謂黃佐之言恐亦得之傳聞，未必可信，則不獨王世貞已言中山狼傳之譏獻吉，爲理所當有，且有康海自作之詩在。王士禎池北偶談卷十四云：「中山狼傳，見馬中錫東田集。東田，河間故城人，正德間右都御史。右當作左。康德涵、李獻吉皆其門生也。按對山集有讀中山狼傳詩云：『平生愛物未籌量，那計當年救此狼。』則此傳爲馬刺空同作無疑。」嘉錫案：此詩下二句云：「笑我救狼狼噬我，物情人意各無妨。」味其語意，明明言其所救之人曾經負恩反噬也。考海平生所救之人，除李夢陽外，惟有左都御史張敷華，以忤劉瑾勒致仕，瑾欲坐以贓罪，海爲解之而免。見明史卷一百八十六敷華本傳。敷華固非反噬之人，且以正德元年除夕致仕，明年六月卽卒，亦不容有反噬之事。然則此所謂中山狼，非夢陽而誰？王世貞平日推服夢陽不遺餘力，而於此事猶不肯黨護，不知後人何苦而爲之曲辯耶？海此詩憤怒之氣，躍然紙上，幾於切齒痛駡，則黃佐謂德涵未嘗讎獻吉，彝尊謂康、李未嘗隙末者，殆皆不然也。提要引士禎居易録，稱中錫中山狼傳云云，實則居易録中并無此語，乃池北偶談之誤，提要似僅憑記憶率爾言之，故於下文所引對山集詩毫不理會，而直斷爲中山狼傳不爲刺李夢陽而作耳。今試以史乘考誤之言觀之，則中錫此傳果爲誰作，可不言而喻矣。

別集類存目三 總目卷一百七十六

東廓集十二卷

明鄒守益撰。守益字謙之，安福人。正德辛未進士，官至南京國子監祭酒，隆慶初追謚文莊。事蹟具明史儒林傳，史稱世宗嘉靖二十九年九廟災，守益疏陳上下交修之道，忤旨落職，其疏具載本傳，今集中乃不載。考千頃堂書目，此集之外，尚有東廓遺稾十三卷，今未見其本，或別收於遺稾中歟？

嘉錫案：明詩紀事戊籤卷十一云：「田案四庫提要稱嘉靖二十九年九廟災，守益疏陳上下交修之道，其疏具載明史本傳，今東廓集乃不載。余檢史稱守益言殷中宗高宗反妖爲祥，享國長久，此數語具載本集九廟災自陳疏內，提要偶未檢耳。謙之此疏，辭亦不甚激烈，蓋帝以議大禮故，隱憾之耳。」紀事之言如此。余因取明史卷二百八十三守益本傳觀之，其所引九廟災疏，果只有殷中宗以下十三字，未嘗具載全文，提要已不免微誤。蓋世宗晚年方求長生，最多忌諱，守益此二語正犯其所忌，故遂大怒不可解。紀事謂因守益先嘗議大禮，爲帝所隱憾，亦未必盡然也。傳不言爲何時之事，考世宗本紀明史卷十七云：「二十年夏四月辛酉，九廟災，燬成祖、仁宗主。」提要以爲事在嘉靖二十九年，各本皆同。又誤矣。總目自卷一百七十五至一百八十，凡六卷，皆明人別集之存目者，其書既無足重輕，而提要之違誤，亦往往有之。今因偶讀明詩紀事，特取其所已考者一二種重加論定，聊以備數，餘則考之不勝其考，姑置之不論可也。

別集類存目十總目卷一百八十三

受祺堂詩集三十四卷

國朝李因篤撰。因篤字子德，又字天生，富平人。康熙己未，召試博學鴻詞，授翰林院檢討。顧炎武作音學五書，特載與因篤一札，蓋頗重之。閻若璩作潛邱劄記，則云杜造故事，莫過於李天生，然所謂杜造故事者今不可考，則姑存其說矣。

嘉錫案：原刻本潛邱劄記卽眷西堂本卷五與徐電發書云：「猶憶故山有來問五十人人物何如者，張穆潛邱年譜注云：「五十人者，大科人選之一等二十人，二等三十人也。」今案徐釚電發爲大科二等第八人，亦五十人之一也。弟答以吳志伊之博覽，徐勝力之彊記，可稱雙絕。若李天生之杜撰故事，汪苕文之私造典禮，恐亦未必有三焉。」提要所引，蓋出於此。張穆閻潛邱年譜四十四歲下引尚書古文疏證卷四云：「己未，留京師，富平李天生因篤告予曰：『晉用夏正，子知之乎？』予曰：『然。』天生曰：『周天王固許之用也。觀定四年，啓以夏正，疆以戎索，可見。』予曰：『左氏乃政字，非正字，卽政與正通，然則于伯禽康叔曰，皆啓以商政，疆以周索，魯衞乃又建丑乎，何周初自亂其正朔也？』天生語塞。」何秋濤注云：「秋濤案：天生平日必素持此論，潛邱嘗云杜撰故事莫甚於李天生。四庫書目提要云，其所謂杜撰故事者今不可考，竊謂潛邱所說，當卽指此類事也。」余更考劄記卷五有與李天生書云：「先生從橫博辯，自一往莫禦，但云古人敍世系，卽子之於母，有疑互者，弟不勝駭異，因云杜公母崔不待言，而所作范陽盧太君誌，乃云冢婦同郡盧氏，冢婦者，奉天令之妻，是公之母又盧，盧亦名族，何不見詩中有某舅內弟表姪之稱若崔者乎？弟歸而詳考范陽盧太君誌，與他誌例敍者不同，先敍三男三女，或存或没，次敍一男二女，或存或没，然後敍其往葬，既哭成位，有若冢婦同郡盧氏，介婦滎陽鄭氏，鉅鹿魏氏，京兆王氏，皆及現存之子婦。此作於天寶三載，公母崔已早亡，而現存者繼母也，盧卽其繼也。公家兩世皆繼娶於盧，詩中若十一舅、十七舅、二十四舅，不著崔字面，安知非盧？送盧十四弟侍御，懷盧十四侍御弟，尤明爲表弟。天寶初，南曹小司寇舅於我太夫人堂下累土爲山，太夫人既盧，則小司寇舅應亦盧舅，固公之母黨，亦太夫人之姪耳，故有斯舉。因又歎博極如牧齋，亦不免曰冢婦盧氏的爲傳寫之譌，不知非譌也。鄙見如此，尚望先生教之。」潛邱謂天生從横博辯，一往莫禦，卽寓譏諷之意，則天生之論杜工部母氏世系，當亦是杜撰故事之一端。然天生此言，及其謂周王許晉用夏正事，皆一時興到之言，并未著書立説，懸諸不刊，縱有謬誤，亦復何關得失，潛邱既筆之於書，又翹其過以語人，露才揚己，飾智驚愚，藉以洩其制科落選不平之氣，則亦不可爲訓也。

總集類一 總目卷一百八十六

篋中集一卷

唐元結編。結有次山集，已著録。是集成於乾元三年，録沈千運、王季友、于逖、孟雲卿、張彪、趙微明、元季川七人之詩，凡二十四首。其沈千運寄秘書十四兄一首，較河岳英靈集所載顛倒一聯，又少後四句，字句亦小有異同，而均以此本爲勝。疑結亦頗有所點定，館閣書目謂二十四首皆結作，則不然也。

嘉錫案：楊守敬日本訪書志卷十二有此書舊鈔本跋云：「提要稱沈千運寄秘書十四兄一首較河岳英靈集所載爲勝，按此詩是王季友寄韋子春，毛本亦同，河嶽集題雖稱祕書十四兄，而亦爲王季友詩，何不細檢，乃以屬沈千運也？」余考河嶽集卷上，實作王季友山中贈十四秘書山兄，非「寄秘書十四兄」也。唐詩紀事卷二十六作王季友寄韋子春，與篋中集同。

千運，吳興人，家於汝北。季友，河南人，家貧賣屨，博極羣書，豫章太守李勉引爲賓客，杜甫詩所謂「豐城客子王季友」也。遯，里籍無考，李白、獨孤及皆有詩贈之。雲卿，河南人，或曰武昌人，嘗第進士，官校書郎，今所傳詩一卷，僅十七首，而悲苦之詞凡十三首，則亦不得志之士。彪，潁、洛間人，杜甫詩所稱張山人彪者，卽其人。微明，天水人，名見竇泉述書賦。季川卽結弟元融，獨書其字，未詳其故，或融之子孫所録，如玉臺新詠之稱徐孝穆歟？

案集中七人，均見唐詩紀事及唐才子傳，提要所述與之不盡同，蓋純本之全唐詩小傳也。如孟雲卿，紀事卷二十五但云「河南人，元次山有送孟校書往南海詩。」才子傳卷二云：

「關西人。天寶間不第，氣頗難平，志亦高尚，懷嘉遯之節。與薛據相友善，嘗流寓荆州。仕終校書郎。」是雲卿固始終未登第者。全唐詩卷百五十七不知何據，乃言「一曰武昌人，第進士。」提要從之，深所未喻。元次山文集卷七送孟校書往南海序云：「平昌孟雲卿，與元次山同州里。」平昌爲孟氏郡望。元結本河南人，家於魯縣商餘山，晚乃流寓武昌，見顏真卿所撰墓碑。必不肯以異鄉爲州里，然則雲卿非武昌人也。次山詩文多爲孟武昌作，考其人名彦深，字士源，登天寶二年第，爲武昌令。紀事卷二十四。全唐詩蓋混雲卿與彦深爲一人，而以武昌作其里貫，誤之甚矣。甘澤謡稱爲前進士孟彦深、進士孟雲卿，則雲卿蓋嘗應進士舉而未及第者也。紀事卷三十二又曰：「元季川，大曆、貞元間詩人也。一曰季川名融，元次山之弟也。全唐詩卷二百五十九略同。次山作處規云：季川曰：兟復不言，兟有意乎？」原注：兟，兄之别稱也。然則結自呼其弟曰季川，人亦以季川稱之，不獨此集爲然，未必其子孫之所録也。

河嶽英靈集三卷

唐殷璠編。璠，丹陽人。序首題曰進士，書録解題亦但稱唐進士，其始末則未詳也。

嘉錫案：璠之始末，誠不可考，然其時代及生平則有可推者。國秀集後有北宋人曾彦和跋云：「河嶽英靈集，作於天寶十一載。」余嘗以本集證之，其卷中稱賀蘭進明云：「員外好古博達，經籍滿腹。」考唐郎官石柱題名，主客員外郎內有賀蘭進明。兩唐書玄宗紀於天寶十五載均稱進明爲北海太守。文苑英華卷八百李華衢州刺史廳壁記云：「開元、天寶中始以尚書郎超作名郡，賀蘭大夫爲之，逆胡悖天地之慈，賀蘭起北海之師。」以上所引見勞格石柱考卷二十六。據此進明實由員外郎出爲北海太守，集中猶稱爲員外，則彥和謂其作於天寶十一載，信而有徵矣。唐書藝文志云：「包融，潤州延陵人，與儲光羲等十八人皆與融同郡。皆有詩名，殷璠彙次其詩爲丹陽集。」是璠平生激揚風雅，主持騷壇，不只英靈一集，其風采可想也。

是集錄常建至閻防二十四人，詩二百三十四首。姓名之下，各著品題，仿鍾嶸詩品之體，雖不顯分次第，然篇數無多而釐爲上中下卷，其人又不甚敍時代，毋亦隱寓鍾嶸三品之意乎？文獻通考作二卷，蓋字誤也。

案璠自序云：「詩二百三十四首，分爲上下卷。」故唐書藝文志、直齋書錄解題、卷十五讀書附志、拾遺宋史藝文志皆作二卷，無作三卷者，惟崇文總目及通志藝文略詩評類作一卷耳。試問以二卷之書，何從隱寓三品乎？黄丕烈蕘圃藏書題識卷十云：「河嶽英靈集二卷，毛斧季手校本集，所據云是舊鈔本，即其分卷之妙，已爲可珍。按書錄解題有河嶽英靈集二卷，則此分卷與解題合。近人撰集書目，僅據俗本分卷之三，而爲之説曰，推測其意，似以三卷分上中下三品，奚啻癡人説夢。」其言卽爲提要而發。黄氏本不知考證，徒以嘗見舊本，遂能譏提要矣。璠序云：「粤若王維、昌齡、儲光羲等二十四人，皆河嶽英靈也。」然則璠意中本無高下之分，卽令有之，於其所舉三人，亦是相提並論，而今本王維在卷上，昌齡、光羲乃在卷中，若以此爲三品，豈璠之意乎？凡通考經籍考所著録，大抵採自目録與文集，不必親見其書。此條所引之陳氏，卽書録解題，縱令二卷果屬字誤，亦不當逕指爲通考，況本不誤耶。

薛濤李冶詩集二卷

薛濤，蜀中妓，李冶，烏程女道士。濤與元稹相倡和，冶亦嘗與劉禹錫游，皆中唐人也。

嘉錫案：唐才子傳卷二云：「李季蘭，名冶，以字行，峽中人，女道士也。」冶以字行，故諸書皆稱李季蘭，無稱李冶者，提要竟不舉其字，亦太疏略矣。中興間氣集卷下曰：「李季蘭嘗與諸賢集烏程縣開元寺，知河間劉長卿有陰重之疾，乃誚之曰：『山氣日夕佳。』長卿對曰：『衆鳥欣有託。』舉座大笑，論者兩美之。」唐詩紀事卷二十八曰：「劉長卿謂季蘭爲女中詩豪。」此皆季蘭嘗與長卿游之證，不知提要何以誤爲劉禹錫。季蘭以德宗興元元年得罪死，見後。禹錫生於代宗大曆七年，見疑年録。至是年始十三歲，安得與季蘭游耶？書録解題載薛濤詩一卷，李冶詩一卷，今皆不傳，此本皆後人鈔撮而成。

案二人詩，唐志皆不著録。郡齋讀書志卷十八有薛洪度濤字詩一卷，書録解題卷十九有薛濤集一卷，崇文總目、通志藝文略、書録解題、宋史藝文志均有李季蘭詩一卷。通志、宋志并注云「唐女道士李裕」。通志多「字季蘭」三字。裕與冶字形相近，未知孰是。若果名裕而字季蘭，疑用蜀志諸葛亮表請張裕之罪，先主答言芳蘭生門不得不鉏事，其亦不祥也矣。

冶集僅詩十四首，然其中恩命追入留別廣陵故人一首，詳其詞意，不類冶作，殆好事者欲裒冶詩，與濤相配，病其太少，姑摭他詩足之也。

按唐才子傳季蘭本傳云：「天寶間，玄宗聞其詩才，詔赴闕，留宮中月餘，優賜甚厚，遣歸故山。」是季蘭實有恩命追入之事，提要蓋未之知，故疑其不類冶作。考高仲武中興間氣集評季蘭云：「上方班婕妤則不足，班婕妤原作班姬，據唐詩紀事及全唐詩話引改。下比韓蘭英則有餘，韓蘭英原作韓英，據全唐詩話引改。不以遲暮，亦一俊嫗也。」韓蘭英以宋孝武世獻賦，被賞入宮，見齊書皇后傳。蘭英，宋蜀本齊書作藺英。夫擬人必於其倫，季蘭以一女道士而仲武比之於班婕妤、韓蘭英，則其人必嘗奉詔入宮矣。但其入宮之時，恐不在天寶年間，何者？仲武選詩，終於大曆暮年，於季蘭已有遲暮之歎、俊嫗之稱，則其年齒蓋已五六十歲。由此上數至天寶十五載，凡二十有五年，季蘭之被召或又在其前，正是年華未老，豐容盛鬋之時，而其詩云：「無才多病分龍鍾，不料虚名達九重。仰媿彈冠上華髮，多慙拂鏡理衰容。」絶不似三十許人口脗。疑其奉詔赴闕，卽係大曆暮年之事，唐才子傳以爲天寶間，傳聞之誤耳。唐趙元一奉天録卷一曰：「初，朱泚時，有風情女子李季蘭上泚詩，言多悖逆，故闕而不録。皇帝再剋京師，召季蘭而責之曰：『汝何不學嚴巨川有詩云，手持禮器空垂淚，心憶明君不敢言。』遂令撲殺之。」夫朱泚之亂，帝且不能守社稷，委其臣妾以去，今季蘭以一女子，屈於兇威，指斥本朝，蓋非得已，德宗不諒其情，輒令撲殺，封建帝王之凶惡，於此可見。

搜玉小集一卷

不著編輯者名氏，鄭樵通志已載之，則其來舊矣。

嘉錫案：唐書藝文志及崇文總目均有搜玉集十卷，通志藝文略同，并注曰：「唐人選當時詩。」因毛晉跋中僅引通志、通考，提要遂以爲自通志始載此書，不知先已著録於唐志，豈非數典而忘其祖耶。

舊目題凡三十七人，詩六十三首，此本但三十四人，詩六十二首，蓋毛晉重刊所釐定。所注考證頗詳，然胡鵠等三人有録無詩，晉并删其姓氏，已非闕疑存舊之意，又人闕其三而詩僅闕其二，不足分配三人，必有一人之詩溷於他人名下矣，則所訂亦未確也。

案直齋書録解題卷十五云："搜玉小集一卷，自崔湜至崔融三十七人，詩六十一首。"通考經籍考卷二百四十八引同。宋史藝文志云："搜玉集一卷，唐崔湜至融凡三十七人，集者不知名。"汲古閣刊本姓氏總目後有一行云："凡三十七人，共六十三首。"夫書録解題明言詩六十一首，不知此何以誤爲六十三，提要更何以誤爲六十二？又有毛氏注云："今三十四人，共六十一首。"細勘其詩，數目適合，然則其詩乃并無闕佚也。有録無詩之三人，其姓名爲胡皓、王翰、李澄之各一首，並注云："向缺，今亦無考。"其實詩未嘗缺，但並溷入他人名下耳。毛晉之考訂既未詳，提要又只見其跋中有名存詩逸、胡皓三人之語，遂不暇更閲其總目，乃歸罪於毛晉删其姓氏。充提要之意，豈必於跋中枚數三人之姓名，始得謂之能闕疑存舊耶？草率粗疏，一至於此，不可解也。觀宋志之注，與書録解題略同，而其書祇名搜玉集，不名小集，知今之小集，與唐志及崇文目所著録者實卽一書，但詩只六十一首，何能分爲十卷？知其原書所録之詩，必不只此數。南宋至今所存之一卷，蓋經後人之删削，只存其精華，故名之曰小集也。三十七人之中，最早者爲魏徵，最晚者爲劉幽求，餘人自崔湜以下，大抵皆則天時人，今所存唐人選唐詩者，時代莫先於此，雖非完書，要自可貴矣。

其次第爲晉所亂，不可復考。既不以人敍，又不以體分，其編次參差重出疊見，莫能得其體例，徒以源出唐人，聊存舊本云爾。

案毛晉跋中，雖有間閱唐紀事諸書洎宋、元舊册，因考其世次及章句之語，蓋但欲考而知之，未嘗自言變易其次第也。如果以世次爲先後，則何以不列魏徵爲壓卷，反次其詩二首於第三十七八耶？提要謂次第爲晉所亂，不知何所據而云然。其編次雖不以人敘，亦不以體分。余嘗卽其詩以考之，開卷奉和御製三首爲應制，其次自西征軍行遇風至燕歌行凡六首爲從軍，次塞外、紫騮、胡無人行凡三首爲出塞，次王昭君三首爲弔古，次晚度天山有懷京邑及送公主和戎二首爲遠别，其他皆以類相從，先後次序，莫不有意，此必唐人原本如此，非晉所能辦也。充提要之言，凡編次總集者，必以人敘或以體分而後可，然則如玉臺新詠，一人之名前後數見者，亦將不免於譏矣。

同文館唱和詩十卷

宋鄧忠臣等撰。同文館本以待高麗使人，時忠臣等同考校，卽其地爲試院，因録同舍唱和之作彙爲一編。案宋史藝文志有蘇易簡禁林宴會集、歐陽修禮部唱和詩集，此書獨不著録，宋志最爲舛漏，蓋偶遺之。

嘉錫案：宋會要第七十三册職官二十五云：「同文館在延秋坊，熙寧中剏置，以待高麗國進奉人使。」宋史卷一百十九禮志二十二云：「紹興二年，高麗遣使副來貢，並賜酒食于同文館。」是則汴、杭兩都並有同文館，忠臣等唱和之地，蓋卽在開封延秋坊者也。本集蔡肇秋日同文館詩自注云：「試院高麗，乃館使客。」又柳子文詩同前題自注云：「高麗人館此，書字尚在。」並足爲提要此條之證。高麗使不常至，其地空閑，故借以爲試院。然考續長編卷三百九十云：「元祐元年十月，詔工部檢計修舊尚書省爲貢院。」原注云：「三年正月十九日，就太學試禮部進士，然則貢院竟未成也。」據此則忠臣等於元祐初爲試官，若所試者爲進士，縱貢院未成，亦當就太學爲試院，不當借同文館也。晁補之雞肋集卷十五有試院次韻呈兵部葉員外端禮并呈祠部陳員外元輿太學博士黃冕仲五言長律一首，此詩唱和集不載。其略云：「文武中銓集，丹鉛百卷堆。豚魚聊可辨，皮弁不應恢。」自注云：「左選試經義，右選試兵策。」此詩之後，纔隔九首，卽次韻鄧正字慎思秋日同文館詩，明係作於一時，然則同文館所試乃吏部文武選人耳。文臣爲左選，武臣爲右選。凡選人赴部聽選，未出官之前，先試其文翰通否，謂之銓試。詳見宋史選舉志四。通考卷三十四云：「銓試者舊有之，凡任子若同進士出身之人皆赴。」夢粱録卷二云：「每歲三月上旬，應文武官蔭授子弟、宗子蔭補者，並赴銓闈就試出官，朝廷差監試主文考試等官就禮部貢院放試，試中者三名取一名，文臣試兩場，本經及刑統義，武臣試七書義。」宋志冗濫難明，故引此兩書。是也。然夢粱録所言，南宋之制耳，至於元祐間試期實不在三月，詳後。試場亦不在貢院也。此書宋史藝文志固不著於録，然吾嘗考之尤袤、晁公武、趙希弁、陳振孫諸家書目，及通志藝文略、通考經籍考，亦皆無其書。且不聞有元、明刻本，直至厲鶚作宋詩紀事，始選其詩，四庫據鮑士恭家藏本，始著於録，何以沈霾數百年，不爲一人所見，一旦忽流傳於世，豈壞壁發冢之所得歟？考張耒柯山集卷二十七至卷三十凡四卷，右史集卷三十七至卷四十一凡五卷，並題同文唱和詩，郘亭書目卷十六已云，張文潛柯山集全載之。所收之詩兩集相同，惟先後次序迥異。由是推之，此書之有單行本，必是雍、乾間好事之徒從張右史集内抄出，而分一卷爲兩卷，貌爲舊本以紿藏書家耳。提要不加深考，以爲宋時果有此書，遂以舛漏譏宋志，豈其然乎？

其相與酬答者，忠臣而外，爲張耒、晁補之、蔡肇、余幹、耿南仲、商倚、曹輔、柳子文、李公麟、孔武仲，等凡十一人。又有但題其名曰向、曰益，而不著姓者二人；益疑即温益，向則不知何人也。

案忠臣有詩呈同院一首，和者一人，曰温益，柯山集卷二十九固姓名俱全，惟右史集卷三十七獨失其姓耳，而單行本亦然，尤足爲其出於右史集之鐵證。忠臣又有詩呈同院後至諸公一首，和者六人，其一人曰向，兩集皆有名無姓。卷數并同前。考厲鶚、陸心源兩家所選宋人一代之詩，終宋之世，詩人名向者只有一人，曰蔡向，厲書在卷四十三，陸書在卷四十。其人雖已入南宋，厲氏云，蔡向，建炎中承議郎，提舉兩浙常平事。計其年亦可與忠臣等唱和，不知是此人否，姑記於此以俟再考。如耿南仲，亦下及建炎。

耒、補之、肇、南仲、公麟、武仲、益七人，宋史有傳。忠臣、倚並入元祐黨籍。

案宋詩紀事卷二十五云：「鄧忠臣字謹思，長沙人。熙寧三年進士仕至考功郎，坐元祐黨廢。有玉池集。」考續通鑑長編卷四百六十四元祐六年八月丙申條下引劉摯云：「忠臣，長沙人。王珪門客，及第後因緣入館，丁憂去。服除，再入祕書爲正字，爲言者攻去，通判瀛州。還，差注晉書，校對黃本。忠臣有學問，能文，長于雜記，頃嘗注杜詩，久留心晉史，故使注之。」能改齋漫録卷十四云：「崇寧二年六月，臣僚上言范純仁謚曰忠宣，其謚誥去年已追奪，并元定議覆議官，各已罰銅十斤。今節録謚議如後。考功員外郎鄧忠臣議，有曰，每思捐身而獻策，常願休兵而息民；祇知扶危而定傾，寧惜跋前而疐後。此下尚引有四節，凡一百三十餘字，今以原議全篇具載宋文鑑卷一百三十五，故略去。奉聖旨權發遣汝州鄧忠臣差管幹南京鴻慶宮。」忠臣蓋卽以此入黨籍，足以見其人之生平，又知其最後嘗知汝州，不止於考功郎也。忠臣，陸心源宋史翼卷二十六文苑有傳。宋史翼文苑傳一云：「商倚，淄川人。元祐八年，官太學博士，與張文潛、晁無咎、鄧忠臣相倡和。紹聖四年，爲祕書省校書郎，通判保州。建中靖國元年，爲殿中侍御史，九月上書，云云。陸氏具載其全篇，今不録。崇寧三年，入黨籍。」自注謂據通鑑長編，參楊仲良紀事本末、諸臣奏議。余嘗考之續通鑑長編，惟卷四百九十紹聖四年八月有校書郎商倚權通判保州一條，紀事本末中亦惟紀元祐姦黨姓名，前後凡三見，皆有商倚而已。一在崇寧元年九月，一在二年九月，均見卷百二十一；一在三年六月，見卷百二十二；由此可見倚非三年始入籍，陸氏微誤。諸臣奏議乃宋趙汝愚所編，此書有明會通館活字本，極爲罕見，燕京大學藏有宋刻明印本，余嘗借觀。其卷六十四有商倚上徽宗乞戒朋黨之弊一篇，原注云：「建中靖國元年九月上，時爲殿中侍御史。」蓋即陸氏所本。陸氏藏有宋淳祐刊本，見皕宋樓藏書志卷二十五。至謂倚與張、晁等唱和爲元祐八年之事，則未知其何所據，恐不足信。

惟幹、子文行事不概見，輔亦非靖康時爲樞筦者，樓鑰誤合爲一，王應麟困學紀聞已辨之矣。

案宋詩紀事卷二十八云：「余幹字檉年，陸心源宋詩紀事小傳補正卷二云：「幹，毘陵人，元豐五年進士。」柳子文字仲遠。」厲氏所知者，如是而已，而皆得之同文唱和詩中，故提要以爲行事不概見。余考周必大省齋文稾卷十七跋汪季路所藏山谷與柳仲遠帖云：「仲遠，二蘇公堂妹壻，柳君也，故山谷此帖多及東坡、潁濱。」東坡後集卷十六有祭柳仲遠文二首，文中多言親誼。此書有子文呈文潛學士同年詩，東坡大全集卷五十四有與程正輔書第六十四首云：「近得柳仲遠書，報妹子小二娘四月十九日有事於定州，謂死於定州也。柳見作定簽也。」則其人以進士登第，嘗爲定州簽書判官廳公事，非一無可考者矣。紀事卷二十一云：「曹輔字子方，華州人。登嘉祐八年乙科，官提點廣南西路刑獄、福建轉運使、朝奉郎、司勳郎中，號静常先生。」案山谷内集目録次韻答曹子方雜言詩題下注云：「案實録，元祐三年九月，太僕寺丞曹輔權發遣福建路轉運判官。」則非轉運使也。紀事微誤。紀事又引困學紀聞云：案見紀聞卷十五。「攻媿跋曹子方書，以爲祐陵時上書論時事，靖康至樞筦。案見攻媿集卷七十五。愚謂有兩曹輔，其一字子方，與蘇、黄游；若論時事爲樞筦者字載德，龜山爲銘。案見龜山集卷三十七。合爲一人，非也。」提要蓋即由此轉引。

集中不著唱和年月。考宋史耒、補之傳，俱稱元祐初爲校書郎，以耒詩「讐書芝閣上」，補之詩「輟直讐書省」二語核之，乃正其官祕省時，而元祐三年知貢舉者爲孔平仲，事見本傳。此集並無平仲之名，則非三年可知。惟忠臣詩有「單閼孟夏草木長」句，自注云「丁卯四月還朝」，丁卯爲元祐二年，意者卽在是歲歟？

案此條誤甚。宋史卷三百四十四孔文仲傳云：「元祐初，擢左諫議大夫，改中書舍人，三年，同知貢舉。」不知提要何以移之於平仲？且是歲知貢舉者不止文仲一人，續長編卷四百八云：「正月乙丑，命翰林學士蘇軾權知貢舉，吏部侍郎孫覺、中書舍人孔文仲同知貢舉。」原注云：「元祐原誤作熙寧三年正月乙丑，鎖太學，試禮部進士。三月戊申奏名，子瞻、莘老、經父知舉，熙叔、元輿、彦衡、魯直、子明參詳，君貺、希古、履中、器之、成季、明略、無咎、堯文、正臣、元忠、遐叔、子發、君成、天啓、志完點檢試卷。此黄庭堅爲孫敏行書石刻，案見緝香堂刊本山谷别集卷七題太學試院。今在敏行家。」王文誥蘇詩總案卷三十引庭堅此文，釋之云：「誥案：鄭君乘，字元輿，見黄魯直題跋。案此説非是，此乃陳軒，亦字元輿，雞肋集卷十、二十五均有贈祠部陳元輿詩，卽其人。彦衡乃邵武上官均，君貺乃宜興單錫，器之乃大名劉安世，成季乃濟北李昭玘，明略乃安州廖正一，无咎乃鉅野晁補之，堯文乃寧陵舒焕，子發乃四川孫敏行，天啓乃丹陽蔡肇，志完乃晉陵鄒浩，其自署爲魯直者，乃分寧黄庭堅也。」文誥又據東坡書試院中詩，見仇池筆記。知坡領貢舉時，嘗辟李伯時爲考校官。據揮塵後録，見卷七。知張文潛亦作參詳官，以補庭堅之闕。其説誠是。持以校此集，唱和人姓名同者僅四人，晁補之、蔡肇、張耒、李公麟。餘皆參差不合。卽此已可知諸人之入同文館考校，必不在三年之春矣。提要以集中無知貢舉孔平仲當作文仲之名，而斷爲元祐二年，此不諳典故之言也。宋制，惟試進士諸科始命詞臣爲知貢舉，其他考試皆無此名，試官率以正月入闈，三月奏名。觀黄廷堅記三年事可見。通考卷三十記太平興國三年九月試禮部貢士舉人，因言故事禮部惟春放榜，至是秋試，爲非常例，是也。而此集之唱和，乃在秋日，有重九考罷試卷書呈同院諸公詩，則其所試者必非天下之舉人，益以明矣。通考卷三十二引宋登科記、英宗治平二年，始詔三歲一貢舉。哲宗元祐紀元凡八年，惟三年、六年兩舉耳。若謂元祐二年先有一舉，此與齊東野人之語何以異。故吾謂此必選人之銓試，以神宗熙寧四年從中書省之請，令守銓者歲以二月八月入試，見通考卷三十四。是以忠臣等有秋日之唱和也。至其事之究在何年，亦有可考者。曹輔以元祐三年九月自太僕寺丞出爲福建運判，集中蔡肇詩稱爲子方太僕，張耒詩稱子方寺丞，則必在其未爲監司以前。提要疑其在二年，或者如郢書而燕説之，所解雖誤，而其言則幸中歟。

諸家專集，惟耒柯山集、補之雞肋集、武仲清江三孔集今尚存於世，其餘如肇之丹陽集，忠臣之玉池集，已佚不傳，其餘并有集無集亦不可考，殘篇闕句，實藉此以獲見一斑。卽有集諸人，以集本校之，亦頗互異。如補之五言「官醪持餉婦」，雞肋集「官醪」作「宮壺」，七言「詩似涼風凄有興」句，雞肋集「凄有興」作「來有思。」此類頗多，題目亦往往不相合，亦未嘗不藉爲參訂之助矣。

案此集固多存宋人無集之詩，然張右史集具在，實無須藉手於此也。卽如提要所舉補之詩兩句「官醪持餉婦」，雞肋集卷七實作「官壺」，宋時酒由官釀，其酒以壺計，如蘇詩言章質夫送酒六壺，亦官酒也。提要作「宮壺」，義不可通，蓋所見本誤。「詩似涼風凄有興」，今雞肋集卷十六亦作「來有思」，與提要同，然柯山集、右史集均與唱和詩單行本無以異，提要既知柯山集尚存，則何不取以與此本相校，而徒執一雞肋集以爲參訂之助，豈非不知充其類也乎？

唐百家詩選二十卷

舊本題宋王安石編。安石有周禮新義，已著録。是書去取，絶不可解，自宋以來，疑之者不一，曲爲解者亦不一，然大抵指爲安石。皇朝宋敏求次道編。次道爲三司判官，嘗取其家所藏唐人一百八家詩選，凡一千二百四十六首，爲一編。王介甫觀之，因再有所去取，且題曰『欲觀唐詩者，觀此足矣』，世遂以爲介甫所纂。」其説與諸家特異。案讀書志作於南宋之初，去安石未遠，又晁氏自元祐以來，舊家文獻，緒論相承，其言當必有自。邵博聞見後録引晁説之之言，謂王荆公與宋次道同爲羣牧司判官，次道家多唐人詩集，荆公盡卽其本，擇善者籤帖其上，令吏鈔之，吏厭書字多，輒移所取長詩籤置所不取小詩上，荆公性忽略，不復更視，今世所謂唐百家詩選曰荆公定，乃羣牧司吏人定也。其説與公武又異。然説之果有是説，不應公武反不知。考周煇清波雜志亦有是説，與博所記相合。煇之曾祖與安石爲中表，故煇持論多左袒安石，當由安石之黨以此書不愜於公論，造爲是説以解之，託其言於説之，博不考而載之耳。

嘉錫案：凡宋人目録及詩話筆記，皆以此書爲王安石所編，獨晁公武以爲本宋敏求編，而安石特更有所去取於其間。見衢本讀書志卷二十。其説既絶不見於他書，今欲定其是非，固宜有以疏通證明之，不當專據一人之言以爲斷也。考臨川文集卷八十四唐百家詩選序曰：「余與宋次道同爲三司判官，時次道出其家藏唐詩百餘編，諉余擇其精者，次道因名曰百家詩選，廢日力於此，良可悔也。雖然，欲知唐詩者觀此足矣。」百餘編，卽百餘家也；曰家藏唐詩，則次道未嘗加以選擇也；曰諉余擇其精者，則去取之權，安石實專之也。使此書果爲次道所編，安得没而不言，以安石之學行，本不藉此以爲重，豈肯乾没他人之書乎？提要謂「晁氏舊家文獻，緒論相承，其言當必有自。」夫公武之言，縱得之父兄緒論，豈若安石所自言者之尤足信乎？且卽以晁氏之緒論言之，邵博所記晁説之之言，見聞見後録卷十九。已自與公武不同。提要謂「説之果有是説，不應公武反不知。」案公武固説之從姪，讀書志卷十九景迂集條下稱爲從父詹事公。然邵博亦説之從表姪也。説之嵩山集後附邵博祭待制晁四丈文自稱從表姪。博所記蓋親得之於説之，凡人於親戚故舊之間，談笑議論，豈必令羣從子弟皆與聞之耶？朱弁風月堂詩話卷下云：「王介甫在館閣時，僦居春明坊，與宋次道宅相鄰。次道父祖以來，藏書最多，介甫借唐人詩集日閲之，過眼有會于心者，必手録之，歲久殆遍。或取其本鏤行於世，謂之百家詩選，既非介甫本意，而作序者曰，公獨不選杜、李與韓退之，其意甚深，則又厚誣介甫而欺世人也。不知李、杜、韓退之外，如元、白、夢得、劉長卿、李義山輩尚有二十餘家，以余觀之，介甫固不可厚誣，而世人豈可盡欺哉，蓋自欺耳。」弁乃晁説之姪婿，相從甚久，晦菴集卷九十八奉使朱公行狀云：「晁公説之爲宫學教授，一見奇其詩，與歸新鄭，妻以兄女。」故其所作曲洧舊聞及風月堂詩話詳載昭德晁氏諸人之言行，如文元迥、美叔端彦、大受端稟、以道説之、之道詠之、伯宇載之、叔用沖之、季一貫之等，皆見於兩書之中，知不足齋本曲洧舊聞卷二，又有晁檢討説之字季此。案説字乃傳寫之誤，季此名謂之，沖之從兄，見呂本中師友雜志。而記説之之言爲尤多，是亦與聞乎晁氏緒論者也。其記王安石編唐百家詩選事，雖與邵博所記晁説之語微有不同，然亦不言爲宋次道所編也。大抵前人著書，其記載皆不能無失，故曰所見異辭，所聞異辭，所傳聞又異辭，要當參互考之耳。今於唐百家詩選之撰人，考之安石自序則如彼，參之邵博、朱弁所記則如此，然則晁公武以爲宋敏求所編者，其亦不足信也已。提要以爲讀書志作於南宋之初，去安石未遠，故信其言必有所自。案邵博著書於紹興二十七年，讀書志作於紹興二十一年，均見自序。固略早於博，然朱弁詩話作於紹興十年，總目卷一百九十五風月堂詩話提要云，前有自序，題庚申閏月，考庚申爲紹興十年。尚在讀書志之前，三人輩行相同，同去安石未遠，同聞晁氏諸父之緒論，安在公武之獨足信也。又考苕溪漁隱叢話攟摭南北宋間人詩話略備，無以是書爲宋敏求所編者。其前集卷三十四引石林詩話一條，卷三十六引遯齋閑覽、石林詩話各一條，後集卷二十五苕溪漁隱一條，論及此書，皆指爲荆公前集，卷三十六又引西清詩話一條，不明指撰人，意亦爲荆舒而發。蔡絛爲王氏之親黨，西清詩話，蔡絛著；絛京之子。石林則蔡氏之客，皆飫聞王氏緒論者。石林謂「荆公從宋次道盡假唐人詩集，博觀而約取。」可見所假者是全集而非選本。絛於是書去取，深致不滿，使本出於宋敏求，何不直斥其名，少爲安石迴護乎？余以爲後人之於是書，所以議論紛紛者，其故有二：一因其於李、杜、韓及諸名家之詩皆不入選，讀者求其故而不得，於是楊蟠、陳正敏之徒以爲荆公於此，蓋有微旨焉。日本影印宋刊本，有楊蟠序文，又見皕宋樓藏書志卷一百十二。遯齋閒覽，陳正敏撰，見讀書志卷十三。實則安石借詩集於宋敏求，欲讀未見書耳。若李、杜、韓及諸名家集，安石固宜自有其書，亦既熟讀而精究之矣，故又別有杜韓歐李四家詩選，見書録解題卷十五。惡有人人習見之書，尚須假之於人者哉？書録解題卷十五云：「世言李、杜、韓詩不與爲有深意，其實不然。按此集非特不及此三家，而唐名人如王右丞、韋蘇州、元、白、劉、柳、孟東野、張文昌之倫皆不在選。意荆公所選，特世所罕見，其顯然共知者，固不待選耶。」其説是也。解題又云：「抑宋次道家獨有此一百五集，據而擇之，他不復及耶。」此則不然，惡有藏書之富如春明宋氏，而無李、杜、韓集者乎？安石自序，寥寥數行，非所經意，偶有「欲知唐詩者觀此足矣」之語，後人過尊其説，以爲必別有深意微旨，亦可謂愚矣。一則就此百餘家之中，其膾炙人口者多不入選，而所選者或不厭人意，讀者以其去取不可解，疑不盡出於安石之手，於是晁說之謂是羣牧司吏人移置其籤帖，晁公武亦有宋次道選擇其佳者，介甫因再有所去取之說。晁氏本元祐黨家，非左袒安石者，特謂安石老於文學，其鑒別不當如此耳。不知人之好惡，不可强同，見智見仁，各有取義；惟其學問能自名家，斯其讀書別有冥契，往往性之所獨嗜，非衆人所能解；其意見之偏在此，其會心之處亦在此；況安石平生好自用，於同時人之議論，輒詆爲流俗之見，則其選詩之與衆異趣，無足怪者。卽如所選四家詩，置永叔於太白之上，雖或自有所見，終難强人以共喻也。說之、公武，於其所選有所不愜於心，又疑安石之謬不至此，因强爲之說，歸其咎於羣牧司吏人及宋次道；此不過因安石選詩時，正爲羣牧司判官，又借書於次道，遂想像其如此，非真有所據也。此書之爲安石所選無可疑，凡曲爲之解者，皆失於求之過深。然楊蟠之說，已爲朱弁所駁，晁說之之說，閻若璩已謂傳聞非事實。見潛邱劄記卷四初刻唐百家詩選序。朱子晦庵文集卷六十四答鞏仲至書曰：「荆公唐選，本非其用意處，乃就宋次道所有而因爲點定耳。觀其序引，有費日力於此、良可惜也之嘆，則可以見此老之用心矣，夫豈以區區掇拾一言半句爲述作，而必欲其無所遺哉。」王士禎分甘餘話卷二曰：「諸說皆言王介甫與宋次道同爲三司判官時，次道出其家藏唐詩百餘編，俾介甫選其佳者，介甫使吏鈔録，吏倦於書寫，每遇長篇，輒削去，今所傳本乃羣牧吏所删也。余觀新刊百家詩選，謂宋犖所刊。又不盡然。如删長篇，則王建一人入選者凡三卷，樂府長篇悉載，何未刊削？王右丞、韋蘇州十數大家，何以絶句亦不存一字？余謂介甫一生好惡拂人之性，是選亦然，庶幾持平之論爾。」二人之説皆是也。獨晁公武之説爲提要所取，未有能辨之者，此余所爲不能已於言也。

總集類二　總目卷一百八十七

崇古文訣三十五卷

宋樓昉撰。昉字暘叔，號迂齋，鄞縣人。紹熙四年進士，歷官守興化軍，卒，追贈直龍圖閣。是集乃所選古文，凡二百餘首。陳振孫書録解題稱其大略如吕氏關鍵，而所録自秦、漢而下，至於宋朝，篇目增多，發明尤精，學者便之，所言與今本相合。惟書録解題作五卷，文獻通考亦同，篇帙多寡迥異，疑傳寫者誤脱「三十」二字也。

嘉錫案：此書本名迂齋古文標注，著録於書録解題卷十五，文獻通考卷二百四十九者，皆五卷，誠如提要所引；惟解題稱「所取自史、漢而下」，提要誤作「所録自秦漢而下」耳。又解題「發明尤精當」句，通考無「當」字。考劉克莊後村大全集卷九十六有迂齋標注古文序曰：「迂齋標注者一百六十有八篇，千變萬態，不主一體，逐章逐句，原其意脈，發其秘藏，尊先秦而不陋漢、唐，尚歐、曾而並取伊洛，可以掃粹、選而與文鑑並行矣。迂齋樓氏名昉，字暘叔，以古文倡莆東，經指授成進士名者甚衆，今大漕寶謨匠監鄭公次時，亦當時升堂室者也。既刊標注十首卷，首字疑誤。貽書余曰，子莆人也，非迂齋昔所下榻設醴者乎，其爲我序此書。余曰，謹受教。」此序不知作於何時，已分五卷爲十許卷，其刻本今不傳。皕宋樓藏書志卷一百十四載宋刊本迂齋先生標注崇古文訣二十卷，有寶慶丙戌永嘉陳振孫序曰：「迂齋樓□，文名於時，士之從其游者，一□□授，皆有師法。閒嘗采集先□□以來迄於今時之文，得一百六十有八篇，爲之標注以諗學者，凡其用意之精深，立言之警拔，皆探索而表章之，蓋昔人所以爲文之法備矣」云云。此序與書録解題同出陳振孫之手，而樓選之卷數，乃多寡迥異，豈其書固非一本，五卷者其初稾，二十卷者其後定之本歟？抑亦兩本初無不同，而其卷數之增多，特是陳森鋟版時之所分析歟？未可知也。森嘗受學於昉，後爲興化軍學官，以此書鋟木，有跋一首，題寶慶三禩合沙陳森。若其所選之文，則與劉克莊所序者同爲一百六十有八篇，而其卷數復不同，然則卷帙之分合，無關宏旨，亦明矣。天祿琳琅書目後編卷十一元版集部有是書三十五卷，其解題云：「凡文百九十三首，先秦三家，兩漢十家，三國一家，六朝二家，唐四家，宋二十九家，而韓、歐之文爲多。」蓋宋末元初人又有所附益，故較樓昉原本多出文二十六篇。其後明人重刻者，有吳邦楨本，亦見陸志。正德二年姚鏌本，見適園藏書志卷十五。大字本，見天禄續目卷二十，不知何人所刻。皆與元刊本同。四庫所著録内府藏本，當亦明刻，提要乃云：「所選古文凡二百餘首。」恐是匆匆未暇細數，姑約略言之云耳。至於其書之非樓昉原本，則以未見宋刻，尤不能知也。

唐僧宏秀集十卷

宋李龏編。龏有翦綃集，已著録。此所選唐代釋子之詩，自皎然以下凡五十二人，詩五百首，採摭頗富，而亦時有不檢。賈島始爲浮屠，名無本；周朴始爲浮屠，名清塞。後島遇韓愈，勸返初服，仕至長江簿；朴爲姚合所賞，亦加冠巾，黄巢之亂，抗節駡賊而死，其人在士大夫中亦卓然不愧於儒者；龏乃録其詩四十五首入此集，亦爲不類。如云追録其爲僧之作，則賈島一集何以又不採録，此亦自亂其例也。

嘉錫案：提要此節誤以周朴與清塞爲一人，疏舛殊甚。新唐書黄巢傳曰：「圍福州，人之，殺人如蓺。求處士周朴，得之，謂曰：『能從我乎？』答曰：『我尚不仕天子，安能從賊。』巢怒，斬朴。」此所敍朴事雖略，然不言其爲僧。文苑英華卷七百十四有林嵩所作周朴詩集序，兹備録之於此云：「顔子聖聲，與日月而不盡；黔婁貧轡，等江河而共存。嗚呼！先貧俱足，先下脱生字。亦顔、黔之流，而能於詩。惜哉！不雍容於金馬門，蹴踖宣尼户；乾符七年，閩城殞賊。悲夫！先生名朴，字見素，生於釣臺而長於甌閩，與李建州頻、方處士干爲詩友。一篇一詠，膾炙人口；鸑鷟屈軼，祥瑞皇家；迁避而貧，聾瞽不重；高傲縱逸，林觀宇宙；視富貴如浮雲，蔑珪璋如草芥。惟山僧釣叟，相與往還；蓬門蘆户，不庇風雨；稔不抗，原作杭，誤。歉不變，晏如也。詩人張爲嘗貽先生詩曰：『到處只閉户，逢君便展眉。』閩之廉問楊公發、李公誨，中朝重德，羽翼詞人，奇君之詩，召而不往。或曰，達寮憐才而子避之，何也？先生曰：『二公憐才，吾固不往，苟或見之，以吾之貧，恐以攝假之牒見黥耳。』亦接輿、於陵，未能加也。松蟠鶴翅，泥曳龜尾，一丘一壑，寬于天地。先生爲詩思遲，盈月方得一聯一句，得必驚人，未暇全篇，已布人口。有僧栖原作棲，據才子傳改。浩，高人也，與先生善，捃拾先生遺文，得詩一百首，中和二年冬十月，携來訪余，且驚且喜。余欲先生之文與方干齊，集畢，遂爲之序。小子以詞賦博挂投，原校云「疑作技」。嘉錫案，挂技仍不可通，當作桂枝，謂進士及第也。文非所業，但直舉其美文靦作者。」其敍朴平生出處頗詳，然亦不言其嘗爲僧也。淳熙三山志卷八云：「剛顯廟，烏石山之巔。公姓周氏，名朴。本吳人，唐末隱居於此。與僧靈觀、薛長官逢友善；雙峯寺法主、大僞寺懶安，更爲禪悦之交。黄巢之亂，求公得之，曰：『能從我乎？』公曰：『我尚不仕天子，安能從賊。』遂遇害。後人即其山立三賢祠。原注云，觀、逢與公爲三，雙峯寺亦有三賢堂，法主、李中丞瓚及公也。紹興初，張丞相浚爲帥，嘆公死節三百年，未有廟額，及奏之，詔賜號剛顯。」賜額事亦見繫年要録卷一百三十七。唐詩紀事卷七十一云：「周朴，唐末詩人。寓於閩中僧寺，假丈室以居，不飲酒茹葷，塊然獨處。諸僧辰粥卯食，朴亦携巾盂廁諸僧下，畢飯而退，率以爲常。郡中豪貴設供，率施僧錢，朴即巡行拱手，各丐一錢。有以三數錢與者，朴止受其一了，得千錢，以備茶藥之費，將盡復然，僧徒亦未嘗厭也。性喜吟詩，尤尚苦澁，每遇景物，搜奇抉思，日旰忘返，苟得一聯一句，則忻然自快。黄巢至福州，求得朴，問曰：『能從我乎？』答曰：『我尚不仕天子，安能從賊。』巢怒，斬之。」又卷七十六云：「僧清塞，東洛人，姓周氏。少從浮屠游，遇姚合而返初，易名賀。唐有周賀詩，即清塞也。」唐才子傳卷九云：「周朴字見素，長樂人，嵩山隱君也。工爲詩，抒思尤艱，每有所得，必極雕琢，時詩家稱爲月煆年鍊，未及成篇，已播人口，取重當時如此。貫休尤與往還，深爲憐才，而朴本無奮名競利之心，特以道尊德貴，美價益超耳。乾符中，爲巢賊所得，以不屈竟及於禍，遠近聞之，莫不流涕。林嵩得其詩百餘篇爲二卷，僧栖浩序首，案林嵩及僧栖浩二人名疑當互易。今傳於世。」又卷六云：「清塞字南鄉，居廬嶽爲浮屠，客南徐亦久，後來少室、終南間。俗姓周，名賀。工爲近體詩，格調清雅，與賈島無可齊名。寶曆中，姚合守錢塘，因携書投刺以丐品第，合延待甚異，見其哭僧詩云『凍鬢亡夜剃，遺偈病中書』，大愛之，因加以冠巾，使復姓字。時夏臘已高，榮望落落，竟往依名山諸尊宿自終。詩一卷，今傳。」由是言之，則初爲浮屠，後爲姚合所賞者，乃周賀，非周朴也。提要誤以清塞爲周朴，遂并二人之事混爲一談，何其不檢之甚歟！考唐張爲詩人主客圖，以李益爲清奇雅正主，以僧清塞爲入室，以孟郊爲清奇僻苦主，以周朴爲入室。唐書藝文志有周賀詩一卷，又有周朴詩二卷，文獻通考卷二百四十三同，是朴之與賀，截然二人，諸書分別甚詳。朴本士人，非逃墨歸儒者，其守約安貧，矜尚名節，皆儒家本色，不可以其寄食僧寺，蹤跡頗類浮屠，遂從而浮屠之也。若夫李龏編唐僧詩，録清塞而不録賈島者，蓋亦有説。書録解題卷十九周賀集條下云：「賀嘗爲僧，名清塞，後返初服，別本又號清塞集。」郡齋讀書志卷十八則直以清塞詩著録。唐詩紀事録清塞詩十八首，其後又録秋宿洞庭、巴陵秋思、岳陽樓三首，注云「三首作周賀」。然則賀平生所作詩，多作於爲僧之時，其集之行世者，又或直題清塞之名，未及一一追改，故選僧詩者得而録之。若賈島官至長江簿，以官名集，其詩又皆作賈島，無追題其無本之名者，故不得而闌入之，是亦春秋名從主人之義也。昔梁劉勰出家，改名慧地；宋饒節爲僧，改名如璧；而南史勰本傳及呂居仁江西宗派圖皆仍用其本名，以其著述成名，在未爲僧之前故也。周賀少而出家，老始還俗，爲僧之日長而爲士人之日短；故詩人主客圖及唐詩紀事、唐才子傳皆直名之曰僧清塞，李龏列入唐僧之中，初非漫然無所據者，不可謂之自亂其例也。提要唐四僧詩條下之説，誤與此同，兹附糾於此，不別見焉。

吴都文粹九卷

宋鄭虎臣編。案蘇州府志，虎臣字景兆，曾爲會稽尉，德祐初，自請監押賈似道，殺之於木綿菴者，即其人也。是書於吴郡遺文，綜輯頗富，蓋是書雖稱文粹，實與地志相表裏，東南文獻，藉是有徵，與范成大吴郡志相輔而行，亦如驂有靳矣。

嘉錫案：明許德溥吴乘竊筆一卷，指海本。云：「吴都文粹雖鄭公所稡，要皆取材於范文穆，絶無增減，亦見古人服善心虚，今人不及也。」孫星衍平津館鑒藏記卷三云：「吴都文粹十卷，舊寫本。題蘇臺鄭虎臣集。前後無序跋。四庫全書本作九卷。此書全依吴郡志録寫詩文，疑是坊賈所作，非虎臣原書。」錢熙祚吴郡志校勘記序云：「偶檢鄭虎臣吴都文粹，訝其篇目不出范志所録，因取以相校，删節處若合符節，乃知文粹全書并從范氏剌取。」文粹全出於范志，而提要乃謂其足與范志相輔，是未嘗取兩書對勘，而率爾言之也。

十先生奥論四十卷

不著編輯者名氏，亦無刊書年月，驗其板式，乃南宋建陽麻沙坊本也。書中集程子、張耒、楊時、朱子、張栻、吕祖謙、楊萬里、胡寅、方恬、陳傅良、葉適、劉穆元、戴溪、張震、陳武、鄭湜諸人所作之論，分類編之，加以注釋。據其原目，凡前集、後集、續集各十五卷。此本續集脱去前五卷，僅存十卷，所亡之卷，已無篇目可考，不知作者凡幾。此四十卷中，核其所作者已十六人，但題曰十先生，所未詳也。中間宋史有傳者凡十一人，其餘若張震，字東父，益寧人；孝宗時中書舍人龍大淵、曾覿除知閤門事，嘗繳回詞頭；事見胡沂傳。鄭湜有二，其一字溥之，福州人，光宗時爲從臣，奏立太子監國，見留正傳；其一則紹熙元年爲從政郎，進治術十卷，見書録解題；此所載之鄭湜，其進治術者歟？陳武有江東地利論，見永樂大典。方恬、劉穆元二人，則史傳俱無可考見矣。宋人文集名著史册者，今已十佚其八九，至於名姓無聞，篇章湮滅，如方恬諸人者，更指不勝屈。此書雖不出科舉之學，而殘編斷簡，得存於遺軼之餘，議論往往可觀，詞采亦一一足取，固網羅放失者所不廢也。

嘉錫案：宋史卷三百八十八胡沂傳，第云「時龍大淵、曾覿以藩邸舊恩除知閤門事，張震、劉珙、周必大相繼繳回詞命」，如是而已，未嘗言震爲何許人也。卷四百七十佞幸曾覿傳亦只云：「中書舍人張震繳其命至再，出知紹興府。」考李心傳建炎以來朝野雜記乙集卷六「臺諫給舍論龍曾事始末」條云：「隆興元年三月九日庚子，詔大淵除知閤門事，覿權知閤門事，並填見闕下供職。張真父震時爲中書舍人，繳其命至再。十一日壬寅，真父除敷文閣待制、知紹興府。真父力辭，且言若苟惜爵禄以爲榮，而喪其名節之實，在於公議，誠所不容，望改除一在外宫觀，不許。十四日乙巳，真父再奏，引司馬公以言不行不拜樞密副使故事，辭職就祠，又不許。二十一日庚戌，真父又力辭職名，且遺史丞相書云：『臺諫有言而不行，給舍受責而請罪，震乃安受美職，竊處要藩。況越之爲郡，近在肘腋，他時爲所陰中，重累聖知，曷若保全，使得善去。』二十五日甲寅，上批：『張震除職，已有成命，累上辭免，特從所請，可與外祠，從其本意。』」此張震繳龍、曾二人詞頭之始末也。其人字真父，不字東父，不知提要何以致誤。周必大龍飛録周文忠集卷一百六十四云：「紹興三十二年是年六月孝宗受内禪十一月丙辰，張震除中書舍人，真甫辭免云：『自太上中興，殿中侍御史凡五十二人，未有徑除三字者。』」案宋人稱知制誥爲三字，又案必大親征録於是年六月書殿院張真甫上殿擊朱倬。又歸廬陵日記周文忠公集卷一百六十五云：「癸未，改元隆興，三月甲辰，同金給事彦亨案朝野雜記作金彦行安節繳駁龍大淵、曾覿除知閤指揮，案必大時以起居郎兼權中書舍人。近臺諫交章論列二人怙寵妄作，既而止罷大淵副都承旨，而覿自帶御器械，並有此遷。又中書舍人張真父之出，頗涉大淵，外議紛然，故論之。」必大之言，可與朝野雜記互證。南宋館閣録卷七云：「張震字真甫，緜竹人。趙逵榜紹興二十一年進士及第，治周禮。紹興三十一年十月除著作佐郎，三十二年四月爲殿中侍御史。」又卷八云：「張震，紹興二十五年十月除正字，按震爲正字時，嘗奏乞申敕天下學校，禁專門之學，李心傳既載其事於建炎以來繫年要録卷一百六十八，又録其文入道命録卷四，譏其附秦檜而攻程學，蓋是時震方年少鋭進，不免傅會時局以取功名，至其後官殿院西掖，風節甚高，分別觀之可也。二十六年八月，通判荆南府。」此即繳龍、曾詞頭之張震也。老學菴筆記卷六云：「張真父舍人，廣漢人，爲成都帥，本朝得蜀以來所未有也。未至前旬日，大風雷，龍起劍南，人皆異之。真父名震，歲餘，真父以疾不起。」可知其人之始末。震爲緜竹人，自唐、宋以來屬漢州，清始改隸緜州。在兩漢爲廣漢郡也。名字里貫，炳然如此，則提要所言之益寧張東父，必別一人矣。案宋詩紀事卷五十九云：「張震字東父，號無隱居士，蜀之益寧人。慶元中，知湖州，除福建提刑。」厲氏蓋本之方輿勝覽及嘉泰吳興志，然余徧考諸地理書，宋時蜀中郡縣并無益寧，未詳其故。朝野雜記乙集卷十記蜀帥鄭用先所薦士有張東甫震，龍湖人，時知彭州，未知即此人否？據輿地紀勝，晉江縣有龍湖，則并非蜀人。提要蓋從此販稗。然兩人雖同姓名，而字號、里居皆不同，安得混爲一人乎？陳武字蕃叟，瑞安人，官至右文殿修撰、知泉州，詳見地理類存目四江東地利論條下。文獻通考卷三十二云：「乾道五年進士五百九十二人，省元方恬，狀元鄭僑。」方回桐江續集卷二十贈方太初詩自注云：「南渡後，歙州方氏擢第者七人，諱恬，乾道庚戌省試第一人，號鑑堂先生。有輿論行世。」又卷二十五送溪堂方先生五世孫觀歸馬金詩序云：「鑑堂先生省元太博恬，茅田方氏十世也；回，十三世也。」然則其人爲方回之族曾祖，以省元及第，官至太學博士，非名姓無聞者也，提要自不詳考耳。

總集類四 總目卷一百八十九

二家宮詞二卷

明毛晉編。凡宋徽宗皇帝三百首，寧宗楊皇后五十首。楊后卷末有潛夫跋，不著名氏，毛晉謂不知何許人。考劉克莊，字潛夫，跋稱癸酉仲春，爲度宗咸淳九年，時代亦合，或克莊所題耶？

嘉錫案：黄丕烈士禮居藏書題跋記卷五云：「楊太后宮詞，汲古閣曾刻入詩詞雜俎中，其稿本余今始獲之，所謂潛夫輯本也。毛子晉云，舊跋，潛夫不知何許人。余以稿本核之，其爲宋人無疑。紙係宋時呈狀廢紙，有官印朱痕可證，至潛夫之爲何許人，就其跋云甯宗楊后而不系以宋，則可斷爲宋朝人。其標題曰潛夫輯，余疑爲周密公謹，蓋公謹所撰書皆曰輯，如武林舊事則曰四水潛夫輯，絶妙好詞則曰弁陽老人輯。公謹入元，追憶故國，故有武林舊事之作，而此楊太后宮詞之輯，殆亦寓懷舊之思歟。余友海甯陳仲魚，案仲魚名鱣。廣見博聞，助余曲證斯説，謂齊東野語有慈明楊太后事，可見公謹熟於楊后事實；且癸辛雜識載咸淳甲戌秋，爲豐儲倉，甲戌乃咸淳十年，今跋云癸酉仲春得之江左，甲戌上距癸酉，止隔一年，公謹生於紹定十五年，則癸酉年四十歲矣。得此二證，差信余説之非妄。」黄氏以潛夫爲周密，與提要以爲劉克莊者不同，其爲説則似較提要差有證據。余又考之周公謹所著書，知公謹與楊纘最相善，武林舊事卷三所謂楊守齋，齊東野語卷十卷十八及蘋洲漁笛譜所稱紫霞翁者是也。浩然齋雅談亦公謹所撰卷下云：「楊纘字嗣翁，號守齋，又稱紫霞，本鄱陽洪氏。恭聖太后姪楊石之子麟孫早夭，石，次山之第二子，封永寧郡王，見外戚傳。遂祝爲嗣，任至司農卿、浙東帥。以女選進淑妃，生端宗。贈少師。」纘實慈明楊后兄次山之孫，楊后宫詞疑卽公謹得之於纘者，可爲陳仲魚公謹熟於楊后事之説添一佐證。

總集類存目二 總目卷一百九十二

金石古文十四卷

明楊慎撰。慎有檀弓叢訓，已著録。是編所採，皆金石之文，上起古初，下迄於漢，然真僞雜錯，殊多疏漏。如沙邱石槨銘，文見左傳，秦刻嶧山諸石，史記具載，非至慎之時尚有金石可據，一概泛登，不掛一漏萬乎？

嘉錫案：沈濂懷小編卷十二云：「四庫總目論楊慎金石古文，謂所採如沙邱石槨銘見左傳，非至慎之時尚有金石可據，又論明勞堪詞海遺珠案見總目本卷如左傳衛靈公石槨銘、禮記伊耆氏蜡詞，皆載於經，曰遺珠，舛矣。今案左傳並無衛靈公石槨事。莊子絺韋曰，夫靈公也死，卜葬於故墓不吉，沈書原脱此二字，據莊子補。卜葬於沙邱而吉，掘之數仞，得石槨焉，洗而視之，有銘焉，曰，不憑其子，靈公奪而埋之，夫靈公之爲靈也久矣。案見莊子則陽篇。又博物志，衛靈公葬，得石槨，銘曰，不逢箕子，靈公奪我里。案見士禮居刻本卷八。此衛靈公石槨銘事所自出，與左傳無涉。」今既録沈氏説於此，詞海遺珠條下不復出。

詩文評類一　總目卷一百九十五

本事詩一卷

唐孟棨撰。棨字初中，爵里未詳。王定保唐摭言稱棨出入場籍垂三十餘年，年稍長於小魏公，其放榜日出行曲謝云云，則嘗於崔沆下登第。書中韓翃條内稱開成中余罷梧州，亦不知爲梧州何官。

嘉錫案：提要知棨字初中者，蓋據郡齋讀書志卷二十引僞吳處常子續本事詩自序，有「比覽孟初中本事詩」之語也。此書有顧氏文房小説本、津逮祕書本。其自序末題曰「光啓二年十一月，大駕在褒中，前尚書司勳郎中賜紫金魚袋孟啓序。」古今逸史本無序。書録解題卷十五亦曰：「本事詩一卷，唐司勳郎中孟啓撰。」官爵明白如此。提要既見津逮祕書本，又嘗引此序，而以爲爵里未詳，不可解也。新唐書藝文志載此書，題曰孟啓，毛晉津逮祕書因之，然諸家稱引並作「棨」字，疑唐志誤也。是書前有光啓二年自序云「大駕在褒中」，蓋作於僖宗幸興元時。

案考各家刻本，皆作孟啓，不獨毛氏爲然。宋史藝文志、書録解題亦皆作「啓」，獨通志藝文略及讀書志作「棨」耳。二字形聲相近，未詳孰是。

彦周詩話一卷

宋許顗撰。顗，襄邑人，彦周其字也。始末無可考。書中有「宣和癸卯余遊嵩山」之語，下距建炎元年僅三年，當已入南宋矣。

嘉錫案：夷堅志補自分類夷堅志輯出卷六云：「許顔字彦回，弟顗字彦周，襄邑人，皆登科。紹興初，顔知汀州上杭縣，顗調官未遂。顔之父名安石。」考陸佃陶山集卷十四許侯墓誌銘云：「侯名拯，字康伯，開封襄邑人。默記卷下謂許安世之父許玩，恐誤。景祐中，以通三經登第，知京兆府奉天縣，賜五品服。有七子，皆力爲學：安世、安國、安期、安石、安行、安雅、安節。安世，尚書都官員外郎；安石，黄州麻城縣令。」此安石，元豐時官。此顗之祖父可考者也。陸增祥八瓊室金石補正卷一百六陽華巖題刻在江華。內有何麒詩一首，末題云：「金華隱居何麒，案麒字子應，仕至江東提刑，隆興二年卒，見夷堅乙志卷十四。以紹興戊辰十八年十二月三日同襄邑許顗來遊。」又卷一百十二獅子巖題刻亦在江華亦同。又卷一百十三永州太平寺鐘銘，題款内有右儒林郎永州軍事判官許顗，其銘不題撰人，然實見於汪藻浮溪集卷二十一，中有紹興庚午二十年之語。由此觀之，顗之入南宋也久矣。顗與王廉清、明清兄弟友善，廉清仲信作慈寧殿賦，顗爲之跋，明清載入揮麈餘話卷二。揮麈後録卷八記葉宗諤事，亦聞之於彦周，投轄録中賈生及玉條脱二條亦明清所説。凡此諸書，多提要所未見，或嘗見之而失於不察，故以爲始末無可考。

觀書中載與惠洪論冷齋夜話，評李商隱之誤，惠洪卽改正，又極推其題李愬畫像詩，稱在長沙相從彌年。惠洪冷齋夜話亦記顗述李元膺悼亡長短句，蓋亦宗元祐之學者，所引述多蘇軾、黄庭堅語，其宗旨可見也。

案彦周詩話云：「先伯父治平四年舉進士第一，文獻通考卷三十二云，治平四年省元許安世，狀元同。少從丁寶臣，以文字爲歐陽文忠公、王岐公所稱重。在熙寧間爲荆公薦，竟不委曲得貴達，然亦爲司馬温公、吕獻可、吕微仲、范堯夫諸公所知。元豐七年，七年乃六年之誤。自都官外郎奔祖父喪，卒于黄州，此蓋因顗父安石方爲麻城令，故其父兄皆卒於黄州。東坡解衣賻之。」是顗之伯父安世雖卒於元豐間，而其平生所交游多元祐名臣。陸佃作安世父許侯墓誌，稱其以元豐六年八月甲子卒，又云：「安世字少張，吾友之賢者也。舉進士第一，不幸短命，在侯卒後四十九日。」敍事與詩話合。安世爲佃之友，佃亦元祐黨人也。東坡前集卷十二有三朶花詩，其敍云：「房州通判許安世以書遺余，言吾州有異人，常戴三朶花。云云。又卷二十六有答許狀元啓，此皆安世與蘇軾往還之證。周南山房集卷八雜記云：「襄邑人許少張，安世魁多士，官至都官郎中，權中書舍人。與坡仙同時。劉欲因謬舉，宋時不聞有劉欲，欲字疑誤，然非劉攽也。王介甫欲竄嶺外，許公與坡共救之，貶衡陽。少張遷祕監，因李士寧，責官利路漕，又遷夔漕，坐累貶房陵倅，後歸至黄州而卒，東坡解衣賻之。」所言與詩話尤合。詩話又云：「季父仲山，在揚州時，事東坡先生，聞其教人作詩曰：『熟讀毛詩國風與離騷，曲折盡在是矣。』」仲山當是安世季弟安節之字，取毛詩「節彼南山」之義也。蓋元祐七年蘇軾知揚州時，安節嘗受業門下，故顗云然。宋詩紀事卷四十一乃云：「許安仁字仲山，襄邑人。」考許拯墓誌，拯諸子中無名安仁者，厲氏誤矣。詩話又云：「僕年十七歲時，先大夫爲江東漕，李端叔、高秀實，皆父執也，適在金陵。二公遊蔣山，僕雖年少，數從杖履之後。」李之儀字端叔，宋史卷三百四十四有傳。高茂華字秀實，見紫薇詩話及宋詩紀事卷三十四。二人同入元祐黨籍，見長編紀事本末卷百二十二及金石萃編卷百四十四元祐黨籍碑，籍中又有許安修，疑亦顗之族父。顗皆稱爲父執，然則顗父安石及其伯叔父，皆與元祐黨人善，而安世、安節於蘇軾尤厚，此王文誥蘇詩編注總案所未知。顗承其家學，其淵源可知矣。若釋惠洪之於蘇、黄，不過依草附木以廣聲氣，顗雖與之游，何足證其學之所自出哉！惠洪石門文字禪中與顗唱和甚多，其卷六有大雪寄許彦周宣教法弟詩，又有病脾氣從彦周乞仙茅詩云：「我家小郎君，道眼窺罅隙。」知惠洪必嘗爲安世兄弟門下客，故稱顗爲郎君。宋時貴人往往供養高僧，或爲乞賜紫衣師號，及奏補僧官，謂之門僧。卷十二有彦周法地弟作出家菴又自爲銘作此寄之詩，法地，蓋顗之僧名。卷十九有許彦周所作墨戲爲之贊，知顗能詩善畫，且通禪理，其於東坡，可謂亦步亦趨矣。老學庵筆記卷八云：「翟耆年字伯壽，巾服一如唐人，自名唐裝。一日往見許顗彦周，彦周髽髻，着犢鼻褌，躡高屐出迎，伯壽愕然，彦周徐曰：『吾晉裝也，公何怪？』」其善戲謔有風趣，亦頗似東坡也。

唐詩紀事八十一卷

宋計有功撰。有功字敏夫，其始末未詳。李心傳建炎以來繫年要録載紹興五年秋七月戊子，右承議郎、新知簡州計有功提舉兩浙西路常平茶鹽公事。有功，安仁人，張浚從舅也。又考郭印雲溪集，有和計敏夫留題雲溪詩曰：「知君絶學謝芸編，語默行藏不礙禪。親到雲溪重説偈，天開地闢見純全。」則敏夫爲南渡時人。詳印詩意，蓋耽味禪悦之士，而是集乃留心風雅，採摭繁富，於唐一代詩人，或録名篇，或紀本事，兼詳其世系爵里，凡一千一百五十家，唐人詩集不傳於世者，多賴是書以存。

嘉錫案：提要所引繫年要録，見卷九十一。考要録卷一百十一云：「紹興七年五月壬申，直祕閣都督府書寫機宜文字計有功陞直徽猷閣，提舉潼川府路刑獄公事。時張浚在廬州，遣有功赴行在。有功嘗獻所著晉鑑，上曰：『朕乙夜觀之，且爲艱難之戒。』又面問著春秋防微之旨，對曰：『婦笑於齊，六卿分晉，此書之所以作也。』上首肯之。有功以母老求去，乃有是命。浚引親嫌力辭，疏累上，詔仍舊職。」又卷一百十四載紹興七年九月乙丑，御史中丞周祕入對，論宰相張浚二十罪，有云：「監司郡守，責任至重，而浚以舅計有功爲成都提刑，罪十七也。」又卷一百七十九：「紹興二十八年二月癸丑，直祕閣計有功知眉州。」又卷一百八十五：「紹興三十年六月戊辰，直祕閣、知眉州計有功爲利州路轉運判官。」又卷一百九十二：「紹興三十一年九月，總領四川財賦王之望以軍興移運，當置隨軍漕臣，時直祕閣、利州路轉運判官計有功足疾不能行。」又卷一百九十三：「同年冬十月，計有功移知嘉州。」要録所載有功事如此，提要舉其一而遺其六，固宜以爲始末未詳。有功博通經史，其於此書，蓋以餘力爲之，然學有本源，故能賅洽淹貫。提要以爲耽玩禪悦之士，亦復留心風雅，失之遠矣。宋末度正性善堂稾卷一有詩題云「臨卬計次魏自言六世祖破荒先生晚居景陵因葬焉後世子孫歲時不能拜掃日負樵牧不禁之憂」云云，其詩第三章多用張紫巖浚及南軒栻事，疑破荒先生爲有功之父，張浚之外祖，故詩中及之。又卷十五跋計次魏所藏先世帖云：「破荒先生計公者，蜀之篤行古君子也。公於龜山爲前輩，而因其姪質所疑於龜山，至於再三，若不能自已者，非其力學好問，老而不倦，安能如是之勤勤也。其一書云，楊中立久安所習，乍見乖異，不能無聽瑩，原注云，謂雖乖異，不無聰明也。久當自悟。若左氏學，子房、蕭、陳、陸、賈、劉敬、叔孫通之造漢卽由之，雖董仲舒、賈誼不能也。中立獨非所論爲，復並左氏非之，計料莘老亦未能遽達也。案謂孫莘老覺著有春秋集解。請問晉滅虞、虢，同姓不名，何說？因信試及之，要知其解，何也？必曰虞、虢有罪，未若邢之罪也，而衛燬名云云。」計用章，東都事略附范雍傳，王得臣塵史卷中云：「尤專於左氏春秋。」疑破荒先生卽計用章，其人以左氏名家，與有功所論春秋防微之旨合。龜山當紹興之初年已八十餘，有功不得爲其前輩，然則破荒必是有功之父無疑。亦可以窺見其家學矣。

荆溪林下偶談四卷

不著撰人名氏，以所載「文字好罵」一條，知其姓吳。書中推重葉適，不一而足。姚士粦跋謂以水心集考之，惟有卽事兼謝吳民表詩六首及答吳明輔一書，不知卽其人否？案元無名氏南溪詩話引此書一條，稱爲吳子良荆溪林下偶談，又陳櫟勤有堂隨録曰：「陳筠窗名耆卿，字壽老，吳荆溪名子良，字明輔，二人皆宗水心爲文。」然則此書確爲子良作矣。

子良臨海人，寶應二年進士，官至湖南運使、太府少卿。別著有荆溪集，今已佚，惟陳景沂全芳備祖前集載其葵花一絶句。此書皆其論詩評文之語，所見頗多精確。

嘉錫案：原書無撰人名氏，提要能考得爲吳子良，正自不易！然其所敍子良事蹟，純録自宋詩紀事卷六十四，並葵花詩亦紀事所引，僅於荆溪集下增「今已佚」三字，全芳備祖上增姓名、下增「前集」二字而已。陸心源宋史翼卷二十九有子良傳，所敍仕履亦不能出紀事外。余嘗考之他書，頗有足補紀事之闕者，今並録之於此。王邁臞軒集卷十五有寄惠安吳簿明輔權南安宰詩二首。南宋館閣續録祕書丞下，淳祐以後，兩出吳子良姓名，注云：「二年四月，以司農丞除，是月除淮東提舉。四年五月，以召赴都省稟議再除。」案注中未敍子良字貫出身，又其再除，未言以何時去任，他官下亦無子良姓名，必有脱誤。赤城集卷八有子良所作州學台州學六賢祠堂記云：「淳祐五年秋，予被命將漕神京，謂爲兩浙運判也。實忝兩道提學事。」咸淳臨安志卷五十兩浙轉運題名有吳子良，注云：「淳祐五年運判，六年除侍左郎官。」志又云：「廳壁有記，淳祐中吳大監子良作續記。」並録其記文一篇。考宋制，少府、將作、軍器、司天，皆有監一人，子良不知官何監也。祕書亦有監，然子良未爲是官。方回桐江集卷三讀篔牕荆溪集跋云：「水心生於紹興二十年庚午，篔牕生於淳熙七年庚子，少水心三十年。荆溪生於慶元三年丁巳，少篔牕十七年。水心之卒在嘉定十六年癸未正月二十六日，年七十四。開禧三年七月，水心罷江淮制置閑居。七年，篔簹年三十五登甲戌袁榜，開禧七年甲戌袁甫榜也。原作十七年，衍十字。爲青田尉時，以書見水心，一見許之爲晁、張。荆溪年三十登丙戌王榜，寶慶二年丙戌王會龍榜也，王原誤五。年十六時從篔簹，年二十四時以書通水心，爲道學名實之説，以九鼎爲譬，而詆夫名爲舉而實不舉者，頗似迎合。水心答謂，以學致道，不以道致學，道學之名，起於近世儒者，其意曰，舉天下之學，皆不足以致道，獨我能致之云耳。案見水心集卷二十七答吳明輔書。荆溪祠天台六先賢，篔簹亦與；謂陳公之滯於三館也，鄉人囑以祠記諂權相，則謝不爲；相所親啖以兩制而索其文，則拒不與；陛對失人心一疏，則觸忌諱；不顧端平用兵之議，則衆辨之不隨也。案見赤城集卷八吳子良州學六賢祠堂記。荆溪之文稍不及篔簹，各爲哭水心詩十，力量輕重不見。言二人各有詩十篇，其才力相等。荆溪有云：『韓柳詞空偉，歐曾見未親。』又云：『受用終無盡，文詞莫太工。』篔簹祭水心文有云：『始見阜陵，則末年之冉冉；再遇光廟，則初元之忽忽。』荆溪祭篔簹又云：『聯東闕兮十年之冉冉，闕疑當作閣。貳監胄兮數月之忽忽。』水心誌篔簹母云：『左腕乳褓，右手縫緝。』案見水心集卷二十五陳處士姚夫人墓誌銘。荆溪母事狀云：『左提抱右縫紉，左乳哺右沐櫛，文章機杼，果脱鑿而已耶。』鑿原誤馨。歐公云，韓文雖高，不必似之；荆溪嘗舉是言而自背之，何耶？水心文，予已取其記序誌文評之。案其本不傳。質翁、荊溪皆長於銘墓及序記，如四六疏文之類皆可删，然近人文未有能過質翁、荊溪者。質翁諱耆卿，字壽老，仕至國子司業，直舍人院，端平三年卒，年五十七。荊溪諱子良，字明輔，嘗爲兩浙漕、湖南漕，子良爲湖南轉運副使。見宋史卷四百十一歐陽守道傳。忤嵩之、清之，終司農少卿，寶祐丙辰致仕，年六十。皆天台寧海人，表兄弟也。」觀以上諸書，則子良之平生益詳，而方回之跋，可考見其師友淵源與夫文章議論之所自出，尤讀此書者所當知也。然回本賣國奸人，謬託於道學以自掩覆，憾葉適嘗詆朱子，故於其師弟皆深致不滿，今悉删去不録，以其是非未可信也。此書後人删節爲二卷，名木筆雜鈔，刻入學海類編。提要著録於雜家類存目四。鮚埼亭集外編卷三十一有跋云：「案明輔字子良，此誤倒其名字。後村集有其輓詩曰：『水心文印雖傳嫡，青出於藍自一家。尚意祥麟來泰畤，安知怪鵩賦長沙。忤因宮妾頭無髮，去爲將軍手污靴。他日史官如立傳，先書氣節後詞華。』其爲當時直節侍臣如此，而宋史不作傳，可怪也。」此所引詩，乃後村大全集卷二十四哭吳卿明輔二首之一。子良固曾忤史嵩之、鄭清之兩宰相，據此詩腹聯，則又嘗忤宦官宮妾，其氣節可想，惜乎其詳不可得而聞矣。

竹莊詩話二十四卷 宋何汶

不著撰人名氏。錢曾讀書敏求記作竹莊居士，不知何時人。徧蒐古今詩評雜録，列其説於前，而以全首附於後，乃詩話中之絶佳者。考宋史藝文志有何谿汶竹莊詩話二十七卷，案在小説家類。蓋卽此書。惟今本二十四卷，其數少異，或傳寫佚其三卷，或後人有所合併，或宋史誤四爲七，均未可知，然出自宋人，則無疑也。是書與蔡正孫詩林廣記體例略同，皆名爲詩評，實如總集，使觀者卽其所評與原詩互相考證，可以見作者之意旨，並可以見論者之是非，視他家詩話但拈一句一聯而不睹其詩之首尾，或渾稱某人某篇而不知其語云何者，固爲勝之。惟正孫書以評列詩後，此以評列詩前，爲小變耳。

嘉錫案：元方回桐江集卷七有竹莊備全詩話考云：「竹莊備全詩話二十七卷，開禧二年丙寅處州人新德安府教授何汶所集也。第一卷載諸家詩話議論，第二十六、二十七卷摘警句，中皆因諸家詩話爲題，而載其全篇，不立己見己説，蓋已經品題之詩選也。木蘭詩、詩原誤許。焦仲卿詩見古樂府，鄭愚津陽門詩、劉乂乂原誤義。冰柱、雪車詩，諸名輩大篇，膾炙人口者俱在，可資話柄，亦似類書。乾淳以來鉅公詩則未有之。汶羣從澮等七人登科，洋、湑同慶元丙辰榜。」今本首議論，末警句中録名篇，與回所言體例並合，實卽一書，其卷數不同者，蓋後人於其中间有所合併耳。汶爲何澮之羣從昆弟，澮字自然，處州龍泉人，宋史卷三百九十四有傳。其兄弟皆單名，從水，藝文志題爲何谿汶者，誤也。疑谿爲汶之别號，脱去一字。汶於詩話雖附録全篇，而所摘警句仍只是一句一聯，提要遽以爲皆可覩其詩之首尾，勝於他家，知其匆匆翻閲，未及終卷矣。

詩文評類存目 總目卷一百九十七

詩式一卷

舊本題唐釋皎然撰。皎然有杼山集，已著録，此本卽附載集末。考陳振孫書録解題載詩式五卷，詩議一卷，以十九字括詩之體。此本既非五卷，又一十九體乃末一條，陳氏不應舉以概全書。陳氏又載正字王元擬皎然十九字一卷，使僅如今本一條，則不能擬爲一卷矣，殊參差可疑。

嘉錫案：此書本五卷，而今本僅一卷，纔三十條，自是爲後人删削不全。然宋失名人竹莊詩話卷一引鄭文寶答友人潘子喬論詩書云：「唐僧著詩式三篇，如四深二要之門，四離六迷之道，誠關研究，實可師承。」五卷而云三篇，似是已經删削，但詩有四深，詩有二要，詩有四離，詩有六迷，皆爲今本之一條，唐詩紀事卷七十三引此書至二百許字，是今本與宋人所見者無異，蓋有删削而無改竄，無可疑也。日僧空海所撰文鏡祕府論引用此書甚多，幾乎全部收入，尚可考見皎然原本。空海生當中國唐時，遠在鄭文寶之前，可無復疑矣。又案新唐志作晝公詩式五卷，宋志作皎然詩式五卷，提要僅引書録解題，亦小疏也。

又皎然與顔真卿同時，乃天寶、大曆間人，而所引諸詩，舉以爲例者，有賀知章、李白、王昌齡，相去甚近，亦不應遽與古人並推，疑原書散佚，而好事者摭拾補之也。何文焕詩話考索議其「湎没」條稱夏姬當罏，似蕩而貞，謂夏姬無當罏事，當作文君，不知此用辛延年羽林郎「胡姬年十五，春日獨當罏」，不必改作文君。

案書中舉以爲例者，尚有沈佺期，要之諸人當日詩名，業已舉世推服無異詞，何以不可稱引？唐詩紀事所引亦與今本同。況當皎然與顔真卿同撰韻海鏡源之日，賀知章及王昌齡早作古人，更無標榜之嫌哉！若曰近人不可以稱引也，則提要何以數數引潛研堂文集乎？卽如何文焕歷代詩話之刻在庚寅歲，乾隆之三十五年也，距提要之成僅數年，爲時不更近乎？持矛刺盾，其何説之辭？

唐子西文録

舊本題宋强行父撰。凡三十五條，皆述所聞唐庚論文之語。前有紹興戊午行父自序。

嘉錫案：提要不敍行父仕履。考咸淳毗陵志卷八郡守題名，强行父紹興十六年七月右奉直大夫在任，轉朝議大夫，十七年二月罷。

稱「宣和元年罷官京師，眉山唐先生同寓於城東景德僧舍，與同郡關注子東日從之游，退而記其論文之語，更兵火無復存者。子東書來，屬余追録，十不省五六，乃爲追録」云云。考庚以張商英罷相之後，坐爲商英賦内前行貶惠州，大觀五年會赦北歸，道卒。大觀五年，卽政和元年辛卯，下距宣和元年己亥，庚没九年矣，安得同寓京師，其説殊爲可疑。又劉克莊後村詩話曰：「子西諸文皆高，不獨詩也。其出稍晚，使及東坡之門，當不在秦、晁之下。」是庚平生未見蘇軾，而此書言及軾者凡八條，一條稱余雅善東坡；一條稱東坡赴定武，過京師，館於城外一園子中，余時年十八，謁之，則與軾甚稔。克莊不應如是之舛，殆好事者依託爲之。其中記庚論史記、漢書一條，與徐度卻掃編所記庚語同，剽剟之迹顯然。

案宋史文苑五卷四百四十三庚本傳云：「會赦，復官歸蜀，道病卒。」是庚明明卒於歸蜀之時，何嘗言其北歸卒於道哉？至於年十八謁東坡一條，春渚紀聞、餘師録均引之，提要之説非也，余已辨正之，詳見唐子西集條下。瀛奎律髓卷十六云：「唐庚字子西，眉山人。年十七，見知東坡。」亦可爲證。其實作十八、十七者，皆記憶之誤，庚是時年二十有三耳，説亦見子西集下。庚言及東坡者八條，苕溪漁隱叢話前集卷四十二、後集卷二十八共引其五條，則又何怪於庚之稱東坡哉？竹坡詩話云：「錢塘强幼安爲余言，頃歲調官都下，始識博士唐庚，因論坡詩之妙，子美以來，一人而已，其敍事簡當，而不害其爲工，如嶺外詩敍虎飲水潭上」云云。幼安蓋强行父之字。此敍其所自言，則安得謂行父未嘗與庚同寓京師乎？竹莊詩話卷一引詩在與人商論一條，凡作詩平居要收拾詩材，詩疏不可不閲；樂府解題等條，三條合引均見今本。又引云：「詩最難事也，吾於他文，不至謇澀，惟作詩最苦；悲吟累日，僅能成篇，初讀之，不見可羞處，姑置之；明日取讀，瑕疵百出，輒復悲吟累日，反復改正，比之前詩，稍有加焉；復數日取出讀之，瑕疵復出。如此數四，方敢示人，然後乃能奇。李賀母責賀曰『是兒必嘔出心乃已』，非過論也。今之君子，動輒數千言，略不經意，真可貴哉。」此一條今本所無。卷四引三謝詩靈運爲勝一條，見今本。又引云「是三人者，詩至玄暉語益工」云云，凡二百餘字，又不見今本。此或在唐所選三謝詩評語中。由是觀之，則三十五條，尚非足本也。卷五引六經之後一條，秦中紀行詩一條，卷六引過岳陽樓一條，皆今本所有。徐時棟煙嶼樓讀書志卷十六云：「文録原題宋唐庚撰。據强行父序，實行父録庚所論詩文語也。四庫附存目作唐子西文録，且云前有紹興戊午行父自序，所引提要至「殆好事者依託爲之」止，今略去。云云。余謂其説甚辨。其以庚卒年駁序中宣和同寓，若果庚卒於政和，則强序之僞無疑。至摘文録稱東坡云云，謂與後村語不符，則又可怪焉。後村云云，不及東坡之門，非謂不及東坡之人。子西固不隸坡門，而遂不許其十八歲之嘗一晉謁，此何説耶？景仰前輩，望見顏色，不得師事其人，古今恒有之事，而以未及其門，遽斷爲生平未見，可耶；若以雅善東坡語駁之，則尤可怪！按文録此條之前，方稱東坡詩敍事言簡意盡，此條因云，謝固作六一堂，求余賦詩，余雅善東坡以約辭記事，冥搜既久，僅得句云云，然深有愧於東坡矣。是雅善東坡者，雅善東坡之詩，非雅善東坡之人。『余雅善東坡』以下十字爲一句，稍知文義者，一見便曉。今以『余雅善東坡』五字爲句，不知下文將作何解？大抵官書至於巨帙，必多謬誤，況官書出自衆手，尤不能無所牴牾。故四庫總目附存目二百卷，精博者固不勝計，舛錯者亦時有之，至於此條，則雖謂之麤心可也。」余謂徐氏之駁提要皆是也。獨惜其謂庚果卒於政和，則强序爲僞作，於此尚無所考訂也。按宣和四年呂榮義序子西文集云：「先生死不一年，果有槀其文以來京師者。」故陸心源續疑年録謂庚卒於宣和三年辛丑，然則庚果不卒於政和，行父之序無可復疑矣。又案庚論史記敢亂道，漢書不敢亂道云云，宋人引用之者極多，至於不勝枚舉，而陳振孫直齋書録解題卷四新唐書條下云：「唐庚子西直謂新唐書敢亂道而不好，雖過甚，亦不爲無謂也。」此尤大彰明較著，在人耳目之前者。縱使今本係由後人掇拾而成，則可掇拾之書亦多矣，不必定拾及却掃篇也。且却掃篇卷下除引此條外，尚引有六經已後一條，提要何爲獨舉其一耶？

詞曲類一 總目卷一百九十八

小山詞一卷

宋晏幾道撰。幾道字叔原，號小山，殊之幼子，監潁昌許田鎮。馬端臨文獻通考載小山詞一卷，並録黄庭堅全序，此本佚去，惟存無名氏跋後一篇，據其所云，似幾道詞本名補亡，以爲補樂府之亡，單文孤證，未敢遽改，姑仍舊本題之。

嘉錫案：碧雞漫志卷二云：「晏叔原歌詞原名樂府補亡，自序曰：『往與二三忘名之士，浮沈酒中，病世之歌詞不足以析酲解愠，試續南部諸賢鮑刻本注云：元序「諸賢」下有「緒餘」二字。作五七字語，期以自娱，不皆敍所懷，亦兼寫一時杯酒間聞見，及同游者意中事。嘗思感物之情，古今不異；竊謂篇中之意，昔人定已不遺，第今無傳耳；故今所製，通以補亡名之。始時沈十二廉叔、陳十君龍家有蓮鴻、蘋雲，工以清謳娱客，每得一解，卽以草授諸兒，吾三人聽之，爲一笑樂。』其大指如此。叔原於悲歡合離，寫衆作之所不能，而嫌於夸，故云昔人定已不遺，第今無傳。蓮鴻、蘋雲，皆篇中數見，而世多不知爲兩家歌兒也。其後目爲小山集，黄魯直序之。」據此則提要所謂無名氏跋者，實是幾道自序。提要蓋以原文云：「補亡一編，補樂府之亡也，叔原往者浮沈酒中」云云，於幾道字而不名，遂以爲必是他人所作。此與其以原名樂府補亡爲單文孤證，疑而不敢信，皆未考碧雞漫志之過也。今本一卷二百餘闋，皆有調而無題，而花庵詞選選幾道詞十二首，皆往往有題。漫志云「蓮鴻、蘋雲，皆篇中數見」者，蓋亦見於題中，爲傳寫脱去。此如克齋詞，提要所謂原本必屬調與題全，輾轉傳寫，苟趣簡易，遂遭删削云爾。

石林詞一卷

宋葉夢得撰。夢得有春秋傳，已著録。是編陳振孫書録解題作一卷，與今本同。卷首有關注序，稱其兄聖功元符中爲鎮江掾，夢得爲丹徒尉，得其小詞爲多，味其詞婉麗有温、李之風，晚歲落其華而實之，能於簡淡時出雄傑，合處不減靖節、東坡，云云。考倚聲一道，去古詩頗遠，集中亦惟念奴嬌「故山漸近」一首雜用陶潛之語，不得謂之似陶，注所擬殊爲不類。至於「雲峰横起」一首全仿蘇軾「大江東去」，並即參用其韻。又鷓鴣天「一曲青山」後闋，且直用軾詩語足成，是以舊刻頗有與東坡詞彼此混入者，則注謂夢得近於蘇軾，其説不誣。夢得著石林詩話，主持王安石之學，而陰抑蘇、黄，頗乖正論；乃其爲詞則又挹蘇氏之餘波，所謂是非之心，有終不可澌滅者耶？

嘉錫案：關注字子東，錢塘人，登紹興五年進士第，官至太學博士，有關博士集二十卷。見咸淳臨安志卷六十七。其人亦知名之士，何至不知詞與古詩之不同。考唐人樂府，多是五七言絶句，而絶句之體，卽出於古詩，其後乃變而爲長短句。然其體雖變，而其感於物而發於言，以吟詠其性情者，初未嘗變也。故蘇軾但以詞曲爲詩之苗裔，見朱弁風月堂詩話卷上，不知本出何書，俟再考。未嘗言其必不出於古詩也。提要乃謂倚聲一道，去古詩頗遠，此其所見固與軾異矣。且關注序稱石林詞不減靖節、東坡者，第謂陶詩簡淡，蘇詩雄傑，詞亦然。而夢得之詞，能於簡淡之中時出雄傑，故不減之耳；豈謂其字句之長短，聲調之高下，一一與淵明古詩相似耶？今卽以提要所引三闋考之，除念奴嬌「雲峰横起」一首全仿蘇軾「大江東去」者姑置不論外，至於「故山漸近」一首，大半檃括歸去來辭語，而其後半闋末云：「倦鳥知還，晚雲遥映，山氣欲黄昏。此還真意，故應欲辨忘言。」此是用陶詩「山氣日夕佳」四句，但點竄十數字，與鷓鴣天「一曲青山」後半闋所云「菊殘猶有傲霜枝，一年好景君須記，正是橙黄橘緑時」，直用蘇軾詩語者，復何以異。而提要於其用陶詩者則謂其不似陶，用蘇詩者則謂其近於蘇，然則直取古人之詩，凡聲調相協者，盡譜以入詞，便與諸大家無不相近矣，然耶否耶？王灼碧雞漫志卷二云：「東坡先生以文章餘事作詩，溢而作詞曲，高處出神入天，平處尚臨鏡笑春，不顧儕輩。晁無咎、黄魯直皆學東坡，韻致得七八。黄晚年間放於狎邪，故有少疎蕩處。後來學東坡者，葉少藴、蒲大受亦得六七，其才力比晁、黄差劣。」其言與關注合。注之序，灼之漫志，皆作於夢得未死之前，夢得本傳言其卒於紹興十八年，關序之末題十七年七月，王灼自序言記於乙丑之冬，乃紹興十五年也。而其言並如此，蓋當時之公論然也。夫其所以學東坡十得六七者，自當於神味氣韻之間求之，若但如提要所舉，摹擬其辭，剽竊其語者，則所學亦陋矣，何足道哉。至提要論石林詩話之語，其說出於瀛奎律髓，詳見別集類九建康集條下。卷首賀新郎一詞，毛晉注或刻李玉。考王楙野客叢書曰：「章茂深嘗得其婦翁所書賀新郎詞，首曰『睡起啼鶯語』。章疑其語，頗詰之，石林曰：『老夫嘗得之矣。流鶯不解語，啼鶯解語，見禽經云云。』」則確爲夢得之作，晉蓋未核。又野客叢書所記，正謂此句作「啼鶯語」，故章沖疑啼字語字相複，此本乃改爲流鶯，與王楙所記全然牴牾，知毛晉疎於考證，妄改古書者多矣。

案夷堅丁志卷十二云：「葉少蘊右丞初登第，調潤州丹徒尉。郡守器重之，俾稽察征稅之出入。務亭在西津上，葉嘗以休日往，與監官並闌干立，望江中有彩舫傃亭而南，滿載皆婦人，嬉笑自若，謂爲貴富家人，方趍辟之，舫已泊岸。十許輩袨服而登，徑詣亭上，問小吏：『葉學士安在？幸爲入白。』葉不得已，出見之，皆再拜致詞曰：『學士儁聲滿江表。妾輩乃真州妓也，嘗願一侍尊俎，愜平生心，而身隸樂籍。儀真過客如雲，無時不開宴，望頃刻之適不可得，今日太守私忌，郡官皆不會集，故相約絕江，此來殆天與其幸也。』葉慰謝，命之坐。同官謀取酒與飲，則又起言：『不度鄙賤，輒草具殽醞自隨，敢以一杯爲公壽，願得公妙語持歸，夸示淮人，爲無窮光榮，志願足矣。』顧從奴挈榼而上，饌品皆精潔，迭起歌舞。酒數行，其魁奉花牋以請。葉命筆立成，不加點竄，卽今所傳賀新郎詞也。其詞曰："『睡起聞鶯語。點蒼苔，簾櫳畫掩，亂紅無數。吹盡殘花無人見，唯有垂楊自舞。漸暖靄初回輕暑。寶扇重尋明月影，暗塵侵，尚有乘鸞女。驚舊恨，鎮如許。江南夢斷橫江渚，浪黏天葡萄漲綠，半空煙雨。無限樓前滄波意，誰采蘋花寄取，但悵望蘭舟容與。萬里雲帆何時到，送孤鴻目斷千山阻，重爲我，唱金縷。』卒章蓋紀實也。此詞膾炙人口，配坡公『乳燕華屋』之作。而葉以爲非其絶唱，人亦罕知其事云。"原注云，葉晦叔說。蘆浦筆記卷十則云："葉石林賀新郎詞，有『誰采蘋花寄與，但悵望蘭舟容與』，下「與」字去聲。漢禮樂志『練時日，澹容與』，顔注『閑舒也。』今歌者不辨音義，乃以其疊兩「與」字，改上「與」作「寄取」，而不以爲非，良可笑也。慶元庚申，石林之孫筠守臨江，嘗從容語及，謂賦此詞時，年方十八，而傳者乃云爲儀真妓女作，詳味句意，皆不相干，或是書此遺之爾。"浩然齋雅談卷上亦謂石林詞中容與之與自音豫，乃去聲。兩說雖不同，然其爲夢得所作，則固確鑿可信。若夫李玉之詞，僅花庵詞選前集卷八載其「春情」一首，雖亦調寄賀新郎，而其詞與此全不同。黄氏自注云："李君之詞，雖不多見，然風流醞藉，盡此篇矣。"則安得爲李所作耶？毛晉所謂或刻李玉者，不知指何本也。此詞篇首一句，王楙野客叢書卷二十八雖記夢得自言是用禽經「啼鶯解」語意，然考之諸書，惟樂府雅詞卷中作「啼鶯」，四部叢刊影印舊鈔本，啼字爲後人塗去，改作流。餘若花庵詞選後集卷一、草堂詩餘卷上均作「流鶯」。

草堂並有注云：「韋蘇州詩『流鶯日日啼花閒。』」是宋人所見之本固有作「流鶯」者，則非毛晉所妄改也。夷堅志又作「聞鶯」，與他書復不同。蓋宋人之詞，本是歌曲，妓女不甚通文義，以「啼鶯語」詞中少見，遂隨意改之，猶之改「寄與」爲「寄取」，彼惡知所謂禽經、漢志者耶？觀詞中「江南夢斷橫江渚」以下，明是敍真州妓過江相見之事，洪邁所紀，蓋得其實。葉筠乃謂詳味句意全不相干，殆由年幼不知本事，故曲爲之說云爾。

蘆川詞一卷

宋張元幹撰。元幹有蘆川歸來集，已著録。宋史藝文志載其詞二卷，陳振孫書録解題則作一卷，與此本合。案紹興八年十一月待制胡銓謫新州，元幹作賀新郎詞以送，坐是除名。原注云，考宋史胡銓傳，其上書乞斬秦檜在戊午十一月，則元幹除名自屬此時，毛晉跋以爲辛酉，殊爲未審，謹附訂於此。又李綱疏諫和議，亦在是年十一月，綱斯時已提舉洞霄宮，元幹又有寄詞一闋。今觀此集，即以此二闋壓卷，蓋有深意。

嘉錫案：揮麈後録卷十云：「紹興戊午，秦會之再入相，遣王正道爲計議使，以修和盟。十一月，樞密院編修官胡銓邦衡上書云云。疏入，責爲昭州鹽倉，而改送吏部，與合入差遣，注福州簽判，蓋上初無深怒之意也。至壬戌歲，慈寧歸養，秦諷臺臣論其前言弗效，銓前疏曾言梓宮決不可還，太后決不可復，淵聖決不可歸，中原決不可得云云，故因梓宮太后之復還，論其言弗效。詔除名，勒停送新州編管。張仲宗元幹寓居三山，謂福州也。以長短句送其行。邦衡在新興，嘗賦詞云：『欲駕巾車歸去，有豺狼當轍。』郡守張棣繳上之，以謂譏訕。秦愈怒，移送吉陽軍編管。又數年，秦始聞仲宗之詞，仲宗掛冠已久，追赴大理，削籍焉。」明清自注云：「此一段皆邦衡之子澥手爲删定。」夫以人子敍其父之事，並及其同時知己之共患難者，則其年月出處，必無舛誤，然則胡銓之謫新州，乃其上書後之第四年；及銓再移吉陽軍，又經數年，元幹始被除名，皆非紹興戊午一年間之事也。今考宋史高宗紀云：「紹興八年是年爲戊午十一月辛亥，以樞密院編修官胡銓上書直諫斥和議除名，昭州編管，壬子改差監廣州都鹽倉。十二年壬戌秋七月壬辰，朔，福州簽判胡銓除名，新州編管。十八年戊辰十一月己亥，胡銓移吉陽軍編管。」銓本傳卷三百七十四與紀並同，但有年而無月日耳。至其事之曲折，則建炎以來繫年要録敍之爲詳。上書事見卷一百二十三，謫新州事見卷一百四十六，移吉陽軍事見卷一百五十八。以揮麈録所記合宋史推之，則元幹之被除名，似當在紹興二十年以後。毛晉以爲紹興辛酉者，既不知其所據，提要引胡銓傳謂在戊午十一月者，尤無稽之言也。蘆川歸來集條下，提要謂銓貶於紹興戊午，誤與此同。

書名筆畫索引

一畫

二畫

三畫

四畫

五畫

六畫

七畫

八畫

九畫

十畫

十一畫

十二畫

十三畫

十四畫

十五畫

十六畫

十七畫

十八畫

十九畫

二十畫

二十一畫

書名音序索引

D

E

F

G

H

J

O

P

Q

T

W

Y

Z